编写指导单位

中华人民共和国人力资源和社会保障部人力资源流动管理司

编写组织单位

北京大学人力资源开发与管理研究中心

中国人力资源服务业蓝皮书

中国人力资源服务业发展研究报告（2024）

萧鸣政 等 / 著

Blue Paper
for Human Resources Service
Industy in China

人民出版社

《中国人力资源服务业蓝皮书：
中国人力资源服务业发展研究报告（2024）》
组 织 委 员 会

顾问委员会

赵履宽　　徐颂陶

专家委员会

王通讯	何　宪	张文淼	余兴安	吴　江	李朴民	赵曙明
田小宝	刘燕斌	莫　荣	刘学民	高小平	鲍　静	张　德
董克用	曾湘泉	郑功成	杨河清	廖泉文	石金涛	关培兰
车宏生	郑日昌	时　勘	王二平	叶忠海	王　磊	梁均平
孙建立	王克良	毕雪融	王建华	陈　军	樊进生	毛大力
萧鸣政	顾家栋	袁伦蕖	段兴民	赵永乐	张宇泉	杨伟国

编辑委员会

萧鸣政	初晓波	郭　琳	李　震	黄　璜	孙　宏	史洪阳
康　杰	张　满	张可安	张睿超	楼政杰		

目　　录

CONTENTS

Part Ⅱ　Special Reports

Part Ⅲ　Results Report

前　　言

　　大力发展人力资源服务业,是当前与未来经济社会高质量发展与深入实施人才强国战略的必然要求,是促进高质量充分就业的重要力量与途径。党和国家高度重视人力资源服务业发展,习近平总书记在党的二十大报告中强调,必须坚持科技是第一生产力、人才是第一资源、创新是第一动力。高质量发展,核心在于创新驱动,关键在于做好人力资源服务与产业发展,全面系统与深入地推动人才创新。新时代以来,中国人力资源服务业得到了持续稳定的发展。截至 2023 年底,全国共有各类人力资源服务机构6.99 万家,全年共帮助 3 亿人次劳动者就业、择业和流动,为 5000 余万家次用人单位提供招聘用工和人力资源管理开发服务,为构建现代化产业体系贡献了更加积极的力量,为实现高质量充分就业奠定了愈发坚实的基础。

　　为了进一步推动人力资源服务业的高质量发展,更好发挥人力资源服务业对实施人才强国战略、建设世界重要人才中心和创新高地的助推作用,在人力资源和社会保障部人力资源流动管理司大力支持与指导下,北京大学继续推出《中国人力资源服务业蓝皮书:中国人力资源服务业发展研究报告(2024)》。我们秉承推动中国人力资源服务业更好更快发展的宗旨,对 2023 年 8 月 1 日至 2024 年 7 月 31 日中国人力资源服务业的发展状况进行了深入调查、系统梳理,并结合专业前沿理论对年度内行业实践的状况进行了总结与分析,包括主要政策法规概述、发展与创新、先进经验介绍,对全国各地人力资源服务业发展的政治环境、社会环境、经济环境与实际发展水平进行了量化评价与分析,进行年度十大事件评选,力图更加宏观全面地展现当前中国人力资源服务业的发展现状、重点、亮点、问题和最新进展。

　　《中国人力资源服务业蓝皮书:中国人力资源服务业发展研究报告(2024)》与往年相比,对于结构进行了创新性的调整,并对内容又进行了全面的更新、丰富和创新,主要表现在以下几个方面。

第一，对于所有章节与内容进行了全面的更新与丰富。

第二，持续关注我国人力资源服务业政策法规发展的新内容、业态发展的新特点、新亮点、新机遇与先进经验，比较全面系统地展示了中国 2023 年 8 月至 2024 年 7 月在人力资源服务业方面所取得的相关学术成果。

第三，对于中国各地人力资源服务业发展环境、发展水平的量化评价指标体系进行了创新修订，并且依据相关数据进行了评价；继续从公众、政府、非政府组织三个视角出发，通过大数据方法和文本分析方法对主流社交媒介、纸质媒介、网站、各省政府工作报告以及相关政策法规、规划文件进行数量统计和内容分析，揭示我国各省区市对人力资源服务业重视程度及发展情况。

第四，持续关注人力资源服务业十大事件评选。

发展研究报告共分为三个部分，具体结构如下：

第一部分年度报告篇，共分为三章。第一章主要展示和分析了 2023 年 8 月至 2024 年 7 月中国人力资源服务业有重大影响的法律法规政策及其新变化，并对重要政策对人力资源服务业的影响进行解读。本章创新比例为 100%。本章的亮点主要在于对政策背景的阐释及对政策的解读，使读者能够深刻理解并及时把握人力资源服务业发展变化的新趋势和新动向。

第二章是人力资源服务业发展与创新。本章以人力资源服务业的发展特点、创新与亮点为考察视角，分析了 2023—2024 年度全国人力资源服务行业整体发展态势。

第三章是人力资源服务业的先进经验与案例。本次选取了广西壮族自治区人力资源和社会保障厅为案例，深入挖掘其在人力资源服务业中的典型经验与做法，期望为人力资源服务机构及相关政府部门提供参考与借鉴。

第二部分专题报告篇，一共包括四章。第一章是人力资源服务业各省区市重视度与关注度分析。本章从公众、政府、媒体和社会组织等不同群体的视角出发，通过大数据方法和文本分析方法对主流社交媒介、纸质媒介、网站、各省政府工作报告以及相关政策法规、规划文件进行数量统计和内容分析，来阐述人力资源服务业在我国各省区市的重视程度及发展情况。

第二章是人力资源服务业发展环境指数与各省区市水平排名。本年度课题组在充分吸收借鉴往年指数体系以及最新研究及实践成果的基础上，基于科学性与系统性、客观性与引领性、全面性与简约性、可比性与可操作性等原则对指数体系进行了修订，形成了包括政治环境、经济环境、生活环境三大维度共计 11 个指标在内的指数评价体系。在收集 2023 年全国 31 个省区市相关数据的基础上，对各省区市人力资源服务业发展环境指数进行了排名，并从整体情况、具体维度和趋势变化三个方面对指数进行了分析。

第三章是各省区市人力资源服务业发展水平评价与排名。本章根据新的研究对 2023 年度的人力资源服务业发展水平评价指标体系进行了修订，在搜集各地有关数据资料基础上，依托新修订的指标体系对各省区市人力资源服务业的发展现状、发展潜力与竞争力水平进行了分析与评价、排序与分类，并对相关数据结果进行速度和效益的单项分析、纵向和横向的比较分析，最后基于相关分析与总结评价结果提出了相应的政策建议。

第四章是年度十大事件评选。本章记载的大事件较好地覆盖了人力资源服务业发展的各个维度。与 2023 年发展研究报告相比，本章既有延续，又有创新。"延续"体现在评选方法、流程、标准、述评框架；"创新"体现在事件及其述评内容上。

第三部分为 2023 年 8 月至 2024 年 7 月中国大陆出版发表的有关中国人力资源服务业方面的研究成果名录，其中还专门收集了有关人力资源服务业研究方面的学位论文。

发展研究报告由北京大学人力资源开发与管理研究中心负责组织编写，萧鸣政教授主要负责全书内容与各章节标题设计、指导各章节的编写、全书文字修改与审改，同时负责编写第一部分第三章与第三部分。孙宏教授协助萧鸣政教授完成了大量的综合协调与统稿工作。

孙宏、张可安、萧鸣政、张满参与了第一部分的编写工作，其中孙宏具体负责第一部分第一章内容的编写，张可安负责第一部分第二章内容的编写，萧鸣政、张满负责第一部分第三章内容的编写。史洪阳、张睿超、楼政杰、康杰等同志参与了第二部分的编写工作，其中史洪阳负责第二部分第一章内容的编写，张睿超负责第二部分第二章内容的编写，楼政杰负责第二部分第三章内容的编写，康杰负责第二部分第四章内容的编写。张满负责第三部分的编写。

特别感谢人力资源和社会保障部人力资源流动管理司张文森司长等领导一直以来对北京大学在中国人力资源服务业方面研究的关注与大力支持,尤其对于本书以及未来研究提出的一系列指导性意见。

我们将不忘初心、牢记使命,继续秉承蓝(白)皮书客观反映、系统提示、积极推动、方向探索的宗旨,希望《中国人力资源服务业蓝皮书:中国人力资源服务业发展研究报告(2024)》能够对中国人力资源服务业的发展起到一定的促进和推动作用,助力人才强国战略的实施与中国社会经济的高质量发展。

北京大学人力资源开发与管理研究中心创始主任
中国人才研究会副会长
中国人力资源开发研究会人才测评专业委员会会长
萧鸣政

Preface

Vigorously developing the human resource service industry is an inevitable requirement for the current and future economic and social high-quality development and the in-depth implementation of the strategy of strengthening the country with talents. It is also an important force and way to promote high-quality full employment. The Party and the goverment attaches great importance to the development of human resources service industry. The report of the 20th CPC National Congress report points out that "science and technology is the first productive force, talent is the first resource, innovation is the first driving force". High-quality development, the core is innovation-driven, the key is to do a good job in human resource services and industrial development, a comprehensive system and in-depth promotion of talent innovation. Since the new era, China's human resource service industry has achieved sustained and stable development. By the end of 2023, there were 69,900 human resource service organizations of various types in China, helping 300 million workers to find, choose and move jobs, and providing recruitment and human resource management and development services to more than 50 million employers, contributing more actively to the construction of a modern industrial system. It has laid an increasingly solid foundation for achieving high-quality full employment.

In order to further promote the high-quality development of the HRSI, and better play the role of the HRSI in promoting the implementation of the talent power strategy, building an important talent center and innovation highland in the world, under the strong support and guidance of Human Resources Marketing Department of the Ministry of Human Resources and Social Security, Peking University continued to launch the *Blue Paper 2024 for Human Resources Service*

Industry in China (hereinafter referred to as *Blue Paper 2024*) . Adhering to the purpose of promoting better and faster development of human resource service industry, we have conducted an in-depth investigation and systematic review of the development status of China's human resource service industry during the year from August 1, 2023 to July 31, 2024. Combined with professional cutting-edge theories, the annual practice of the industry was summarized, including main policies and regulations, development and innovation, and advanced experience. The political environment, social environment, economic environment and actual development level of human resource service industry in all parts of the country are quantitatively evaluated and analyzed, and the annual ten events are selected, in an effort to present the current development status, key points, highlights, problems and latest progress of human resource service industry in China and other major countries in a more macro and comprehensive manner.

Compared with previous years, *the Research Report on the Development of China's Human Resource Service Industry* (*2024*) has made innovative adjustments to its structure, and comprehensively updated, enriched and innovated its content, which is mainly reflected in the following aspects.

First, all chapters and contents are updated and enriched.

Second, It continues to pay attention to the new content of the development of policies and regulations, new characteristics, new highlights, new opportunities and advanced experience of China's human resource service industry, and comprehensively and systematically demonstrate the relevant academic achievements made by China in the human resource service industry from July 2023 to August 2024.

Third, the quantitative evaluation index system of the development environment and development level of human resource service industry in China is innovatively revised, and evaluated according to relevant data. From the perspective of the public, government and non-governmental organizations, this paper continues to conduct quantitative statistics and content analysis on mainstream social media, paper media, websites, provincial government work reports, and related policies, regulations and planning documents through big data and text analysis methods to reveal the importance and development of the human resource service industry in various provinces, districts and cities in China.

Fourth, It continues to pay attention to the selection of the top ten events in the human resource service industry.

The Resecerch Report study is divided into three parts, with the following structure:

The first part is the annual report, which is divided into three chapters. The first chapter mainly shows and analyzes the laws, regulations and policies that have significant impact on China's human resource service industry and their new changes from August 2023 to July 2024. The innovation ratio of this chapter is 100%. The impact of important policies on the human resource service industry is also interpreted. The highlight of this chapter mainly lies in the explanation of the policy background and the interpretation of the policy, so that readers can deeply understand and timely grasp the new trend and new trend of the development and change of the human resource service industry.

The Second chapter is development and innovation of human resource service industry. Based on the development characteristics, innovation and highlights of the human resource service industry, this chapter analyzes the overall development trend of the national human resource service industry in 2023 -2024.

The third chapter is the advanced experience and cases of human resource service industry. This time, the Human Resources and Social Security Department of Guangxi Zhuang Autonomous Region is selected as a case to deeply explore its typical experience and practices in the human resources service industry, hoping to provide reference and reference for human resources service agencies and relevant government departments.

The second part is the monograph, which consists of four chapters.

The first chapter is the analysis of the importance and attention of the human resource service industry in provinces, districts and cities. From the perspectives of different groups such as the public, government, media and social organizations, this chapter conducts quantitative statistics and content analysis on mainstream social media, paper media, websites, provincial government work reports, relevant policies, regulations and planning documents through big data and text analysis methods. This paper expounds the importance and development of the human resource service industry in China's provinces, districts and cities.

The second chapter is the human resource service industry development environment index and the level ranking of each province. This year's research group revised the index system based on the principles of scientificity and systematization, objectivity and guidance, comprehensiveness and simplicity, comparability and operability on the basis of fully drawing on previous years' index system and the latest research and practice results. It has formed an index evaluation system including 11 indexes from three dimensions: political environment, economic environment and living environment. On the basis of collecting the relevant data of 31 provinces, districts and cities in 2023, this paper ranks the development environment index of human resource service industry in each province, and analyzes the index from three aspects: overall situation, specific dimension and trend change.

The third chapter is the evaluation and ranking of the development level of human resource service industry in provinces. Based on the new research, this chapter revised the evaluation index system of the development level of human resource service industry in 2023. Based on the collection of relevant data in various regions, this chapter analyzed and evaluated, ranked and classified the development status, development potential and competitiveness level of the human resource service industry in various provinces, districts and cities. The speed and efficiency of the relevant data are analyzed, and the longitudinal and horizontal comparative analysis are carried out. Finally, the corresponding policy recommendations are put forward based on the correlation analysis and summary evaluation results.

The fourth chapter of the second part is the annual ten events selection. The major events recorded in *China Human Resource Service Industry 2024* better cover all dimensions of the development of human resource service industry. Compared with the 2023 development research report, this chapter has both continuity and innovation. "Continuity" is reflected in the selection method, process, standard, review framework; "Innovation" is reflected in the event and its review content.

The third part is a list of research achievements on China's human resource service industry published in China from August 2023 to July 2024, which also specially collects doctoral and master's theses on human resource service industry research.

The Research Report was organized by the Research Center of Human Resource Development and Management of Peking University. Professor Xiao Mingzheng was responsible for the design of the content of the book and the title of each chapter, guiding the compilation of each chapter, revising and corrected the text of the book, and was also responsible for the compilation of the first part, chapter 3 and Part 3. Professor Sun Hong assisted Professor Xiao Mingzheng to complete a lot of comprehensive coordination and drafting work.

Sun Hong, Zhang Ke'an, Xiao Mingzheng and Zhang Man participated in the compilation of the first part, of which Sun Hong was specifically responsible for the compilation of the first chapter, Zhang Ke 'an was responsible for the compilation of the second chapter, Xiao Mingzheng and Zhang Man were responsible for the compilation of the third chapter. Shi Hongyang, Zhang Ruichao, Lou Zhengjie, Kang Jie and other comrades participated in the writing of the second part, among which Shi Hongyang was responsible for the writing of the first chapter, Zhang Ruichao was responsible for the writing of the second chapter, Lou Zhengjie was responsible for the writing of the third chapter, and Kang Jie was responsible for the writing of the fourth chapter. Zhang Man was responsible for the writing of the third part.

Special thanks to Zhang Wenmiao, Director General of the Department of Human Resource Mobility Management of the Ministry of Human Resources and

Social Security, and other leaders for their continuous attention and strong support to Peking University's research on China's human resource service industry, especially for a series of guiding opinions for this book and future research.

We will not forget our original intention, keep our mission in mind, and continue to adhere to the purpose of objective reflection, systematic prompt, active promotion and direction exploration. We hope that *the Research Report on the Development of China's Human Resource Service Industry 2024* can play a certain role in promoting the development of China's human resource service industry, and help the implementation of the strategy of strengthening the country by talents and the high-quality development of China's social economy.

Founding Director of Research Center for Human Resource
Development and Management, Peking University
Vice President of China Talent Research Association
Chairman of Talent Assessment Committee of China Human
Resource Development Research Society
XiaoMingzheng

第一部分

年度报告篇

第一章　人力资源服务业相关政策法规

【内容提要】

本章共分为四部分。第一部分为促进简政放权、优化管理的相关政策法规,重点解读《关于强化人社支持举措　助力民营经济发展壮大的通知》《关于进一步健全人力资源社会保障基本公共服务标准体系全面推行标准化的意见》《关于加强职业技能评价规范管理工作的通知》《深入实施以人为本的新型城镇化战略五年行动计划》等政策,从宏观层面上阐释了我国激发市场活力、规范公共服务标准、加强职业技能评价等政策举措。第二部分为促进就业与技能开发的相关政策法规,重点解读《关于进一步加强青年科技人才培养和使用的若干措施》《标准化人才培养专项行动计划(2023—2025年)》《关于发展银发经济增进老年人福祉的意见》《关于加强家政服务职业化建设的意见》等政策,为实现加强青年科技人才培养、标准化人才培养、加强家政服务职业化建设指明了方向。第三部分为促进人力资源开发、民生方面的相关政策法规,重点解读《人力资源管理专业人员职称评价办法(试行)》《关于实施高技能领军人才培育计划的通知》《关于加强社区工作者队伍建设的意见》《加快数字人才培育支撑数字经济发展行动方案(2024—2026年)》,关注人力资源管理专业人员职称评价、高技能领军人才培育、社区工作者队伍、数字人才培育等政策。第四部分为促进社会保障的相关政策法规,重点解读《社会保险经办条例》《关于延续实施失业保险援企稳岗政策的通知》《关于健全基本医疗保险参保长效机制的指导意见》等政策,强化了对社会保险、医保等政策的认知。

Chapter 1　Major Regulations and Policies Concerning Human Resources Service

【Abstract】

This chapter is divided into four parts. The first part is the legislation and regulations to promote streamlining administration and optimizing management, focusing on the interpretation of policies such as *Notice on Strengthening Support Measures to Promote the Development and Growth of Private Economy*, *Opinions on Further Improving the Standard System for Basic Public Services in Human Resources and Social Security*, *Notice on Strengthening the Management of Occupational Skills Evaluation*, and *Five-Year Action Plan for Deeply Implementing the People-oriented New Urbanization Strategy*. From the macro level, this part explains the policy measures of China to stimulate market vitality, standardize public service standards, and strengthen occupational skill evaluation.

The second part is a policy and legal framework for promoting employment and human resource development, focusing on the interpretation of policies such as *Measures for Further Strengthening the Training and Use of Young Science and Technology Talents*, *Special Action Plan for Standardized Talent Development* (2023–2025), *Opinions on Developing the Silver Economy to Improve the Well-being of the Elderly*, and *Opinions on Strengthening the Professionalization of Home Service*. These policies provide direction for achieving the goals of enhancing the training and use of young science and technology talents, standardizing talent development, and the professionalization of home service.

The third part focuses on policies and regulations related to human resource development and people's livelihood, with a focus on the interpretation of the *Regulations on the Evaluation of Professional Titles for Human Resources Management Personnel*(*for Trial Implementation*), *Notice on Implementing the High-skill Leading Talent Cultivation Plan*, *Opinions on Strengthening theConstruction of Community Worker Teams*, and *Action Plan for Rapidly Cultivating Digital Talent to Support Digital Economic Development* (2024—2026). It pays attention to policies related to the evaluation of professional titles for human resources management personnel, the cultivation of high-skill leading talents, the construction of community worker teams, and the cultivation of digital talents.

The fourth part is to promote the relevant policies and regulations of social security, focusing on the interpretation of *Regulations on the Administration of Social Insurance*, *Notice on the Continuation of the Implementation of Unemployment Insurance Assistance Stabilization Policy*, *Guidance on Improving the Long-term Mechanism of Basic Medical Insurance Participation* and other policies, strengthening the understanding of social insurance, medical insurance and other policies.

本章主要摘录和分析 2023 年 8 月至 2024 年 7 月我国人力资源服务业有重大影响的法律法规政策及其新变化。本章通过对这些法律法规政策进行深入解读,使读者能够及时掌握人力资源服务业所处的政策环境新变化和新动向,内容更新率为百分之百。

本年度继续"政策背景"部分的创新,深入探索每项政策实施的原因和发展路径。本章除了对政策进行解读外,在分类方法上采取了层级分类,有国家层面的如国务院颁布的政策法规,有人力资源和社会保障部制定的行业政策规定。本章还重点解读了政策的创新之处及对人力资源服务业带来的影响,力求使读者能够快速掌握相关政策法规对人力资源服务业的影响传导路径。

一、促进简政放权、优化管理的相关政策法规

（一）人力资源社会保障部《关于强化人社支持举措　助力民营经济发展壮大的通知》

为深入贯彻党中央、国务院关于促进民营经济发展壮大的决策部署，全面落实《中共中央　国务院关于促进民营经济发展壮大的意见》，2023年11月30日，人力资源社会保障部发布《关于强化人社支持举措　助力民营经济发展壮大的通知》①（以下简称《通知》），以促进民营经济做大做优做强，着力推动高质量发展。

政策背景：

民营经济是推进中国式现代化的生力军，是高质量发展的重要基础，是推动我国全面建成社会主义现代化强国、实现第二个百年奋斗目标的重要力量。党的二十大报告指出，"优化民营企业发展环境，依法保护民营企业产权和企业家权益，促进民营经济发展壮大"。2023年7月14日，中共中央、国务院出台《关于促进民营经济发展壮大的意见》（以下简称《意见》），要求加快营造市场化、法治化、国际化一流营商环境，优化民营经济发展环境，促进民营经济做大做优做强。为更好推动民营经济发展壮大，2023年11月30日，国家人社部发布《关于强化人社支持举措　助力民营经济发展壮大的通知》，提出助推民营经济发展五个方面15条举措，并要求各地立足人社部门职能职责，完善各项政策措施，落实落细工作任务。

政策解读：

在扩大民营企业技术技能人才供给方面，主要从加强民营企业技能人才培养、畅通民营企业人才评价渠道、健全民营企业人才激励机制三方面入手。其中，畅通民营企业人才评价渠道直击民营企业人才发展痛点。具体来看，为畅通民营企业人才评价渠道，《通知》提出，加大"新八级工"职业技能等级制度落实力度，支持符合条件的民营企业自主开展职业技能等级认定，建立职称评审"绿色通道"或"直通车"，民营企业高层次专业技术人才、

---

① 中国政府网，见 https://www.gov.cn/zhengce/zhengceku/202312/content_6919741.htm。

急需紧缺人才、优秀青年人才可直接申报相应级别职称。支持民营企业参与制定职称评审标准,与企业相关的职称评审委员会、专家库要吸纳一定比例的民营企业专家。推进民营企业高技能人才与专业技术人才贯通发展,畅通技能人才成长通道。支持符合条件的民营企业备案新设博士后科研工作站等。通过建立"绿色通道"或"直通车",民营企业的人才能够得到更加公正、客观的评价,不仅可以提高他们的社会地位,为其带来更好的职业发展机会,还可以充分发挥人才对于民营企业发展的内生动力和激励作用。

细化人才和用工需求保障。《意见》指出,要畅通人才向民营企业流动渠道,健全人事管理、档案管理、社会保障等接续的政策机制。完善民营企业职称评审办法,畅通民营企业职称评审渠道,完善以市场评价为导向的职称评审标准。搭建民营企业、个体工商户用工和劳动者求职信息对接平台。大力推进校企合作、产教融合。推进民营经济产业工人队伍建设,优化职业发展环境。加强灵活就业和新就业形态劳动者权益保障,发挥平台企业在扩大就业方面的作用。在优化民营企业就业创业服务方面,《通知》表示,综合运用各项涉企扶持政策,支持民营企业稳岗扩岗,强化民营企业公共就业服务,搭建中小企业创新创业服务平台,扶持民营企业创业发展。在加大社会保险惠企支持力度方面,《通知》明确,降低民营企业用工成本,继续实施阶段性降低失业、工伤保险费率政策至2025年底,对不裁员、少裁员的民营企业实施失业保险稳岗返还政策,以单位形式参保的个体工商户参照实施;发挥工伤保险降风险作用,以出行、外卖、即时配送、同城货运等行业的平台企业为重点,组织开展新就业形态就业人员职业伤害保障试点等。积极开展面向民营企业特别是小微企业的工伤预防工作,化解民营企业工伤事故风险。

促进人才资源合理流动。在推动民营企业构建和谐劳动关系方面,《通知》要求,提升协调劳动关系能力,发挥龙头企业作用,带动中小微企业聚集的产业链供应链构建和谐劳动关系。加强对民营企业的用工指导服务,依法保障职工劳动报酬、休息休假、社会保险等基本权益。同时,建立劳动争议预防预警机制,推动企业完善劳动争议内部协商解决机制,及时发现影响劳动关系和谐稳定的苗头性、倾向性问题,强化劳动争议协商和解。此外,《通知》还强调,各地要进一步打破户籍、身份、档案、所有制等制约,做好人事管理、档案管理、社会保障工作衔接,促进各类人才资源向民营企业合理流动、有效配置。强化公共服务有序衔接,配合相关部门将民营企业高技能人才纳入人才引进范畴,在积分落户、购(租)房、医疗保障、子女教育等方面给予倾斜。

(二) 人力资源社会保障部《关于进一步健全人力资源社会保障基本公共服务标准体系全面推行标准化的意见》

为充分发挥标准化的基础支撑和创新引领作用,积极回应人民对美好生活的向往、对高质量人力资源社会保障基本公共服务的期盼,2023 年 12 月 4 日,人力资源社会保障部发布《关于进一步健全人力资源社会保障基本公共服务标准体系全面推行标准化的意见》①(以下简称《意见》),以不断提升人力资源社会保障基本公共服务均等化、普惠化、便捷化水平,增进民生福祉、提高人民生活品质。

政策背景:

2018 年以来,按照党中央、国务院关于建立健全基本公共服务标准体系,提高公共服务水平,增强均等性和可及性的部署要求,人力资源社会保障部不断推进人力资源社会保障领域基本公共服务标准化建设。2021 年 3 月,人力资源社会保障部与国家发展改革委等 20 个部门联合印发《国家基本公共服务标准(2021 年版)》(以下简称《国家标准》),确定了 80 个国家基本公共服务项目,其中涉及人力资源社会保障领域 18 个,涵盖就业创业、社会保险、职业技能培训鉴定、劳动关系等人力资源社会保障业务。2021 年 9 月,人力资源社会保障部印发人力资源社会保障领域贯彻实施《国家标准》的指导意见,并决定在工作基础较好的吉林、浙江、湖北、海南、重庆、四川、云南等 7 个省(市)开展为期 1 年的基本公共服务标准化试点工作。各试点省(市)高度重视试点工作,主动担当、积极作为,按期完成试点任务,形成了一系列可复制可推广的经验和成果,为人力资源社会保障系统全面加强基本公共服务标准化建设提供了重要参考借鉴。

---

① 中国政府网,见 https://www.gov.cn/zhengce/zhengceku/202312/content_6920641.htm。

为加快试点成果在全系统的推广应用,有效落实《国家标准》,推动人力资源社会保障系统标准化建设全面迈上新台阶,人力资源社会保障部深入调研论证,广泛听取各方面的意见建议,研究起草了《意见》并正式印发。《意见》的出台,将进一步提高全系统对标准化工作重要性认识,统一思想,凝聚共识,明确全面推行基本公共服务标准化的目标任务和具体措施,为人力资源社会保障事业高质量发展提供有力支撑。

政策解读:

此次《意见》的印发是人力资源社会保障部首次对标准化工作进行全面部署,是以标准化推动基本公共服务均等化普惠化便捷化的一项重要举措,将对人力资源社会保障基本公共服务产生重大而深远的影响。

一是有利于规范服务行为,提升服务水平。各地将按照《意见》进一步健全本地基本公共服务标准体系,抓紧制定完善相关标准规范,通过标准的实施应用,进一步优化服务流程,精简办事材料,压缩办理时限,强化协同共享,使服务行为更加规范,服务过程更加高效,服务结果更可预期,让群众和企事业单位享受到优质便捷的人力资源社会保障基本公共服务。

二是有利于兜牢民生底线,提高保障能力。各地将按照《意见》要求明确必须予以保障的人力资源社会保障基本公共服务范围和底线标准,知道重点保什么、保到什么程度;据此查漏补缺,有针对性地优化资源配置,把有限的人力、财力、物力用到最基本、最重要、最急需的服务项目,织牢织密这张民生安全保障网。

三是有利于推动基本公共服务均等化,促进地区协调发展。均等化是基本公共服务的应有之义。从目前来看,经过前些年的努力,中西部地区基本公共服务能力和水平得到了明显提升。但是也要看到,各地保障标准参差不齐,服务流程质量存在差异,一些地方部分基本公共服务事项尚未落实到位。通过贯彻落实《意见》,部属有关单位和各地人力资源社会保障部门将进一步完善细化基本公共服务事项的实施标准,加强标准化供给,强化地区间协同,使服务对象无论身处何处都能公平可及地获得大致均等的人力资源社会保障基本公共服务,推动发展成果全民共享、促进实现共同富裕。

（三）人力资源社会保障部办公厅、公安部办公厅、市场监管总局办公厅《关于加强职业技能评价规范管理工作的通知》

加强职业技能评价规范管理，对于开展职业技能培训、提高劳动者素质、引导激励技能人才成长成才具有重要促进作用。为进一步巩固职业技能培训和评价专项整治工作成果，持续加强职业技能评价监督管理，2024年5月9日，人力资源社会保障部办公厅、公安部办公厅、市场监管总局办公厅发布《关于加强职业技能评价规范管理工作的通知》①（以下简称《通知》），以促进技能人才高质量发展，为经济社会发展提供有力技能人才支撑。

政策背景：

技能人才是国家人才队伍的重要组成部分。建立科学的技能人才评价机制，对于树立正确用人导向、激励引导人才职业发展、调动人才创新创业积极性、加快建设人才强国具有重要作用。但在技能人才评价机制实施的过程中，还存在评价程序不规范、评价标准不统一、评价质量不高等问题，亟待进一步加强规范管理，以推动技能人才高质量发展。

政策解读：

1. 严格规范多元评价。《通知》中明确职业资格评价、职业技能等级认定和社会培训评价组织的认定依据和原则，规定专项职业能力考核要结合新兴产业发展、地方特色产业需要和就业创业需求，选择市场需求大、可就业创业的最小技能单元，并依据专项职业能力考核规范组织开展。

2. 加强评价质量管理。《通知》明确职业资格评价和职业技能等级认定的考核主体、考核方式、组织管理，对评价机构考核的设施作出明确规定，确保评价过程和结果可追溯、可倒查。

3. 健全监督管理机制。《通知》明确要求要加大监管处查力度，按照"谁备案谁监管""谁遴选谁监管"的原则，由人力资源社会保障部门会同《国家职业资格目录》内的职业资格实施部门对职业资格评价实施监管，会同有关部门对职业技能等级认定实施常态化监管。对不严格执行国家标准

---

① 中国政府网，见 https://www.gov.cn/zhengce/zhengceku/202405/content_6953751.htm。

或评价规范、不严格审核甚至造假等行为,要依法依规移交纪检监察部门和公安机关追究相关责任。同时,《通知》中还强调强化信息平台建设,加强机构管理、考务管理、评价监管等信息化建设,建立职业技能评价服务监管平台,实现职业技能评价全过程、全链条信息记录。

4. 建立长效工作机制。职业技能评价规范管理工作,既要加强部门间合作,即人力资源保障部门与行业主管部门沟通协调,通过质量督导、现场督导、同行监管、社会监督,采取"双随机、一公开"和"互联网+监管"等方式,将职业技能评价纳入有效监管;又要强化宣传,通过以案明纪、以案示警等方式,切实增强党员干部纪律意识、规矩意识和底线思维,营造风清气正的职业技能评价工作氛围。

(四) 国务院《深入实施以人为本的新型城镇化战略五年行动计划》

党的二十届三中全会《决定》明确了健全推进新型城镇化体制机制的重大改革举措。2024 年 7 月 31 日,国务院发布了《深入实施以人为本的新型城镇化战略五年行动计划》①(以下简称《行动计划》),以充分释放新型城镇化蕴藏的巨大内需潜力,持续推动经济实现质的有效提升和量的合理增长,为中国式现代化提供强劲动力和坚实支撑。

政策背景:

党的十八大以来,在以习近平同志为核心的党中央坚强领导下,经过各方面共同努力,我国新型城镇化建设取得重大进展。常住人口城镇化率从 2012 年的 53.10% 提高至 2023 年的 66.16%,近十年累计 1.65 亿农业转移人口在城镇落户,城镇基本公共服务覆盖范围显著扩大;"两横三纵"城镇化战略格局基本形成,城市群一体化发展明显加快,一批现代化都市圈逐步培育;城市建设发展成效显著,人民生活品质不断提升。新型城镇化的深入推进,为推动经济高质量发展、满足人民日益增长的美好生活需要提供了有力支撑。但城镇化发展中还存在一些问题,比如,农业转移人口市民化质量仍待提高,一些中小城市和县城对产业和人口的承载能力不足,超大特大城市对周边的辐射带动作用发挥不够,部分城市安全韧性存在短板弱项。为

---

① 中国政府网,见 https://www.gov.cn/zhengce/zhengceku/202407/content_6965543.htm。

稳步提高城镇化质量和水平,更好支撑经济社会高质量发展,《行动计划》深入贯彻落实党的二十大和二十届二中、三中全会精神,坚持目标导向、问题导向,立足国情、遵循规律,因地制宜、分类施策,部署实施新一轮农业转移人口市民化、潜力地区城镇化水平提升、现代化都市圈培育、城市更新和安全韧性提升4项重大行动,突出以人为本、聚焦两类重点地区分类施策、着力补齐城市短板。

政策解读:

在实施新一轮农业转移人口市民化的同时,促进农业转移人口在城镇稳定就业是一项非常重要的内容。我国有近3亿农民工,做好促进农民工就业工作关系经济发展、社会稳定和民生改善,也关系到广大农民工的切身利益。人力资源和社会保障部门将从以下几方面着手,以适应《行动计划》的发展要求。

首先,着力拓宽就业渠道。落实稳岗返还、稳岗扩岗专项贷款等政策,实施智能制造、家政服务等行业吸纳就业支持举措,稳定和扩大农民工就业容量。健全劳务协作机制,推动组建区域劳务协作联盟,举办劳务协作暨劳务品牌发展大会,推动农民工外出务工扩规模、提质量。

其次,着力优化就业服务。完善公共就业服务体系,推出全国公共就业服务平台,推动公共就业服务下基层,让农民工获得可感可知可及的高质量就业服务。人力资源和社会保障部将继续做好"春暖农民工"等关心关爱农民工服务行动,把农民工作为百日千万招聘等系列公共就业服务活动的重点对象,集中送政策、送服务、送岗位。

再次,着力加强技能培训。积极摸排农民工知识技能基础、求职就业意愿和技能提升需求,分类组织开展就业技能培训、岗位技能提升培训、创业培训。加强信息对接、人岗匹配,以就业为导向开展企业订单、定向和项目制培训,深入实施制造业技能根基工程,促进农民工实现技能就业。

最后,着力维护劳动者权益。健全农民工等人员社保制度,完善社保关系转移接续政策,扩大农民工社会保险覆盖面。落实维护新就业形态劳动者劳动权益保障政策,稳妥有序扩大新就业形态就业人员职业伤害保障试点实施范围,切实维护农民工劳动保障权益。

二、促进就业与技能开发的相关政策法规

（一）中共中央办公厅、国务院办公厅《关于进一步加强青年科技人才培养和使用的若干措施》

为深入贯彻党的二十大精神,落实中央人才工作会议部署,全方位培养和用好青年科技人才,中共中央办公厅、国务院办公厅2023年8月发布了《关于进一步加强青年科技人才培养和使用的若干措施》①(以下简称《若干措施》)。

政策背景：

青年科技人才处于创新创造力的高峰期,是国家战略人才力量的重要组成部分。习近平总书记多次就加强青年科技人才的培养和使用作出重要指示批示,要求把培育国家战略人才力量的政策重心放在青年科技人才上,给予青年人才更多的信任、更好的帮助、更有力的支持,支持青年人才挑大梁、当主角,造就规模宏大的青年科技人才队伍。

党的十八大以来,我国青年科技人才规模快速增长,源源不断充实科技人才队伍。2012年至2021年期间,我国研究与试验发展(R&D)人员数量由416.7万人增长到858.1万人,增加441.4万人,年均增长7.67%。同期,自然科学领域博士毕业生总人数超过45万人,年均增长率4.73%。近年来,我国博士后每年进站人数都超过2.5万人,其中80%集中在自然科学领域。同时,青年科技人才在国家重大科技任务实施中发挥越来越重要的作用。国家重点研发计划参研人员中,45岁以下占比达80%以上。国家自然科学奖获奖者成果完成人的平均年龄已低于45岁。北斗导航、探月探火等重大战略科技任务的许多项目团队平均年龄都在30多岁。在人工智能、信息通信等新兴产业领域,优秀青年科技人才已成为技术创新的主力。我国当代青年科技人才的职业生涯与到本世纪中叶全面建成社会主义现代化强国的时间高度契合。培养用好青年科技人才,对加快实现高水平科技自立自强、建设科技强国和人才强国意义重大。

---

①　中国政府网,见 https://www.gov.cn/zhengce/202308/content_6900456.htm。

党的二十大对加快建设包括青年科技人才在内的国家战略人才力量提出明确要求,中央人才工作会议对加强青年科技人才队伍建设作出具体部署。2022 年,科技部等五部门聚焦青年科研人员启动实施"减负行动3.0",有针对性地开展挑大梁、增机会、减考核、保时间、强身心五项行动,取得积极成效,起到先行先试的探索作用。《若干措施》在此基础上,进一步加大政策力度,采取更多突破性措施,必将对我国青年科技人才队伍建设起到重要推动作用。

政策解读:

《若干措施》涉及青年科技人才培养和使用的方方面面,涵盖青年科技人才关心的主要问题。在具体措施上,既注重思想政治引领,又注重科研支持、职业发展、生活保障服务和身心健康关爱;既注重解决当前面临的迫切问题,又注重构建青年科技人才工作长效机制;既有原则性要求,也有量化要求。

一是加强思想政治引领。青年一代有理想、有担当,国家就有前途,民族就有希望。《若干措施》把加强对青年科技人才爱国奉献、科学报国的思想政治引领放在首要位置,坚持党对新时代青年科技人才工作的全面领导,强调用党的初心使命感召青年科技人才,激励引导青年科技人才大力弘扬科学家精神,传承"两弹一星"精神,在实现高水平科技自立自强和建设科技强国、人才强国实践中建功立业,在以中国式现代化全面推进中华民族伟大复兴进程中奉献青春和智慧。

二是强化职业早期支持。《若干措施》提出,加大基本科研业务费对职业早期青年科技人才稳定支持力度。根据实际需要、使用绩效和财政状况,逐步扩大中央高校、公益性科研院所基本科研业务费对青年科技人才的资助规模,完善并落实以绩效评价结果为主要依据的动态分配机制。基本科研业务费重点用于支持 35 岁以下青年科技人才开展自主研究,有条件的单位支持比例逐步提到不低于年度预算的 50%。

三是突出大胆使用。《若干措施》充分落实给予青年人才"更多的信任、更好的帮助、更有力的支持"的要求,从引导支持青年科技人才服务高质量发展,支持青年科技人才在国家重大科技任务中"挑大梁""当主角",深入实施国家重点研发计划青年科学家项目,国家科技创新基地大力培养使用青年科技人才,更好发挥青年科技人才决策咨询作用等方面,赋予青年科技人才更多担纲领衔、脱颖而出的机会,出台了一系列针对性、可操作性强的举措,支持大胆使用青年科技人才,充分发挥青年科技人才作用。

四是促进国际化发展。《若干措施》提出要加大力度支持青年科技人才开展国际科技交流合作。支持青年科技人才到国(境)外高水平科研机构开展学习培训和合作研究。支持青年科技人才参加国际学术会议,鼓励青年学术带头人发起和牵头组织国际学术会议,提升青年科技人才国际活跃度和影响力。

五是构建长效机制。《若干措施》既注重解决当前青年科技人才强烈期盼、亟待解决的急迫问题,又注重构建促进青年科技人才队伍健康稳定发展的长效工作机制。要求各级党委和政府把青年科技人才工作作为战略性工作,纳入本地区经济社会发展、人才队伍建设总体部署,建立多元化投入保障机制和常态化联系青年科技人才机制。要求用人单位切实落实培育造就拔尖创新人才的主体责任,结合单位实际制定具体落实举措,制定完善青年科技人才培养计划;建立和完善青年科技人才评价机制,提升自主评价能力;加强对青年科技人才的关怀爱护。要求国家科技创新基地,大力培养使用青年科技人才,积极推进科研项目负责人及科研骨干队伍年轻化,推动重要科研岗位更多由青年科技人才担任。

(二) 国家标准委、教育部、科技部、人社部、全国工商联《标准化人才培养专项行动计划(2023—2025年)》

为贯彻实施《国家标准化发展纲要》和《国家"十四五"期间人才发展规划》,培养标准化人才队伍,2023年11月7日,国家标准委、教育部、科技部、人社部、全国工商联五部门联合印发《标准化人才培养专项行动计划(2023—2025年)》[①](以下简称《行动计划》)。

政策背景:

人才是第一资源,标准化人才是推动标准化创新发展的重要基石。党

---

① 中国政府网,见 https://www.gov.cn/lianbo/bumen/202311/content_6916801.htm。

的十八大以来,我国标准化人才培养取得显著成效,基本形成了一支由标准科研人才、管理人才、应用人才、教育人才、国际标准化人才等构成的标准化人才队伍。随着中国特色社会主义进入新时代,完整、准确、全面贯彻新发展理念,加快构建新发展格局,着力推动高质量发展,要求培养造就大批德才兼备的高素质标准化人才,在此背景下,制定《行动计划》。

政策解读:

1. 明确行动目标。《行动计划》明确了到2025年的行动目标:专业化、职业化、国家化、系统化的标准化人才培养机制更加健全,标准化人才培养格局基本形成,标准化人才职业能力评价机制初步建立,建成一批国际标准化人才培训基地、国家级标准化人才教育实训基地和全国专业标准化技术委员会实训基地,各类标准化人才素质全面提升。

2. 强化制度建设。《行动计划》指出健全标准化人才系统化培养机制,强调健全标准化行政主管部门牵头,教育、人力资源社会保障、科技、工商联等有关部门各司其职,行业、企业和社会各方广泛参与的多主体标准化人才培养工作机制。强调要完善标准化职业分类体系和职业标准,结合行业和领域特点,分行业分领域推进标准化人才培养,并强调完善标准化人才激励机制。

3. 突出专项行动。包括标准化人才教育体系建设行动、标准化人才职业能力提升行动、标准化人才实训实战行动、国际标准化人才选培行动等内容。其中,人才教育体系建设行动涵盖了普通高等教育、职业教育以及师资队伍、教材的标准化体系建设等内容。人才职业能力提升行动包含标准化领军人才,高端智库,标准化总监,标准编审、实施和服务能手,标准化行政管理队伍等内容。在人才实训实战行动上,强调了标准化培训基地建设、标准化职业技能竞赛等内容。在国际标准化人才选培行动中,强调建立国际标准化人才梯级培养模式、建立国际标准化高端人才选拔推荐机制、培育国际标准化创新团队等内容。

(三) 国务院办公厅《关于发展银发经济增进老年人福祉的意见》

为积极应对人口老龄化,培育经济发展新动能,提高人民生活品质,2024年1月15日,国务院办公厅发布《关于发展银发经济增进老年人福祉的意见》①(以下简称《意见》),以让老年人共享发展成果、安享幸福晚年,不断实现人民对美好生活的向往。

政策背景:

近年来,伴随我国人口老龄化程度加深,党中央、国务院先后出台《国家积极应对人口老龄化中长期规划》《"十四五"国家老龄事业发展和养老服务体系规划》等专项规划,明确提出了发展银发经济的任务要求。2023年,习近平总书记对发展银发经济作出重要部署。《意见》围绕人民群众所盼所想,完善相关政策措施,既利当前又惠长远。首先,发展银发经济是实现人民美好生活向往的现实需要。我国有近3亿老年人,随着我国经济社会发展水平不断提升,老年人期待提高生活品质的愿望和需求在不断增强,特别是以"60后"为代表的"新老年群体",推动着需求结构从生存型向发展型转变,既包括传统的"衣、食、住、行、用"等实物需求,也包括健康、养老等服务需求,还有艺术、体育、休闲、娱乐等"诗和远方"新需求。群众有所呼,政策有所应。发展银发经济有利于顺应这一发展趋势,满足人民群众多层次多样化产品和服务需求。其次,发展银发经济是推动高质量发展的有力举措。银发经济涉及面广、产业链长、业态多元,涵盖一、二、三产业,孕育着新机遇,也必将催生新领域和新赛道。当前,我国银发经济刚刚起步,供给体系和能力尚不能有效满足老年人需要,质量效率也有待持续提升。发展壮大银发经济,就是要以需求牵引供给,积极回应老年人核心关切,从关键小事着手,满足各类养老需求,提升老年人获得感、幸福感、安全感;同时,以供给创造需求,推动实现更高水平的动态平衡。建设现代化银发经济产业体系,将为推动经济社会高质量发展注入新的动能,更好服务构建新发展格局。最后,发展银发经济是中国式现代化建设的重要支撑。人口老龄化是经济社会发展到一定阶段的产物,与老年人相关的经济活动成为经济社会发展的重要组成部分,蕴含着发展新机遇。面向亿万老年人及家庭的银发经济,正在成为增进民生福祉、推动经济高质量发展的新支点,成为兼顾当前与未来、促进民生事业与养老产业协同发展的新动能,成为在中国式现代化进程中探索具有中国特色应对人口老龄化道路的新支撑。

---

① 中国政府网,见 https://www.gov.cn/zhengce/zhengceku/202401/content_6926088.htm。

政策解读:

第一,《意见》明确了银发经济的内涵,它包含"老年阶段的老龄经济"和"未老阶段的备老经济"两个方面。首先,从国家的规划引领看,发展银发经济充分呼应并落实积极应对人口老龄化国家战略。党中央、国务院印发的《国家积极应对人口老龄化中长期规划》,从财富储备、人力资源、物质服务、科技支撑、社会环境5个方面明确了我国应对人口老龄化的制度框架,其中对扩大健康产品服务、发展养老金融、强化科技创新支撑、打造老年宜居环境等作出了部署安排。因此,将"预备于老"的相关产业纳入银发经济范畴,是在积极应对人口老龄化国家战略框架下的总体考虑。其次,从个体的生命周期看,老年阶段和未老阶段并不是割裂开的,应作为有机整体统筹谋划。在未老阶段进行物质和财富储备、健康管理,在老年阶段才能更好实现老有所养、老有所为、老有所乐。比如,推动老年人的健康长寿,要着眼于生命全周期健康,将健康管理前移到中青年阶段,为步入老年阶段后获得健康幸福的晚年奠定良好基础。又如,从中青年阶段起就更好地规划财富储备,通过发展多层次的养老保障体系,做好养老金融这篇大文章,不断夯实老年阶段的收入保障。最后,从社会的代际传递看,银发经济发展离不开各年龄人群的共同参与。家家都有老人,人人都会变老,老年人的当下需求,将是年轻人的未来需要。社会共识的凝聚,更多人群的响应,为银发经济发展奠定了良好的基础。

第二,《意见》将举措具体细化。《意见》共提出4方面26项举措。一是发展民生事业,解决急难愁盼。以需求为牵引,从"关键小事"着力增进民生福祉。围绕老年助餐服务、居家助老服务、社区便民服务、老年健康服务、养老照护服务、老年文体服务、农村养老服务等7个老年人急需的高频服务,分别提出操作性强的解决方案。二是扩大产品供给,提升质量水平。重点开展培育银发经济经营主体、推进产业集群示范、提升行业组织效能、推动品牌化发展、开展高标准领航行动、拓宽消费渠道等6大行动,通过高质高效的供给创造需求,提升银发经济整体规模。三是聚焦多样化需求,培育潜力产业。围绕老年用品制造、智慧健康养老、康复辅助器具、抗衰老产业、养老金融、旅游服务、适老化改造等7个前景好、潜力大的产业,制定切实有效的政策措施。四是强化要素保障,切实把实事办好。从科技创新应用、用地用房保障、财政金融支持、人才队伍建设、数据要素支撑、打击涉老诈骗等6个方面提出实实在在的一揽子支持政策。同时,提出要完善工作机制,加强统筹协调,推动各项任务落实落细。

（四）人力资源社会保障部、国家发展改革委、商务部、教育部、农业农村部、全国总工会、全国妇联《关于加强家政服务职业化建设的意见》

为进一步推动家政服务业高质量发展,2024年6月17日,人力资源社会保障部、国家发展改革委、商务部、全国妇联等部门联合发布《关于加强家政服务职业化建设的意见》①(以下简称《意见》),以扩大家政服务有效供给,更好满足人民群众家政服务消费需求。

政策背景:

随着我国新型城镇化加速发展、人口老龄化日益加剧,居民家庭以育儿养老为主体的家政服务消费需求不断攀升。2024年政府工作报告提出,推动养老、育幼、家政等服务扩容提质。从我国家政需求看,2023年我国65岁及以上人口达到21676万人,占全国人口的15.4%,我国已经进入中度老龄化社会。从婴幼儿数量看,2023年我国出生人口902万人,预示着有902万个新生婴儿和与之相关联的孕产妇,此外1—6岁婴幼儿每个年龄段都有千万人左右,这个群体有着庞大的家政服务消费需求。据相关部门公布的统计口径,我国家政服务从业人员已超过3000万人,家政服务企业100多万家。据相关行业咨询机构发布的数据,我国家政服务行业规模超过1.1万亿元。但从家政服务业发展现状看,家政服务总量供给不足、职业化水平不高、人民群众满意度低等问题仍比较突出,找家政服务员难、找一个好的家政服务员更难的问题,困扰和制约着人民群众的家政服务消费需求。亟待进一步规范发展,提升家政服务职业化水平,推动我国家政服务业快速发展。

政策解读:

一是坚持标准先行,引领家政服务职业化发展。此次发布的《意见》,

---

① 中国政府网,见 https://www.gov.cn/gongbao/2024/issue_11526/202408/content_6969180.html。

再次从完善家政服务职业标准体系和优化从业人员职业评价两个角度,明确提出要适应经济社会发展和家政服务需求变化,适时增设和制(修)订家政服务相关职业(工种)国家职业标准,完善家政服务职业分类,拓宽职业发展通道。积极推进家政服务社会化职业技能等级认定,鼓励家政企业、家政培训机构引导家政服务从业人员参加职业技能等级认定并获取职业技能等级证书。引导家政服务从业人员树立职业标准意识,不断提升职业技能水平;引导家政企业把职业技能等级证书,作为衡量家政服务从业人员职业技能水平的评价标准。

二是提升职业技能,夯实家政服务职业化基础。由于家政服务行业的特殊性,家政服务从业人员就业流动性大、稳定性差,大部分从业人员来自农村转移劳动力,以女性居多,普遍文化程度偏低,技能水平不高。这样的背景下,《意见》提出提升从业人员职业技能,按照相关国家职业标准和培训大纲,规范家政服务职业技能培训,围绕急需紧缺进一步加大家政服务职业技能培训力度,同时发挥家政企业岗位技能提升培训主体作用,支持有条件的家政企业完善实训设施,加强技能提升培训。《意见》提出加强家政服务培训能力建设,推进家政(家庭)服务职业培训示范基地建设,开展师资培训,开发职业技能培训教程。探索国际区域交流机制,引进高水平家政服务师资、课程、教材等资源。推动数字化赋能,丰富线上家政服务职业技能培训资源。

三是注重专业化培养,提升家政服务职业素养。据家庭服务业36个城市调查数据显示,家政服务从业人员中初中及以下学历占66.49%,大专及以上学历仅占4.59%。因此,提升家政服务从业人员职业素养,培养和吸引有家政服务及相关专业教育经历的各类人才进入家政服务领域,改善家政服务从业人员结构,是推动家政服务职业化建设的重要内容。对此,《意见》提出加强家政服务专业化培养,鼓励引导相关院校加强家政服务专业建设,加快推进家政服务相关专业人才培养,支持校企合作开发学历与岗位技能双提升项目。引导家政相关专业学生获得学历证书的同时,参加职业技能等级认定。支持家政服务相关专业的在校学生,利用假期或实习期到家政企业学习锻炼,支持家政企业参与校园招聘。

四是多措并举,营造职业化发展氛围。《意见》从企业管理制度、服务人员保障制度等方面强调营造职业化发展氛围。如提出鼓励家政企业引入现代企业经营模式,提升专业化、规范化管理水平,打造家政服务品牌;强调进一步强化家政服务诚信体系建设,发挥家政服务信用信息平台作用,加强行业监督管理;明确引导家政服务从业人员依法参加社会保险,要求落实企业主体责任,支持各类社会组织、调解组织、法律援助机构等依法维护从业人员合法权益;提出落实就业创业扶持政策,鼓励引导更多劳动者到家政服务领域就业创业。同时,《意见》强调要积极培育家政服务领域职业技能竞赛品牌,探索开展国家级家政服务职业技能竞赛,充分发挥职业技能竞赛对技能培训的带动和引领作用,营造全社会尊重家政服务的良好氛围。[1]

三、促进人力资源开发、民生方面的相关政策法规

(一) 人力资源社会保障部《人力资源管理专业人员职称评价办法(试行)》

人力资源管理专业人员是专业技术人才队伍的重要组成部分,是实施人才强国战略、创新驱动发展战略、就业优先战略和乡村振兴战略的重要力量。为贯彻党的二十大精神,落实党中央、国务院关于深化职称制度改革的决策部署,进一步畅通人力资源管理专业人员职业发展通道,2023 年 9 月 27 日,人力资源社会保障部发布《人力资源管理专业人员职称评价办法(试行)》[2](以下简称《评价办法》)。

政策背景:

人力资源管理专业人员是从事人力资源开发、管理和服务的专业人才队伍,是提升人力资源开发利用水平、实现高质量充分就业、促进人才顺畅有序流动的重要力量。主要包括两类:一是人力资源管理人员,主要是在各类企事业单位内部从事人力资源工作的人员。二是人力资源服务行业从业人员,主要是公共人力资源服务机构和经营性人力资源服务机构的工作人

---

① 尚建华:《加强家政服务职业化建设》,见 https://www.sohu.com/a/797105280_267106,2024 年 7 月 30 日。

② 中国政府网,见 https://www.gov.cn/gongbao/2023/issue_10846/202311/content_6917318.html。

员。截至 2022 年底，我国共有 6.3 万家人力资源服务机构，从业人员 104 万人。总体上看，开展人力资源管理专业水平评价的社会需求广泛。

目前在地方实践中，江苏、四川、江西等地面向人力资源服务行业开展了人力资源管理专业高级职称评审工作，积累了较好的实践经验，但还存在一些亟待解决的问题，比如人力资源管理专业副高级以上职称评审还没有专门的评价标准和评价机制，人力资源服务业从业人员参评渠道不够畅通，服务就业和人才工作的导向不够鲜明等。因此，为贯彻落实党中央、国务院关于深化职称制度改革的决策部署，加强人力资源管理专业人员职称评价和队伍建设，人力资源社会保障部研究起草了《评价办法》。《评价办法》的出台，将进一步推动人力资源管理专业人才队伍职业化、专业化建设，提高全社会人力资源开发利用水平和劳动参与率，为中国式现代化建设提供高质量人力资源支撑。

政策解读：

《评价办法》共 7 章 24 条，围绕人力资源管理专业人员职称体系、评价标准和评价机制等关键环节，作出一系列政策安排。《评价办法》首次确立了人力资源管理专业职称评价的基本制度规则，主要有以下特点。

一是进一步完善人力资源管理专业人员职称评价标准。人力资源管理专业性强，人员分布在不同单位，从事的工作类型多样，急需建立专门面向人力资源管理专业人员的职称评价标准。《评价办法》首次明确了人力资源管理专业人员的范围，提出了涵盖各类型、各职称层级的通用性基本要求。同时，在高级和正高级职称评审方面，列出 6 种情形的优先条款，适应不同群体能力素质要求。

二是进一步强化人力资源管理专业人员职称评价引导作用。为引导广大人力资源管理专业人员服务国家重大战略，《评价办法》建立了职称评审向优秀人才、基层一线倾斜机制，对作出重大贡献的人力资源管理专业人员，可采取"一事一议""一人一策"的方式直接评审高级职称；对引进的海外高层次人才和急需紧缺人才，开辟职称评审绿色通道；对长期在艰苦边远地区等基层一线工作的人力资源管理专业人员，适当放宽学历条件，淡化或不作论文要求，重点评价其实际工作能力、业绩和贡献。

三是进一步贯通人力资源管理与相关专业职称评价。在具体实践中，大量人力资源工作人员从业务骨干转岗而来,取得了会计、统计、审计以及经济系列其他专业的职称,转岗后存在职称晋升难题。为此,《评价办法》进一步打通相关专业,允许获得上述专业中级职称的人员申评高级人力资源管理专业职称。

四是进一步拓宽人力资源服务业从业人员职业发展通道。为加强人力资源服务业从业人员专业化、职业化建设,《评价办法》一方面支持符合条件的人力资源服务机构、国家级人力资源服务产业园组建高评委,充分调动市场主体开展职称评价的积极性;另一方面提出了符合人力资源服务业特点和实际的评价标准,构建了适应高标准人力资源市场体系要求的能力素质模型,将有效提高全社会人力资源服务水平和供给能力。

（二）人力资源社会保障部、国家发展改革委、教育部、科技部、财政部、国务院国资委、全国总工会《关于实施高技能领军人才培育计划的通知》

为贯彻落实党的二十大关于加快建设国家战略人才力量,努力培养造就更多大国工匠、高技能人才的战略部署,进一步扩大高技能人才数量规模,提升素质水平,2024 年 1 月 30 日,人力资源社会保障部等七部门发布《关于实施高技能领军人才培育计划的通知》①(以下简称《计划》),联合组织实施高技能领军人才培养计划。

政策背景:

我国正处于全面建设社会主义现代化国家、全面推进中华民族伟大复兴的关键时期。随着传统型企业深入推进数字化智能化转型升级,战略性新兴产业快速创新发展,未来产业正进行前瞻性战略部署,急需培养一批新技术、新产品、新业态、新模式领域的高技能领军人才,并充分激发他们在中国制造、中国创造中的技术转化能力和技艺创新活力,带动技能人才实现梯次发展。《计划》提出健全培养、使用、评价、激励联动推进机制,加快培养高质量发展所需的技术技能型、复合技能型、知识技能型和数字技能型领军人才,全方位用好领军人才,发挥领军人才引领示范作用,带动高技能人才整体发展。

---

① 中国政府网,见 https://www.gov.cn/zhengce/zhengceku/202402/content_6930751.htm。

政策解读：

1. 明确领军人才范围。领军人才指政治立场坚定、践行工匠精神、解决生产难题、推动创新创造、培养青年人才的骨干中坚技能人才，包括获得全国劳动模范、中华技能大奖、全国技术能手、全国五一劳动奖章等荣誉，或享受省级以上政府特殊津贴、获得省级以上表彰奖励，或各省（自治区、直辖市）政府认定的"高精尖缺"高技能人才。

2. 制定领军人才专项计划。《计划》提出要加强对领军人才供给需求的预测，结合经济社会转型、科技创新发展和产业结构变革趋势，制定地方性、行业性领军人才专项培养计划。

3. 创新领军人才培养方式。《计划》提出加大培养培育力度，强化企业主体责任，依托企业培训中心、职业学校、高技能培训基地等平台，通过企业岗位培训、关键岗位实践等方式，培养适应产业发展和国家战略需要的领军人才。

4. 畅通领军人才发展通道。推动企业自主开展技能人才评价，促进"新八级工"职业技能等级制度的落地，拓展技能人才成长空间。扩大高技能人才与专业技术人才职业发展贯通领域，畅通技能人才多元化成长通道。不断提高包括领军人才在内的技能人才待遇水平，激发其内生动力。

5. 加强领军人才服务保障。创造条件为领军人才参与重点项目和重大工程、领衔一线生产难题攻关、总结推广绝招绝技等提供帮助。集中资源和力量，建设一批技能大师工作室、技能大师之家，为领军人才搭建技艺传承和展示交流平台。组织技能研修、同业交流、名师带徒、赴境外培训等活动，提高领军人才的综合素质、技能水平和实践创新能力。

6. 营造领军人才成长良好环境。进一步营造尊重劳动、尊重知识、尊重人才、尊重创造的良好氛围，激励广大劳动者特别是青年人走技能成才、技能报国之路。突出示范引领、典型带动，深入挖掘领军人才工作事迹、成长经历，大力弘扬劳模精神、劳动精神、工匠精神，激发全社会关注技能、学习技能、崇尚技能的热情。

（三）中共中央办公厅、国务院办公厅《关于加强社区工作者队伍建设的意见》

加强社区工作者队伍建设，事关保障人民安居乐业，事关维护社会安定有序,事关巩固党的长期执政根基,对于加强基层治理体系和治理能力现代化建设具有重要意义。为加强社区工作者队伍建设,2024 年 3 月 28 日,中共中央办公厅、国务院办公厅发布《关于加强社区工作者队伍建设的意见》①(以下简称《意见》)。

政策背景:

习近平总书记强调,基层社会治理成效如何,基层干部是决定性因素。要统筹考虑基层干部队伍建设,逐步建立一支素质优良的专业化社区工作者队伍。2017 年《中共中央　国务院关于加强和完善城乡社区治理的意见》,2021 年《中共中央　国务院关于加强基层治理体系和治理能力现代化建设的意见》,都对加强社区工作者队伍建设提出明确要求。新时代新征程推进基层治理体系和治理能力现代化,对社区工作者队伍建设提出了新的更高要求,亟须在制度上予以规范和保障。

《意见》由中共中央办公厅、国务院办公厅印发,是第一个专门关于加强社区工作者队伍建设的中央文件。制定《意见》,对于各级党委和政府深入学习贯彻习近平新时代中国特色社会主义思想特别是习近平总书记关于基层治理的重要论述,坚持大抓基层鲜明导向,加强新时代社区工作者队伍建设,打造一支政治坚定、素质优良、敬业奉献、结构合理、群众满意的社区工作者队伍,不断壮大城市基层治理骨干力量,具有重要意义。

政策解读:

《意见》共有 6 个部分、17 条措施。对社区工作者队伍建设工作的重要意义、主要目标,加强社区工作者队伍建设的重点任务,社区工作者队伍建设的组织领导等方面作出了明确规定。

1. 健全社区工作者职业体系。《意见》贯彻落实党中央关于健全社区工作者职业体系的决策部署,作出一系列制度规定,让社区工作者进得优、留得住、有奔头。一是选配有制度。明确社区工作者人员范围,严格把好政治关、入口关,明确选聘条件,强化力量配备,持续优化社区工作者队伍结构。二是发展有空间。着力建立健全梯次发展、等级明晰、科学合理、运行

---

① 中国政府网,见 https://www.gov.cn/gongbao/2024/issue _ 11306/202404/content _ 6947726.html。

有效的社区工作者岗位等级序列,研究制定社区工作者国家职业标准,推动职业水平与岗位等级衔接联动,构建符合社区工作者工作特点的职业发展路径。加大从优秀社区工作者中招录(聘)公务员、事业单位工作人员力度。鼓励和支持优秀社区工作者到高等学校、职业院校等担任特聘导师。三是待遇有保障。要求各地科学设定社区工作者薪酬构成和岗位等级薪酬标准,明确除具有公务员、事业单位工作人员身份的外,原则上由街道(乡镇)与社区工作者依法签订劳动合同,按国家有关规定参加社会保险、缴存住房公积金。

2. 提升社区工作者能力素质。社区工作者是党的路线方针政策在社区的直接执行者,是社区治理和服务的骨干力量,社区工作者能力和素质直接影响到社区治理和服务水平的高低。《意见》围绕提升社区工作者能力素质提出3方面要求。一是提升政治素质。深化党的创新理论武装,组织推动社区工作者认真学习贯彻习近平新时代中国特色社会主义思想特别是习近平总书记关于基层治理的重要论述,强化思想政治教育,加强政策法规教育,深化廉政教育。二是提高履职本领。强化履职能力培训和实战实训,重点加强社区工作者群众工作、组织动员、依法办事、矛盾调解、应急处突、协调沟通、信息技术应用等方面的能力训练。三是增强服务居民群众意识。教育引导社区工作者树牢为民服务理念,在情感上亲近群众、行动上服务群众,持续改进工作作风,用心用情用力为居民群众排忧解难。四是健全社区工作者培训机制。《意见》要求,在培训制度上,研究制定全国社区工作者教育培训工作规划,完善分级培训制度,健全教育培训体系。在培训形式上,灵活运用案例教学、模拟教学、现场观摩等培训方法。在培训载体上,设立社区工作者培训基地,建立培训师资库和资源库,注重开展线上培训,鼓励社会力量参与社区工作者培训工作。支持社区工作者参加全国社会工作者职业资格考试和评审,探索建立社区工作者能力水平与相关职业技能等级等双向比照认定机制。

3. 完善管理制度。严格社区工作者队伍管理。强化社区工作者队伍管理,锻造作风过硬、纪律过硬的社区工作者队伍,是加强社区工作者队伍建设的题中应有之义。《意见》从3个方面对严格社区工作者队伍管理作出了部署。一是完善管理制度。结合社区工作者工作性质和工作内容,建立健全社区工作者日常工作制度,从严从实做好日常管理。分类完善社区工作者退出机制,树立能进能出、优进绌退的鲜明导向。二是加强考核激励。以政治素质、工作实绩和居民群众满意度为重点对社区工作者开展考核,建立健全奖励惩戒机制,提振担当作为、干事创业的精气神。三是强化监督约束。规范社区工作者履职用权行为,落实党务、居务和财务公开制度,探索开展社区党组织书记、社区居民委员会主任经济责任审计,依规依纪依法查处损害居民群众利益的腐败行为。

4.强化激励保障。社区工作者扎根基层一线,联系群众最直接、服务群众最具体,工作很忙很辛苦。《意见》要求各地区各部门采取务实措施加大对社区工作者的关爱力度。一是在政治上关心,加大在社区工作者中推选"两代表一委员"的力度,大力宣传表彰社区工作者先进典型,增强社区工作者的职业认同感和荣誉感。二是在生活上关怀,关心社区工作者身心健康状况,定期组织体检和关爱活动,开展走访慰问,及时帮助社区工作者解决工作生活中的实际困难。三是在工作上支持,各级党委和政府为基层干事创业创造更好条件,持续深化拓展为基层减负工作,让社区工作者有更多时间、精力为居民群众服务。

（四）人力资源社会保障部、中共中央组织部、中央网信办、国家发展改革委、教育部、科技部、工业和信息化部、财政部、国家数据局《加快数字人才培育支撑数字经济发展行动方案（2024—2026年）》

为贯彻落实党中央、国务院关于发展数字经济的决策部署,发挥数字人才支撑数字经济的基础性作用,2024年4月2日,人力资源社会保障部等九部门联合发布《加快数字人才培育支撑数字经济发展行动方案（2024—2026年）》①(以下简称《行动方案》),着力打造一支规模壮大、素质优良、结构优化、分布合理的高水平数字人才队伍,以更好支撑数字经济高质量发展。

政策背景:

2024年政府工作报告提出,深入推进数字经济创新发展,深化大数据、

---

① 中国政府网,见 https://www.gov.cn/zhengce/zhengceku/202404/content_6945920.htm。

人工智能等研发应用，开展"人工智能+"行动，打造具有国际竞争力的数字产业集群。数字经济的发展带来持续高涨的数字人才需求，数字化、智能化岗位大量涌现。《产业数字人才研究与发展报告（2023）》显示，当前数字人才总体缺口约 3000 万，且缺口仍在持续放大，人才紧缺的情况预计会持续三到五年。随着相关行业对数字人才的需求与日俱增，数字人才短缺已经成为制约数字经济发展的重要因素。

政策解读：

《行动方案》部署了 6 项重点任务，包括实施数字技术工程师培育项目、推进数字技能提升行动、开展数字人才国际交流活动、开展数字人才创新创业行动、开展数字人才赋能产业发展行动、举办数字职业技术技能竞赛活动，着力打造一支规模壮大、素质优良、结构优化、分布合理的高水平数字人才队伍。

1. 实施数字技术工程师培育项目。《行动方案》明确，重点围绕大数据、人工智能、智能制造、集成电路、数据安全等数字领域新职业，以技术创新为核心，以数据赋能为关键，制定颁布国家职业标准，开发培训教程，分职业、分专业、分等级开展规范化培训、社会化评价，取得专业技术等级证书的可衔接认定相应职称。在项目实施基础上，构建科学规范培训体系，开辟数字人才自主培养新赛道。

2. 推进数字技能提升行动。培养数字人才，教育是基础。《行动方案》明确，要适应数字产业发展和企业转型升级需求，大力培养数字技能人才。全面推行工学一体化技能人才培养模式，深入推进产教融合，支持行业企业、职业院校、职业培训机构、公共实训基地、技能大师工作室等，加强创新型、实用型数字技能人才培养培训。推进"新八级工"职业技能等级制度，依托龙头企业、职业院校、行业协会、社会培训评价组织等开展数字职业技能等级认定。

3. 开展数字人才国际交流活动。《行动方案》指出，加大对数字人才倾斜力度，引进一批海外高层次数字人才，支持一批留学回国数字人才创新创业，组织一批海外高层次数字人才回国服务。加强留学人员创业园建设，支持数字人才在园内创新创业。推进引才引智工作，支持开展高层次数字人才出国（境）培训交流，加强与共建"一带一路"国家数字人才国际交流，培养一批具有国际视野的骨干人才。

4. 开展数字人才创新创业行动。《行动方案》指出,要支持建设一批数字经济创业载体、创业学院,深度融合创新、产业、资金、人才等资源链条。积极培育数字经济细分领域专业投资机构,投成一批数字经济专精特新"小巨人"企业,重点支持数字经济"硬科技"和未来产业领域发展。加快建设一批数字经济领域专业性国家级人才市场,支持北京、上海、粤港澳大湾区等科学中心和创新高地建设数字人才孵化器、产业园、人力资源服务园,培育发展一批数字化人力资源服务企业。

5. 开展数字人才赋能产业发展行动。《行动方案》提出,要紧贴企业发展需求开设订单、订制、定向培训班,培养一批既懂产业技术又懂数字技术的复合型人才,不断提升从业人员数字素养和专业水平,助力产业数字化转型和高质量发展。专业技术人才知识更新工程、高技能领军人才培育计划等人才工程向数字领域倾斜。

6. 举办数字职业技术技能竞赛活动。《行动方案》提出,在全国技能大赛专设智能制造、集成电路、人工智能、数据安全等数字职业竞赛项目,以赛促学、以赛促训,以赛选拔培养数字人才。在全国博士后创新创业大赛中突出新一代信息技术、高端装备制造等数字领域,促进高水平数字人才与项目产业对接。支持各地和有关行业举办数字职业技术技能竞赛。

此外,《行动方案》从优化培养政策、健全评价体系、完善分配制度、提高投入水平、畅通流动渠道、强化激励引导等 6 个方面加大政策支持。其中,优化培养政策方面,《行动方案》提出要结合数字人才需求,深化数字领域新工科研究与实践,加强高等院校数字领域相关学科专业建设,加大交叉学科人才培养力度。充分发挥职业院校作用,推进职业教育专业升级和数字化改造,新增一批数字领域新专业。在提高投入水平方面,《行动方案》指出,要探索建立通过社会力量筹资的数字人才培养专项基金。企业应按规定提取和使用职工教育经费,不断加大数字人才培养培训投入力度。各地应将符合本地需求的数字职业(工种)培养培训纳入职业技能培训需求指导目录、培训机构目录、实名制信息管理系统。在强化激励引导方面,《行动方案》明确,将高层次数字人才纳入地方高级专家库,鼓励有条件的地方结合实际在住房、落户、就医服务、子女入学、配偶就业、创业投资、职称评审等方面给予支持或提供便利,营造数字人才成长良好环境。

四、促进社会保障的相关政策法规

（一）国务院《社会保险经办条例》

为了规范社会保险经办,优化社会保险服务,保障社会保险基金安全,维护用人单位和个人的合法权益,促进社会公平,2023 年 9 月 1 日,国务院发布《社会保险经办条例》①（以下简称《条例》）。

政策背景：

社会保险经办事关人民群众能否便捷享受社会保险待遇。党中央、国务院对此高度重视,2010 年出台的《社会保险法》设专章对社会保险经办作了规定,有力推动了社会保险事业发展。随着经济社会的发展,社会保险经办出现了一些新情况、新问题,比如证明材料偏多、转移接续不畅、经办时限不明确、基金跑冒滴漏等,需要从法律制度上对社会保险经办加以细化和完善。为贯彻落实党中央、国务院决策部署,司法部会同人力资源和社会保障部、国家医疗保障局研究起草了《社会保险经办条例（草案）》。2023 年 8 月 16 日,李强总理签署第 765 号国务院令公布《社会保险经办条例》,自 2023 年 12 月 1 日起施行。

政策解读：

《条例》立足于规范经办、优化服务、保障安全、维护权益、促进公平,着力健全社保经办服务体系,提升服务水平,提高服务效能。作为社保经办领域首部行政法规,《条例》标志着社保经办工作的法治化、规范化、精细化迈上新台阶,有利于提升社会保障治理效能,更好顺应人民对高品质生活的期待。《条例》主要可概括为"五个明确"。

一是明确适用范围。《条例》第一章第二条规定,经办基本养老保险、基本医疗保险、工伤保险、失业保险和生育保险等国家规定的社会保险适用本条例。

二是明确经办机构职责,规定社保经办机构办理社会保险关系登记和

---

① 中国政府网,见 https://www.gov.cn/zhengce/zhengceku/202309/content_6901384.htm。

转移、信息记录和保管、待遇核定和发放等职责。

三是明确便民利民要求,让人民群众享有更加高效便利的公共服务。《条例》规定用人单位在登记管理机关办理登记时同步办理社会保险登记,通过信息比对、自助认证等方式核验参保人员社会保险待遇享受资格,通过"数据多跑路"让"群众少跑腿"。同时,要求压减不必要的证明材料,取消没有法律法规和国务院决定依据的证明材料。对于老年人、残疾人等特殊群体加强无障碍服务,通过授权代办、上门服务等方式提供便利服务。

四是明确监督管理举措,要求社保经办机构与符合条件的机构协商签订服务协议,规范社会保险服务行为,要求人力资源社会保障行政部门、医疗保障行政部门对社保经办机构、社保服务机构等进行监督检查,建立社会保险信用管理制度,要求财政部门、审计机关依法实施监督。

五是明确法律责任,对骗取社保基金支出,隐匿、转移、侵占、挪用社保基金或者违规投资运营等违法行为,规定了相应的法律责任。

(二)人力资源社会保障部、财政部、国家税务总局《关于延续实施失业保险援企稳岗政策的通知》

为贯彻落实中央经济工作会议精神,充分发挥失业保险保生活、防失业、促就业功能作用,支持企业稳定岗位,兜住、兜准、兜牢民生底线,2024年4月26日,人力资源社会保障部、财政部、国家税务总局发布《关于延续实施失业保险援企稳岗政策的通知》①(以下简称《通知》)。

政策背景:

2023年底的中央经济工作会议指出,2023年是全面贯彻党的二十大精神的开局之年,是三年新冠疫情防控转段后经济恢复发展的一年。以习近平同志为核心的党中央团结带领全党全国各族人民,顶住外部压力、克服内部困难,全面深化改革开放,加大宏观调控力度,着力扩大内需、优化结构、提振信心、防范化解风险,我国经济回升向好,高质量发展扎实推进。现代化产业体系建设取得重要进展,科技创新实现新的突破,改革开放向纵深推进,安全发展基础巩固夯实,民生保障有力有效,全面建设社会主义现代

---

① 中国政府网,见 https://www.gov.cn/zhengce/zhengceku/202405/content_6949562.htm。

化国家迈出坚实步伐。但会议也指出,进一步推动经济回升向好需要克服一些困难和挑战,主要是有效需求不足、部分行业产能过剩、社会预期偏弱、风险隐患仍然较多,国内大循环存在堵点,外部环境的复杂性、严峻性、不确定性上升。因此,要进一步推进企业发展壮大,人力资源社会保障部、财政部、国家税务总局发布《通知》。

政策解读:

《通知》明确延续实施3项惠企利民政策举措。

一是在减负担方面,延续阶段性降低失业保险费率至1%的政策至2025年。

二是在稳岗位方面,对不裁员少裁员的参保企业继续实施稳岗返还政策至2024年底,中小微企业按不超过企业及其职工上年度实际缴纳失业保险费的60%返还、大型企业返还比例不超过30%;资金用途由现行四项稳定就业岗位支出扩大至降低生产经营成本支出;社会团体、基金会、社会服务机构、律师事务所、会计师事务所、以单位形式参保的个体工商户参照实施。

三是在提技能方面,继续放宽技能提升补贴政策参保年限并拓宽受益范围至2024年底,对参保缴费满1年、取得职业资格证书或职业技能等级证书的参保职工或领取失业保险金人员发放技能提升补贴。

(三) 国务院办公厅《关于健全基本医疗保险参保长效机制的指导意见》

为积极应对人口老龄化、就业形式多样化,适应人口流动和参保需求变化,持续巩固拓展全民参保成果,夯实基本医疗保险制度根基,2024年7月26日,国务院办公厅发布《关于健全基本医疗保险参保长效机制的指导意见》①(以下简称《指导意见》),以维护群众依法参保权益,在高质量发展中增进民生福祉,切实解决好群众看病就医的后顾之忧。

政策背景:

党的十八大以来,我国基本医保参保率持续稳定在95%,参保质量持

---

① 中国政府网,见 https://www.gov.cn/gongbao/2024/issue＿11526/202408/content＿6969189.html。

续提升,参保结构更加优化,全民参保成果得到进一步巩固。其中,居民医保以个人缴费和政府补助共同作为筹资来源,覆盖9亿多参保人,成为发展中国家解决病有所医、医有所保的典范,得到国际社会的高度赞誉。绝大多数群众都能够连续参保,为制度可持续运行作出了重要贡献。

但是,在制度运行过程中,仍然存在一些问题。一是常住地参保仍有堵点。在城镇化深化的背景下,人口跨区域频繁流动,我国第七次人口普查统计显示,全国流动人口达到3.75亿人,其中跨省流动人口约为1.25亿人,广大群众对基本医保参保服务更加便捷的需求迫切,越来越多的群众希望在常住地参保。《指导意见》积极回应群众诉求,对就近便捷参保作出了针对性安排。

二是筹资待遇政策仍需完善。由于医疗费用持续上涨,居民医保个人缴费标准连续上涨,参保群众希望完善居民医保筹资机制;部分群众缺乏共济意识,身体健康时不愿参保,生病时选择性参保,或中青年不参保,只给看病多花钱多的老人小孩参保。另外,连续参保群众迫切希望得到一定激励,每年没病的人员也希望获得一定政策倾斜。

三是参保工作机制仍需健全。随着全国统一的医保信息平台全面建成投入使用,重复参保治理深入推进,全国参保数据质量持续提升,但各地参保动员一线工作人员还是强烈希望能够更加及时实现部门数据共享,健全部门协同机制。《指导意见》针对工作协同中存在的问题,着力强化数据共享机制、部门协同机制、参保缴费服务、宣传动员机制,为实现更加精准扩面提供坚实的基础支撑。

政策解读:

《指导意见》坚持以人民为中心的发展思想,强化部门联动,加快补齐短板,分类精准施策,优化参保结构,提高参保质量,在高质量发展中增进民生福祉,切实解决好群众看病就医的后顾之忧,主要有以下特点。

一是聚焦重点。在参保制度上,重点聚焦健全城乡居民医保,创新提出一系列有效有力的工作机制,并放开放宽参保的户籍限制。如《指导意见》规定,特大城市、超大城市要落实持居住证参保政策,推动外地户籍中小学生、学龄前儿童在常住地参加居民医保。超大城市要取消灵活就业人员、农民工、新就业形态人员在就业地参加基本医保的户籍限制,鼓励大学生在学籍地参加居民医保。

二是着眼长效。对部门信息共享、协同推动参保扩面、控制医疗费用不合理上涨作出了制度性安排。《指导意见》明确医保部门、人力资源社会保障部门、税务部门、财政部门、教育部门、公安部门等的职责,依托各地大数据平台等渠道推进部门信息共享,强化部门协调联动。

三是重视激励。连续参保有激励,没看病没花医保基金的有奖励,为断保后的变动待遇等待期提供了修复机制,职工医保个人账户共济的范围扩大,鼓励有条件的地区加强门诊保障等。《指导意见》提出,建立对居民医保连续参保人员和零报销人员的大病保险待遇激励机制。自2025年起,对断保人员再参保的,可降低大病保险最高支付限额;对连续参加居民医保满4年的参保人员,之后每连续参保1年,可适当提高大病保险最高支付限额。对当年基金零报销的居民医保参保人员,次年可提高大病保险最高支付限额。包括对未在居民医保集中参保期内参保或未连续参保的人员,设置参保后固定待遇等待期3个月等政策,以此激发参保的积极性和连续性。

第二章　人力资源服务业发展与创新

【内容提要】

2023—2024 年度是《人力资源服务业创新发展行动计划（2023—2025年）》的开局之年,是《人力资源服务机构管理规定》正式实施之年,也是生成式人工智能与国内人力资源服务市场探索融合的一年。本章聚焦于年度人力资源服务业发展与创新,首先对年度中国人力资源服务业的发展特点进行分析,包括高质量发展助推新质生产力、技术驱动行业数字化转型、加快人力资源服务产业园建设、规范人力资源服务机构管理等具体方面。随后深入探讨行业创新,从管理理念创新、服务模式创新、新兴技术应用等多维度进行剖析。最后突出介绍行业发展亮点,从行业重要会议中探析行业发展成果与行业影响力,结合行业发展趋势和挑战,提出应对策略,以此反映行业发展的最新趋势与未来方向。

Chapter 2　Development and Innovation of Human Resources Service Industry

【Abstract】

The 2023-2024 period marks the inaugural year of the *Human Resource Service Industry Innovation Development Action Plan*（2023–2025）, the year of the formal implementation of the *Regulations on the Management of Human Resource Service Institutions*, and a year of exploratory integration of generative artificial intelligence with the domestic human resource service market. This chapter focuses on the annual development and innovation of the human resource service industry. It first analyzes the characteristics of the development of China's human resource service industry for the year, including specific aspects such as promoting new quality productivity through high-quality development, driving industry digital transformation through technology, accelerating the construction of human resource service industrial parks, and standardizing the management of human resource service institutions. It then delves into industry innovation, dissecting it from multiple dimensions such as management philosophy innovation, service model innovation, and the application of emerging technologies. Finally, it highlights industry development achievements, analyzing the outcomes and influence of the industry from major industry conferences, and proposing strategies to address industry development trends and challenges, thereby reflecting the latest trends and future directions of industry development.

　　中国人力资源服务业作为经济社会发展的基础性支撑行业，近年来随着国家经济结构的优化升级和人力资源市场的深度发展，已经成为推动就业、促进人才流动和提升人力资本价值的重要力量。2023—2024 年，面对全球经济复杂多变的外部环境和国内经济转型升级的内部需求，人力资源服务业迎来了新的发展机遇和挑战。首先，国家政策的支持为行业的发展提供了坚实的政策基础。在中国政府加大力度推进高质量发展的背景下，人力资源服务业被赋予了更多的期望和责任。特别是，人力资源和社会保障部联合国家发展和改革委员会等部门，制定并实施了一系列旨在优化人才环境、促进就业创业、支持行业创新和服务模式升级的政策措施。这些政策不仅明确了行业发展的方向，也为企业提供了发展的指导和支持。其次，随着数字化转型的加速，新兴技术特别是生成式人工智能对人力资源服务业产生了深远的影响。技术创新推动了服务模式的转变，例如，通过智能招聘技术和人才分析工具，企业能够更加精准地匹配人才和岗位，提高招聘效率和人才配置的精确度。同时，云计算和远程工作技术的应用，为人力资源管理和服务提供了更加灵活高效的解决方案。此外，市场需求的变化也促使人力资源服务业不断探索新的服务内容和业务模式。随着经济社会的发展和企业需求的多样化,人力资源服务从传统的招聘、培训、薪酬管理等基础服务,拓展到人才战略咨询、员工绩效管理、职业健康与心理咨询等高附加值服务。企业和服务提供商越来越注重服务的定制化和个性化,以满足不同客户的具体需求。在这一背景下,本章旨在通过分析2023—2024年中国人力资源服务业的发展特点、发展创新、发展亮点,探讨行业的创新路径和发展趋势。通过深入研究,期望为行业的可持续发展提供理论支撑和实践指导,同时为政策制定者、企业决策者和学术研究者提供有价值的参考和启示。

一、人力资源服务业的发展特点

在万方上以"人力资源服务业"为主题的形式对2023—2024年度发表的期刊论文进行检索,共有156篇文献(含北大核心7篇,CSSCI论文6篇)。对156篇文献分析发现,79.49%的文献属于经济学,说明多数研究是从现代服务业这一经济学视角进行分析研究的。具体看上述文献的关键词,共有13个频次超过4次,其中人力资源服务业、高质量发展、人力资源服务的频次超过了10次,"人力资源服务业"的频次最高,达到了52次(见表1-2-1)。具体看,人力资源服务业、人力资源服务、服务业发展、人力资源等虽然频次较高,但其并未有太具体实际含义,比如人力资源服务业、人力资源等关键词本就是文章的主题,并未额外新增信息量或反映文章内容。经过筛选,共有高质量发展、数字化转型、产业园、服务机构等关键词具有实际含义。

表1-2-1　2023—2024年度相关论文关键词频次排序

序	关键词	频次	百分比	序	关键词	频次	百分比
1	人力资源服务业	52	33.33%	8	产业园	5	3.21%
2	高质量发展	21	13.46%	9	人力资源市场	5	3.21%
3	人力资源服务	18	11.54%	10	创新发展	5	3.21%
4	服务业发展	9	5.77%	11	服务业创新	4	2.56%
5	人力资源	6	3.85%	12	服务机构	4	2.56%
6	人力资源管理	6	3.85%	13	现代服务业	4	2.56%
7	数字化转型	6	3.85%				

基于上述关键词的聚类,以下围绕高质量发展助推新质生产力、技术驱动行业数字化转型、加快人力资源服务产业园建设、规范人力资源服务机构管理这四个方面,具体论述人力资源服务业在 2023 — 2024 年间的发展新特点。

（一）高质量发展助推新质生产力

新质生产力作为新时代经济发展的新范式,是实现中国式现代化的重要手段。推动新质生产力的发展,需要从以下几个方面入手:(1)创新驱动:以科技创新为引领,通过研发新技术、新产品来提升产业竞争力。(2)人才支撑:人力资源是新质生产力的核心要素,高素质的人才队伍是实现创新的关键。(3)管理优化:通过引入先进的管理理念和方法,提高企业的运营效率和管理水平。(4)政策支持:政府出台相关政策,支持和鼓励企业进行技术创新和管理创新。为了加快培育新质生产力,人力资源服务业需要以产业创新为内生动力,推动构建现代化产业体系。这不仅是实施创新驱动发展战略、就业优先战略和人才强国战略的重要抓手,还能与战略性新兴产业、未来产业实现融合发展,从而共同构建现代化产业体系[1]。新质生产力的核心在于"质"的提升,这意味着不仅需要提高现有生产力的质量,还需要通过技术创新、管理创新和服务创新来提升整体效率。人力资源服务业作为现代服务业的重要组成部分,通过提高人力资源配置效率和服务质量,可以有效推动新质生产力的培育和发展[2]。党的二十大报告提出,高质量发展是全面建设社会主义现代化国家的首要任务。在高质量发展的背景下,2022 年 12 月,人力资源社会保障部发布了《人力资源服务业创新发展行动计划(2023—2025 年)》,经过一年有余的计划落实实施,各省市取得丰硕成果,通过加大改革力度、深化与实体经济协同发展、建立高标准服务市场体系、推进"多链"深度融合、优化人力资源市场配置以及开展"数字双创"活动等措施,满足高质量发展的要求,为新质生产力的培育提供

---

① 战梦霞、高雨菲:《人力资源服务业高质量发展与新质生产力培育》,《中国劳动》2024 年第 1 期。

② 刘晓博:《助推四川新质生产力发展是人力资源服务的重大使命》,《人力资源服务》2024 年第 4 期。

有力支撑。

1. 改革力度的加大。要推动新质生产力的发展,首先需要在体制机制上进行改革。通过优化资源配置、简化审批流程、加强市场监管等措施,营造有利于创新发展的良好环境。例如,在江苏苏州,政府通过一系列政策措施,积极推动人力资源服务产业的发展,使得行业规模持续扩大,服务产品不断创新,市场化水平显著提高[1]。

2. 与实体经济的协同发展。人力资源服务业与实体经济的协同发展是培育新质生产力的重要途径。通过与制造业、服务业等实体经济部门的深度融合,人力资源服务业可以为实体经济提供高效的人力资源支持,助力企业提高生产效率和竞争力。在上海市,通过与各类产业的紧密合作,人力资源服务业初步形成了规模庞大、市场健全、业态完备、科技赋能的现代化、国际化产业体系[2]。

3. 建立高标准服务市场体系。高标准服务市场体系的建立,是推动新质生产力发展的重要保障。通过制定和实施严格的行业标准和服务规范,提升人力资源服务的质量和水平,为企业和劳动者提供更加优质的服务。在广州市,政府出台了一系列政策措施,支持人力资源服务机构的创新发展,推动形成公平竞争、优胜劣汰的市场环境[3]。

4. 推进"多链"深度融合。"多链"深度融合是指将产业链、创新链、资金链、人才链等多个链条紧密结合,通过资源整合和协同创新,提升整体竞争力。四川省在人力资源服务业的发展中,突出以促进高质量充分就业、促进产业协同发展的"双促进"导向,有效提升了服务综合效能。通过加强与各类产业的合作,提升服务水平和市场竞争力,并将结合实施人力资源服务提升工程,全方位升级促进就业专项行动,全链条推进人力资源服务与重点特色产业深度对接协同,更好服务和助力全省就业大局稳定和现代化产业

---

① 《江苏苏州:高标准建设国家级园区　推动人力资源服务业高质量发展》,《中国人力资源社会保障》2024 年第 4 期。

② 《上海:锚定四个方向　持续推动人力资源服务业创新发展》,《中国人力资源社会保障》2024 年第 1 期。

③ 《广东广州出台促进人力资源服务机构创新发展办法》,《人力资源服务》2024 年第 4 期。

体系建设①。

5. 优化人力资源市场配置。优化人力资源市场配置，是提高人力资源利用效率的重要途径。通过完善人力资源市场体系，提升信息化、数字化水平，可以实现人力资源的高效配置，满足企业和劳动者的需求。在湖北省，政府通过一系列政策措施，推动人力资源服务业的发展，提高市场规范化水平，为企业和劳动者提供优质服务②。

6. 开展"数字双创"活动。"数字双创"活动是指利用数字技术，推动创业创新活动的发展。通过提供技术支持、资金支持、市场对接等多种服务，帮助创业者和创新者实现梦想。在浙江省，政府通过一系列措施，支持和鼓励"数字双创"活动的开展，推动人力资源服务业的发展，提高市场竞争力③。

（二）技术驱动行业数字化转型

在数字化转型升级的背景下，人力资源服务业也进入数字时代。北京、上海、江西、重庆等地也出台相应政策鼓励人力资源信息和网络服务平台建设，推动"互联网+人力资源服务"发展，顺应数字经济潮流，各地人力资源服务业将加速迈向更高质量发展阶段④。随着技术的迅猛发展和数字化转型的深入推进，人力资源服务行业面临着诸多新的挑战和机遇⑤。数字化转型为企业管理提供了新的工具和手段，通过信息化管理系统，企业可以实现对人力资源的高效管理。信息化管理系统是数字化转型的重要组成部分，通过信息化管理系统，企业可以实现对人力资源的高效管理。企业可以通过信息化管理系统进行员工的考勤、绩效考核、薪酬管理等，从而提高管

---

① 刘晓博：《以"双促进"为导向四川加快推进人力资源服务业高质量发展》，《人力资源服务》2023 年第 9 期。

② 《多措并举　统筹推进推动湖北人力资源服务业高质量发展》，《人力资源服务》2023 年第 11 期。

③ 《浙江省人力资源服务业发展报告》，《人力资源服务》2024 年第 1 期。

④ 赵智磊、范巍：《推动新时代人力资源服务业高质量发展——国家及各省市人力资源服务业政策探析》，《人力资源服务》2024 年第 1 期。

⑤ 赵丹丹、史娜：《数字视角下人力资源服务业发展的表征、症结及对策》，《商场现代化》2024 年第 1 期。

理效率。云计算技术是数字化转型的重要工具,通过云计算技术,企业可以实现对人力资源数据的高效存储和处理。企业可以将人力资源数据存储在云端,通过云计算技术进行分析,从而实现对人力资源的智能化管理。人工智能技术是数字化转型的重要手段,通过人工智能技术,企业可以实现对人力资源的智能化管理。通过人工智能技术,可以实现智能招聘、智能培训和智能绩效考核等。

数字化转型的驱动因素主要包括技术进步、市场需求和政策支持等。技术进步为数字化转型提供了可能,市场需求推动了数字化转型的发展,政策支持则为数字化转型提供了保障。《"十四五"数字经济发展规划》明确指出,数字经济是以数据资源为关键要素,以现代信息网络为主要载体,以信息通信技术融合应用、全要素数字化转型为重要推动力的新经济形态。技术驱动人力资源服务业数字化转型,一般从以下三个方面入手:(1)数据资源:数据是数字经济的核心,通过大数据技术收集、分析和应用,可以提高人力资源管理的效率和效果。(2)信息网络:现代信息网络是数字经济的基础,通过构建高效的信息网络,可以实现人力资源信息的快速传递和共享。(3)信息通信技术:信息通信技术是数字化转型的重要工具,通过信息通信技术的应用,可以提高人力资源服务的智能化水平。

技术创新推动了人力资源服务业的数字化转型,也进一步带来了服务模式的变革,提升了服务水平和效率。例如,广东省通过紧扣产业需求、坚持开放共享、完善政策体系、优化管理服务,推动人力资源服务业高速健康发展,实现了良好的经济效益、社会效益和人才效益[①]。烟台市重点聚焦在服务产业、产业园区、专业人才、发展环境等领域,不断拓宽人力资源服务业高质量发展路径[②]。

（三）加快人力资源服务产业园建设

人力资源服务产业园是聚集人力资源服务业的重要空间载体,对实现

---

① 《广东:做强人力资源服务业　建设粤港澳大湾区高水平人才高地》,《中国人力资源社会保障》2024 年第 1 期。

② 李紫锐、鲜佳宜、胡晨旭等:《烟台人力资源服务业数智化转型实践》,《中国外资》2024 年第 2 期。

高质量就业、形成地方新经济增长点等具有重要作用。作为人力资源服务业集聚发展的重要平台，对优化人力资源配置、促进高质量就业具有重要意义。随着经济全球化和信息化的深入发展，人力资源服务产业园逐渐成为提升区域竞争力、推动经济社会高质量发展的重要抓手①。通过集聚人力资源服务企业，完善园区配套、强化政策支持、聚力精细管理、畅通内外循环、加快数字赋能等途径，促进人才、技术、资金、信息等要素的高效流动和优化配置，可以进一步提升人力资源服务产业园的服务水平，助力企业发展壮大②。2023—2024 年度，地方建设人力资源服务产业园力度逐步加大，规模不断提升，从而推动了地方人力资源服务业的发展。例如，苏州市以高标准建设国家级人力资源服务产业园为抓手，积极培育人力资源服务产业，行业发展规模持续扩大，产业集聚成效显著，服务产品迭代创新，市场化水平不断提高③。北京市朝阳区则通过政策引领，大力推进区域人力资源服务业开放发展，不断提升人力资源服务国际化水平，打造国家级人力资源特色服务出口基地标杆④。在具体建设措施上，各地也推出了有力举措。

1. 完善园区配套设施。完善的园区配套设施是人力资源服务产业园发展的基础保障。通过建设现代化的办公楼、会议中心、培训中心等设施，为入驻企业提供良好的办公环境和便利的服务。比如，青岛市人力资源服务产业园通过建设高标准的办公设施和生活配套，为入驻企业和员工提供了优质的工作和生活环境⑤。

2. 强化政策支持。政府的政策支持是推动人力资源服务产业园发展的重要动力。通过出台优惠政策、提供财政补贴、减免税收等措施，吸引更多的人力资源服务企业入驻园区。比如，江苏苏州通过出台一系列优惠政策，吸引了大量人力资源服务企业入驻苏州高新区人力资源服务产业园，推

---

① 邵建辉：《人力资源服务产业园建设路径与赋能对策》，《中国人事科学》2024 年第 2 期。

② 李怡苇：《打造人力资源服务产业园多维发展模式》，《人力资源》2024 年第 7 期。

③ 《江苏苏州：高标准建设国家级园区推动人力资源服务业高质量发展》，《中国人力资源社会保障》2024 年第 4 期。

④ 《北京朝阳打造国家级人力资源特色服务出口基地》，《人力资源服务》2024 年第 4 期。

⑤ 《坚持问题导向　创新组织打法　青岛加快塑造现代化人力资源市场化配置效能》，《人力资源服务》2023 年第 10 期。

动了产业园的快速发展。

3. 聚力精细管理。精细化管理是提高人力资源服务产业园运营效率的重要手段。通过建立完善的管理机制,加强对园区的管理和服务,提高园区的管理水平和服务质量。比如,杭州市人力资源服务产业园通过引入先进的管理理念和方法,加强对园区的精细化管理,提高了园区的运营效率和服务质量①。

4. 畅通内外循环。畅通的内外循环是人力资源服务产业园发展的重要保障。通过加强与外部企业和机构的合作,促进园区内企业的交流与合作,实现资源的共享和优化配置。比如,广州市人力资源服务产业园通过与国内外知名企业和机构的合作,推动了园区内企业的快速发展。

5. 加快数字赋能。数字化是提升人力资源服务产业园服务水平的重要手段。通过引入先进的数字技术,提高园区的智能化水平和服务能力。比如,廊坊人力资源服务产业园通过引入大数据、云计算、人工智能等技术,提高了园区的智能化水平,为入驻企业提供了高效的数字化服务②。

诚然,当前人力资源服务产业园存在企业层级架构有待完善、企业业态结构有待多元化、人才支撑力度有待提高、园区可用空间有待扩展、园区同质化竞争待破局等问题,需要在长期规划中通过引入高端企业和优质项目、多元化的企业业态、加大对高端人才的引进和培养力度、扩展园区的可用空间、打造特色产业园区等措施,使其在推动高质量就业、促进经济社会高质量发展中发挥更加重要的作用。

(四) 规范人力资源服务机构管理

规范人力资源服务机构管理是确保人力资源服务业高质量发展的重要保障。2023 年 8 月 1 日起施行的《人力资源服务机构管理规定》是中国首部系统规范人力资源服务机构及相关活动的规章。其目的是进一步激发市场活力,实现人力资源服务业的高质量发展,更好地发挥行业在服务就业、

---

① 杭州市人力资源社会保障局人才开发和市场处:《十年快速发展　十年华彩蝶变》,《人力资源服务》2024 年第 2 期。

② 《为实体经济插上智能化"翅膀"　廊坊产业园探索数字化转型升级》,《人力资源服务》2023 年第 12 期。

服务人才和服务发展中的积极作用。为确保《规定》真正落实到位，人力资源社会保障部加强了对各地人社部门的指导和培训，旨在通过系统化和标准化的管理，进一步提升行业的规范性和服务水平。政策实施一年来，在重点关注的四个方面分别取得了一定的成果。

1. 信息公开与透明度提升

提升服务透明度是规范管理的重要方面。通过建立透明的服务流程和标准，可以增强服务的规范性和客户的信任度。北京市朝阳区通过政策引领，大力推进区域人力资源服务业开放发展，不断提升人力资源服务国际化水平。信息公开是提升服务透明度的重要手段。通过建立公开透明的信息披露制度，可以增强人力资源服务机构的公信力和市场竞争力。例如，广州市通过公开相关政策措施，推动人力资源服务机构的创新发展，形成公平竞争的市场环境。

2. 优化许可备案管理

机构认证是保障人力资源服务质量的重要手段。通过对人力资源服务机构进行认证，可以确保其服务能力和水平达到行业标准。江西省出台了省级人力资源服务行业领军企业、骨干企业和领军人才评定管理办法，加快培育人力资源服务行业领军企业和人才。

服务质量评估是保障服务水平的重要手段。通过定期对人力资源服务机构进行服务质量评估，可以及时发现和解决问题，确保服务质量的持续提升。例如，北京市通过加强人力资源市场建设，推动人力资源服务业高质量发展，全市人力资源市场体系日益健全，多层次、多元化的人力资源市场格局逐步形成。

3. 规范机构服务活动

针对人力资源领域可能出现的问题，系统规范服务活动和日常服务方式，划定机构开展服务的"红线"，明确相关禁止行为，统一服务原则、事项、标准。标准化建设是规范人力资源服务机构管理的关键。通过推行统一的行业标准，可以确保服务质量的提升和市场的健康发展。例如，中国北方人才市场广泛借鉴先进省市的成功经验，大力推动人力资源服务规范化、标准化和智能化建设。

4. 推进行业健康发展

强化市场监管。为了保障人力资源市场的健康发展,必须加强市场监管,确保各类人力资源服务机构遵守法规,提供合规服务。山东省通过完善人力资源市场监管体系,在常态化运行中不断提升与统一大市场相适应的市场监管综合能力,持续优化市场环境①。

开展专项整治。专项整治是市场监管的重要方式之一。例如,江苏省通过密集出台系列文件,建产业园区、树企业品牌,推动人力资源服务业驶上高质量发展快车道,行业年营收连续多年保持15%以上增长。

二、人力资源服务业的发展创新

(一)管理理念创新

1. 敏捷人力资源管理

敏捷人力资源管理(Agile HR)是一种新兴的管理理念,源自于软件开发领域的敏捷方法论。敏捷 HR 通过灵活和快速的反应能力,帮助组织适应快速变化的商业环境和市场需求。其核心思想包括迭代和增量式的开发、跨职能团队协作、客户需求为导向、持续改进和反馈等。敏捷 HR 旨在提升组织的灵活性、响应速度和创新能力,使人力资源管理更具适应性和战略性。

敏捷人力资源管理的核心原则包括:(1)迭代与增量:敏捷 HR 强调通过短周期的迭代和增量式的发展,逐步完善和优化人力资源管理实践。例如,在人才招聘过程中,企业可以通过短期的招聘迭代,不断调整和优化招聘策略,及时响应市场和内部需求的变化。(2)跨职能团队:敏捷 HR 倡导跨职能团队的协作,通过整合不同专业领域的人员,共同解决人力资源管理中的复杂问题。例如,在进行员工培训项目时,跨职能团队可以包括培训专家、业务部门负责人和人力资源经理,共同设计和实施培训计划。(3)客户需求为导向:敏捷 HR 强调以客户需求为中心,持续关注员工和管理层的需

---

① 《走深做实"六个监管"山东全面提升人力资源市场规范化水平》,《人力资源服务》2023 年第 9 期。

求,提供有针对性的人力资源服务。例如,在绩效管理中,敏捷 HR 会通过定期的反馈和沟通,了解员工的需求和期望,及时调整绩效管理方案。(4)持续改进和反馈:敏捷 HR 重视持续改进和反馈,通过定期的评估和反馈,发现问题并进行改进。例如,在员工敬业度提升项目中,通过定期的员工满意度调查,收集员工的反馈意见,并根据反馈进行调整和优化。

敏捷 HR 的实施有以下五个步骤:(1)明确目标与战略:在实施敏捷 HR 之前,企业需要明确目标和战略,确定需要改进的领域和具体的目标。(2)组建跨职能团队:组建一个由不同职能部门人员组成的团队,负责实施和推进敏捷 HR。(3)制定迭代计划:制定具体的迭代计划,明确每个迭代周期的任务和目标。(4)执行与评估:按照迭代计划执行任务,并定期进行评估和反馈。(5)持续改进:根据反馈和评估结果,持续改进人力资源管理实践。在人力资源服务业的发展创新中,敏捷 HR 管理理念的运用可以显著提高管理效率和服务质量,特别是与数字化转型相结合后,借助人力资源管理信息化平台系统,能够满足企业和员工的多样化需求,推动组织的可持续发展。

2. 数据驱动的决策过程

数据驱动的决策过程是现代人力资源管理的重要趋势,通过数据分析和科学决策,企业可以更加精准地进行人力资源管理,提高管理效率和效果。数据驱动的决策过程包括数据收集、数据分析、决策制定和效果评估四个步骤。

(1)数据收集。数据收集是数据驱动决策的基础。通过收集和整理各种人力资源数据,如员工基本信息、绩效数据、培训记录、离职率等,企业可以获得全面和准确的员工信息。例如公司可以通过员工管理系统,收集所有员工的绩效数据、培训记录和满意度调查结果,为数据分析提供丰富的数据资源。

(2)数据分析。数据分析是数据驱动决策的核心。通过大数据分析和人工智能技术,企业可以深入挖掘和分析人力资源数据,发现隐藏的规律和问题。例如,通过对员工绩效数据的分析,企业发现一些员工绩效低下的原因,如培训不足、工作压力大等,从而有针对性地制定改进措施。

(3)决策制定。在数据分析的基础上,企业可以制定科学的决策,优化人力资源管理实践。例如,通过对招聘数据的分析,企业发现一些招聘渠道的效果较差,因此决定优化招聘渠道,提高招聘效率和质量。

(4)效果评估。决策实施后,需要进行效果评估,确保决策的有效性和合理性。例如企业可以在优化薪酬管理方案后,通过定期的员工满意度调查和绩效评估,验证新方案的效果,并根据评估结果进行调整和优化。

数据驱动决策具有诸多优势,一是提高决策准确性,减少决策的盲目性和主观性。通过对员工绩效数据的分析,企业可以更加准确地评估员工的工作表现,制定合理的绩效管理方案。二是提升管理效率,减少人力资源管理的复杂性和工作量。通过大数据分析,企业可以快速发现和解决人力资源管理中的问题。三是优化资源配置,确保人力资源的合理使用和配置。通过对招聘数据的分析,企业可以优化招聘渠道和流程,提高招聘效率和质量。

人力资源服务业的数字化转型包括不同的维度。首先在招聘领域,运用新型数字化手段,提高招聘成功率,比如 AI 筛选简历、建立职位画像,从而有针对性地寻找最适合的候选人。其次是日常工作方式的数字化,运用数字平台,引进先进的人力资源系统,打造数字化工作环境,提高工作效率。随着更多企业实施新的基于云的人力资源分析系统和数据解决方案,人工智能驱动的领域对人力资源信息系统专家的需求激增,人力资源职位将具体的信息技术和人力资源知识结合起来,可推动体制变革和实施。

(二)服务模式创新

1.共享人力资源模式

共享人力资源模式(Shared HR Services)是指通过共享服务中心(Shared Service Center,SSC)为多个部门或企业提供统一的人力资源服务。这种模式旨在整合资源、降低成本、提高效率,并为企业提供高质量的服务。共享人力资源模式已经在全球范围内得到了广泛应用,并在中国市场逐渐兴起。

共享人力资源模式的优势包括:(1)成本节约。通过集中管理和规模效应,共享人力资源模式可以有效降低企业的人力资源管理成本。跨国公司在其中国分公司实施共享服务中心,将多个业务单元的人力资源管理职能集中起来,减少了重复工作,降低了人力资源管理的总体成本。(2)提高效率。共享人力资源模式通过标准化和流程优化,提高了人力资源管理的效率。集中处理的方式使得各项人力资源服务更加专业化和高效。企业可以通过共享服务中心,实现快速招聘和培训流程,提高新员工的入职效率。(3)提高服务质量。共享人力资源模式可以通过专业化管理,提高服务质量。共享服务中心通常由经验丰富的专业人员组成,他们能够提供高水平的服务。

共享人力资源模式的实施步骤包括:(1)调研诊断与人力资源服务规划。通过高管访谈的方式了解人力资源战略,对人力资源战略进行解读,完成时间分配和价值有效性问卷填写,清晰掌握人力资源管理现状。结合人力资源战略和业务成熟度对人力资源服务进行规划,从人力资源业务地域范围、职能模块、系统支持、组织保障等维度规划推进策略,并进行人力资源共享服务模式可行性分析。(2)制定标准化流程。共享服务中心需要制定标准化的服务流程,以确保各项人力资源服务的高效和一致性。(3)实施信息化管理。共享服务中心需要借助信息化手段,提升管理效率和服务质量。企业可以引入人力资源管理系统,实现各项人力资源服务的数字化和自动化。

2. 定制化与个性化服务

定制化与个性化服务是指根据客户的具体需求,提供量身定制的人力资源服务。随着企业对人力资源管理的需求越来越多样化和个性化,定制化与个性化服务逐渐成为人力资源服务行业的主流趋势。

定制化与个性化服务的优势有:(1)满足客户需求。定制化与个性化服务能够根据客户的具体需求,提供量身定制的解决方案,满足客户的个性化需求。(2)提高客户满意度。定制化与个性化服务能够提供高质量的服务,提高客户满意度。通过深入了解客户的需求,提供个性化的服务内容,客户的满意度和忠诚度将得到显著提升。(3)增强竞争力。通过提供独特的服务内容和解决方案,企业可以在市场中脱颖而出,获得更多的市场份额。

定制化与个性化服务的实施步骤包括:(1)需求分析。服务机构需要进行详细的需求分析,了解客户的具体需求和期望。通过与客户的深入沟通,确定其在人力资源管理方面的需求和目标。(2)方案设计。根据需求分析的结果制定详细的服务方案,该方案应包括服务内容、实施步骤、时间计划和资源配置等。(3)实施服务。在实施过程中,服务机构需要按照方案的要求,提供高质量的服务,确保服务的每一个环节都符合客户的需求和期望。例如严格按照培训计划和时间表,提供高质量的培训课程和资源。(4)效果评估。在服务实施后,服务机构需要进行效果评估,确保服务的质量和效果。通过客户反馈和数据分析,可以评估服务的效果,并进行必要的调整和优化。

共享人力资源模式和定制化与个性化服务是人力资源服务行业的重要创新模式。通过共享人力资源模式,企业可以实现资源整合、成本节约和效率提升;通过定制化与个性化服务,企业可以满足客户的多样化需求,提高客户满意度和竞争力。这两种服务模式的创新,不仅提升了人力资源服务的质量和效果,也为企业的可持续发展提供了有力支持。

(三) 新兴技术应用

1. 人工智能生成内容(AIGC)在人力资源服务中的应用场景

AI 技术在 HR 管理中的应用场景非常广泛,涵盖了招聘、培训、薪酬管理、绩效管理等多个方面。通过引入 AI 技术,企业可以大幅提高 HR 管理的效率和质量,降低管理成本,提升员工满意度和企业竞争力。随着技术不断迭代,AIGC 蓬勃发展,在人力资源服务中的应用潜力巨大。AIGC 可以通过自然语言处理和生成技术,进一步提升人力资源管理的智能化水平。AIGC 的可融合应用场景主要集中在以下几个方面。

(1)智能定薪:通过 AI 分析市场薪酬数据和企业内部薪酬结构,自动生成合理的薪酬建议,帮助企业制定科学的薪酬政策。

(2)学习地图搭建:利用 AI 技术,根据员工的技能评估和学习需求,自动生成个性化的学习地图,推荐合适的培训课程和学习资源。

(3)人力资源规划:通过 AI 分析企业的人力资源数据,预测未来的人才需求,制定科学的人力资源规划方案,确保企业的人才供应与需求平衡。

(4)职位描述(JD)撰写:通过自然语言处理和生成技术,自动撰写职位描述,确保职位信息的准确性和吸引力,帮助企业更好地吸引和招聘人才。

(5)智能搜索:利用 AI 技术,自动搜索和筛选简历,匹配最合适的候选人,提高招聘效率和质量。

(6)AI 面试:通过 AI 技术自动生成面试问题和评价标准,实现自动化面试过程,提高面试效率和质量。

(7)智能客服:通过 AI 生成常见问题的答案和解决方案,提高员工服务的效率和质量。

2. AIGC 相关产品与工具

以 AIGC 为代表的大模型技术变革浪潮正在重构人力资源服务方式,以下介绍本年度在行业内具有一定代表性和影响力的 AIGC 相关产品与工具。

(1)北森:AI Family 与 Mr. Sen

"AI Family"(AI 家族)是北森研发的 AIGC 系列产品,该产品是基于北森自研鲁班 PaaS 平台 AI/BI 底座,结合人才管理技术而打造 SenGPT 人力大模型,面向 HR 全场景如智能招聘、流程应用、人才管理、数据分析、员工服务等提供智能服务。在智能招聘方面,该产品可实现 AI 帮写职位 JD、生成职位海报、提供应聘咨询机器人,通过 AI 人才画像提升简历解析效率,协助完成初面,实现快速人岗匹配。在数据智能洞察方面,该产品数据赋能管理决策,沉淀人才全景数据,提供全场景人力报表,对业务异常进行 AI 智能预警。AI 员工服务机器人能够覆盖员工 90%的常规问题并自动训练沉淀知识,处理日常事务更高效。

AI 个人领导力教练 Mr. Sen 则是 AI Family 于 2023 年发布的新工具,作为管理者身边的个人领导力教练,为管理者随时提供专业反馈与发展指导。Mr. Sen 具备专业的教练理解力和反馈力,能够通过数据驱动为管理者提供基于个人特点的个性化反馈。作为 AI 机器人教练,它更客观中立,能够避免在诸如绩效考核、人员晋升等重要场合出现不公平不客观的问题。

(2)Moka:Moka Eva

Moka(北京希瑞亚斯科技有限公司)成立于 2015 年,为大中型企业提供"AI 原生"的人力资源管理全模块解决方案,是国内发展最快的 HR SaaS 厂商之一。Moka Eva 是该公司在 2023 年发布的基于大语言模型的新一代 AI 原生的 HR SaaS 产品,它基于 Moka 招聘和 Moka People 的基础能力,无缝集成到 HR 日常工作的各类场景中,大幅提升 HR 的工作效率。在具体功能方面,Moka Eva 的招聘专家大模型可以帮助 HR 更快更准地筛简历,给候选人定制面试题,帮助面试官自动写面试评语;数据助理模式能将以往要花费数周时间的数据统计和分析的工作简化到几分钟;作为员工助手,在全面了解企业福利政策和规章制度的基础上,可以回答员工日常的人事问题,自动化完成证明开具等请求。

(3)腾讯乐享:AI 助手

腾讯乐享是服务于学习培训、知识管理、文化建设等多场景的一站式企业社区,致力于帮助企业管理者更高效地进行企业数字化平台与能力建设。2023 年 9 月,腾讯乐享发布 24 小时在线 AI 助手,围绕知识创作、内容生成、知识问答等场景,融合了课堂、考试、培训等近 20 项腾讯乐享的产品能力,推出智能知识问答、多模态智能搜索、AI 辅助创作、智能生成考题等功能,帮助企业提升知识内容生产力,打造全新一代的"智能学习社区"。该产品涉及人力资源服务类别较为复杂,包括人力资源管理咨询、人力资源管理软件、管理培训、在线学习、员工体验平台等,AI 助手的引入总体上进一步加深了腾讯乐享的知识性和互动性,助力组织内部的信息、工作、知识高效流动。

(4)致远薪事力:AI-DHR 解决方案

致远薪事力(苏州)云科技有限公司,是致远互联旗下企业,专注于人力资源数智化产品的研发与服务。致远薪事力人力云定位为一体化、全模块、数智化的人力资源管理云平台,聚合 AI 智能引擎、大数据服务引擎、低代码 PaaS 平台能力;为企业提供组织人事、智能薪酬社保、AI 招聘管理、绩效管理、考勤管理、成本管理、智能决策、在线学习、电子合同、人才盘点等业务场景;打通 HR"SaaS+服务"的生态,为企业提供灵活用工、HR 管理咨询、一键报税、人事服务等专业 HR 服务,帮助企业实现 DHR 数智化转型。在 2023 致远薪事力数字人力资源论坛暨 2023 致远互联第 13 届用户大会数字人力分论坛上,薪事力宣布全面接入 AIGC。通过全面接入 AIGC 智能机器人,致远薪事力人力云平台实现了对候选人的全面匹配和精准分析,HR 可以批量导入简历,机器人则通过企业需求对候选人进行全面匹配,精准地提供候选人的亮点与疑点。此外,致远薪事力还提供了知识图谱能力,HR

可以直接点击简历中的学历信息、项目信息等关键信息,快速浏览相关内容的对应详情。另外,AIGC 技术使得致远薪事力在面试题的设置上更加灵活和个性化,HR 可以根据候选人的职位等,对话机器人获取候选人的定制化"面试考察大礼包"。

(5)平安知鸟:知鸟 AIGC 超级应用

平安知鸟面向企业提供"平台+内容+运营"一站式智能培训解决方案,旨在以人工智能与大数据技术为企业培训赋能,持续推进企业培训平台与应用场景改革,助力企业成功开展更智能、高效的数字化培训。2024 年 6—7 月,平安知鸟发布多项创新成果。当前平安知鸟 AIGC 超级应用主要由AI 导师、智能陪练 3.0、AI 百宝箱三个产品线组成,针对知识查找难、效果转化差、培训效率低三大行业痛点,利用大模型、数字人、智能生成等人工智能技术构建了"三线驱动"的产品应用组合,系统性地解决企业培训"查找难、转化难、效率低"的问题。AI 导师可为员工提供培训、业务指导、技术支持、销冠复制等多方面支持;智能陪练 3.0 能针对销售、客服、岗前、技能等多个场景,自动生成陪练机器人,以自动生成话术、自由对话、科学评价等方式赋能员工培训;AI 百宝箱不仅能智能出题、出题耗时减少 90%,还能一键生成课件,借助数字人视频课件、游戏式互动课等,打造更沉浸的培训体验。

三、人力资源服务业的发展亮点

(一)行业重要会议:第二届全国人力资源服务业发展大会

1. 大会主题与议程

第二届全国人力资源服务业发展大会(以下简称"大会")于 2023 年 11 月在深圳举行,由人力资源社会保障部、广东省人民政府共同主办,人力资源社会保障部流动管理司、广东省人力资源社会保障厅、深圳市人民政府承办。这是党的二十大胜利召开后首次举办的全国性人力资源服务行业大会,是我国规格高、规模大、影响力广泛的行业盛会。本次大会主题为"激发人力资源动能、汇聚强国建设力量",设有开闭幕活动及"会""展""赛""聘"四个专项活动:人力资源服务业高质量发展研讨交流、人力资源服务供需洽谈对接和展示、人力资源服务创新创业大赛和技能大赛、粤港澳大区青年人才招聘。

人力资源服务业高质量发展研讨交流活动包含3个分论坛。一是人力资源服务业高质量发展论坛,邀请专家学者以及中智集团、国投人力、北京外企、上海外服、青团社等领军或创新企业等代表研讨交流。二是粤港澳大湾区人力资源服务业高质量发展论坛,邀请中科院院士、松山湖实验室理事长王恩哥,中国工程院院士、华南理工大学校长张立群,香港中文大学(深圳)校长、讲座教授郑永年等知名人士发表演讲。三是助推重点产业跃升发展论坛,邀请中国劳动学会会长杨志明、阿斯利康全球执行副总裁王磊、中国上市公司协会会长宋志平等发表演讲。

人力资源服务供需洽谈对接和展示活动中,144家人力资源服务领军企业和粤港澳重点用人单位参展交流,一大批优质项目洽谈签约,一系列创新技术和产品集中路演,为人力资源服务业展示交流、对接合作搭建平台。

人力资源服务创新创业大赛分初创和成长两个组别,全国共有1022个项目报名参加。各地通过初赛选拔出145个项目,涵盖促进高校毕业生等重点群体就业、服务实体经济用工、劳动者权益保护等。大会期间进行复赛、决赛,最后分别评选出特等奖2名、一等奖3名、二等奖5名、三等奖20名。粤港澳大湾区人力资源服务技能大赛决赛也在大会期间举行,评选出一等奖1名、二等奖3名、三等奖6名、优胜奖12名。

粤港澳大湾区青年人才招聘方面,大会组织1395家湾区重点用人单位、人力资源服务龙头企业,面向国内高校毕业生及海外留学生举办专场招聘。设置链主企业、湾区城市企业、高新技术企业、国有企业、上市企业、专精特新企业、硕博人才等专区,线上线下共提供优质岗位5万多个。同时开展直播带岗、就业指导、校企洽谈、政企路演等服务。

2. 大会亮点与成果

本次大会具有五大亮点。一是全方位。人力资源服务业伴随着改革开放的历史进程,从无到有、从小到大,逐步发展成为拥有6.3万家机构、104万从业人员、年产值达到2.5万亿元的产业,是现代服务业的重要门类。这次参展的机构,既有改革开放之初成立的北京外企、上海外服、中智集团,也有近年来新涌现的青团社等一些创新型的企业,全方位展示了改革开放45年以来人力资源服务业在不同发展阶段的重要成果和特点。

二是全业态。人力资源服务业的主要业态,比如招聘、培训、测评、猎头、外包、派遣、管理咨询、人力资源信息软件等,在展示交流、创新创业大赛等各个环节都有体现,特别是本届大会集中展示了数字技术在人力资源服务领域的广泛应用,汇聚了行业最新的业态、技术、模式和产品,反映了最前沿的发展态势和未来趋势。

三是全行业。人力资源服务业的蓬勃发展,首先体现在国有、民营、外资等各类市场主体的巨大活力,特别是占全行业超过90%的民营服务机构,在本届大会上充分展示专业风采。同时,全国31个省、自治区、直辖市以及新疆生产建设兵团组织参会,体现了区域协同发展和建设全国统一的人力资源大市场的新成效。

四是全要素。这次大会,既有各类型的人力资源服务机构,也有重点企事业等用人单位,还有高校毕业生等广大求职者,涵盖了人力资源市场的各类主体,体现了人力资源要素市场化配置涉及的主要领域。

五是全类型。大会设置的研讨交流、展示对接、比赛竞技、求职招聘四大板块,囊括了当前人力资源服务领域大型综合活动的主要类型,无论是活动内容还是层次层级,都代表了全国最高水平。

大会期间,144家人力资源服务领军企业和粤港澳大湾区重点用人单位参展,294个人力资源服务合作项目在大会期间洽谈对接、意向金额207亿元,粤港澳大湾区青年人才招聘活动线上线下提供5万多个优质就业岗位,成果丰硕。通过展示行业成果、加强供需对接、促进行业交流、引领创新创业、举办专场招聘等方式,本次大会推动了人力资源服务业高质量发展,培育了新增长点、形成了新动能,促进了高质量充分就业,强化了现代化建设人才支撑。中共中央政治局常委、国务院总理李强对做好人力资源服务业发展工作作出重要批示。批示指出:人力资源服务业直接服务亿万劳动者和广大用人单位,对促进市场化社会化就业、助力构建现代化产业体系具有重要意义。举办全国人力资源服务业发展大会,打造高水平展示交流、供需对接的平台,有利于优化人力资源流动配置,更好推动高质量充分就业。要坚持以习近平新时代中国特色社会主义思想为指导,深入贯彻习近平总书记重要指示和党中央决策部署,以实施就业优先战略、人才强国战略和创新驱动发展战略为引领,加强顶层设计,强化政策支持,创新供给方式,在人力资源服务领域培育新增长点、形成新动能,加快构建统一规范、竞争有序的人力资源市场,提高人力资源利用效率,更大激发市场活力,为全面建设社会主义现代化国家提供高质量人力资源支撑①。

(二) 行业发展趋势

结合近年来中国人力资源服务市场规模增速,以及国家政策利好、毕业生数量持续增长等背景,预期未来人力资源服务业仍将保持较高速度增长。根据前瞻产业研究院的数据统计分析,预计到 2027 年,我国人力资源服务行业市场规模将达到 4.5 万亿元左右。具体发展趋势如下。

1. 标准化与个性化结合

为降低成本和提升客户满意度,人力资源服务业数字化和信息化改造加快,未来人力资源产品将把标准化和个性化结合起来。标准化与个性化的结合不仅是市场需求的表现,更是企业提升竞争力的必然选择。

标准化服务流程是人力资源服务业提升效率和服务质量的重要手段。通过制定和实施标准化服务流程,人力资源服务机构可以提供统一、高效的服务,降低运营成本。例如,许多企业通过建立标准化的招聘流程,从职位发布、简历筛选、面试安排到最终录用,都有一套标准的操作规程,这不仅提高了招聘效率,还增强了企业的专业形象。除了服务流程的标准化,管理工具的标准化也是人力资源服务业发展的重要方向。通过使用标准化的管理工具,如人力资源管理系统(HRMS)、员工关系管理系统(ERMS)等,企业可以实现对人力资源的高效管理。例如,某大型企业通过引入 HRMS 系统,实现了员工档案、考勤管理、薪酬管理等功能的一体化管理,提高了管理效率,降低了人为错误率。

尽管标准化服务能够提升效率和降低成本,但客户对于个性化服务的需求仍然存在且不断增长。个性化服务侧重客户导向,更加突出细致的专业分工,提供"专、精、深"的服务产品。通过深入了解客户的具体需求,提供量身定制的解决方案,可以提高客户的满意度和忠诚度。例如,当高科技

---

① 《李强对做好人力资源服务业发展工作作出重要批示强调:在人力资源服务领域培育新增长点形成新动能　为全面建设社会主义现代化国家提供高质量人力资源支撑》,人力资源和社会保障部网站,2023 年 11 月 23 日。

公司需要大量的 IT 技术人才，人力资源服务机构可以根据其特殊需求，制定专门的招聘方案，包括精准的职位发布、定制化的面试流程和专业的技术测试，帮助公司成功招聘到所需人才。实现个性化服务需要从多个方面入手。首先，通过数据分析和客户调研，深入了解客户的具体需求和偏好。其次，建立灵活的服务模式，能够根据客户需求快速调整服务内容和流程。再次，培养专业的服务团队，具备丰富的行业经验和专业知识，能够为客户提供高质量的个性化服务。人力资源服务公司可以通过大数据分析，发现客户对于职业发展的需求日益增长，专门成立职业发展咨询团队，提供一对一的职业规划和发展咨询服务，从而得到客户肯定。

随着技术的不断进步和市场需求的变化，标准化与个性化相结合的服务模式将成为人力资源服务业的发展趋势。通过持续优化标准化服务流程，提升服务质量和效率，同时根据客户需求提供个性化的解决方案，人力资源服务机构将能够在激烈的市场竞争中保持优势地位。在未来，人力资源服务机构需要进一步加强数字化和信息化建设，通过数据分析、人工智能等技术手段，提高服务的精准度和个性化水平。例如，利用大数据技术，分析客户的历史数据和行为模式，预测其未来需求，提前制定相应的服务方案；通过人工智能技术，实现智能化的服务流程，如智能招聘、智能培训和智能绩效管理等，提高服务效率和客户满意度。总之，标准化与个性化相结合的服务模式，不仅符合市场需求和客户期望，也是人力资源服务业提升竞争力和实现可持续发展的必然选择。通过不断优化服务流程、提升技术水平和加强客户沟通，人力资源服务机构将能够在未来的发展中取得更加显著的成果。

2. 产品专业化

随着企业客户的需求不断提高，人力资源服务企业必须更加专业化，由目前主要的人才招聘、派遣、行政事务代理等初级服务向管理咨询、教育培训、职能外包等中高端专业化服务转变，在组织机构的诊断与规划咨询、核心人才保留、核心职位招聘、员工凝聚力培训、竞争力培训等方面取得新的进展。

随着市场竞争的加剧和企业发展的复杂化，企业客户对人力资源服务的需求日益多样化和专业化。传统的人才招聘和派遣服务已经难以满足企业在组织发展、员工管理和战略实施等方面的深层次需求。客户需要更加专业化的服务,如组织机构诊断与规划咨询、核心人才保留、核心职位招聘等,以提升企业的整体竞争力。专业化服务是人力资源服务企业提升竞争力的重要途径。通过提供专业化的服务,企业能够为客户提供更高附加值的解决方案,帮助客户解决实际问题,提升客户满意度和忠诚度。

组织机构诊断与规划咨询是管理咨询的重要内容。通过对企业现有组织结构的诊断,识别出组织中的问题和瓶颈,提供优化建议和解决方案,帮助企业提升组织效率和绩效。核心人才是企业最重要的资源之一,核心人才的流失将对企业的竞争力造成重大影响。专业化的人力资源服务可以通过制定有效的核心人才保留策略,帮助企业留住关键人才。核心职位招聘是企业提升竞争力的重要手段。通过专业的人力资源服务机构进行核心职位的招聘,可以确保找到最适合企业需求的高素质人才。员工凝聚力是企业内部团结和协作的基础,通过专业的员工凝聚力培训,可以增强员工的团队意识和合作精神,提升企业的整体凝聚力。通过人力资源服务机构提供的员工凝聚力培训课程,可以增强员工的归属感和团队协作能力,有效提升企业的工作效率和员工满意度。在市场竞争日益激烈的背景下,企业需要不断提升员工的竞争力,通过专业的竞争力培训,帮助员工掌握最新的行业知识和技能,提升企业的整体竞争力。

3. 信息化与关联性

人力资源服务的各模块,如招聘、测评、培训、薪酬、派遣等服务,实现各自的信息化以及各模块之间的信息关联。在人力资源服务信息化的过程中,将以人力资源产业化架构为蓝本、以数据标准化为基础、以信息共享为平台,实现主要业务的整合贯通,实现管理的整体信息化。

信息化是提升人力资源服务效率的重要手段。通过信息化技术,可以实现人力资源服务的自动化和智能化,减少人工操作,提高服务效率。例如,通过招聘管理系统,企业可以自动筛选简历、安排面试和发送通知,大大减少了人力资源管理的工作量。信息化还可以提高人力资源服务的精准度。通过大数据分析和人工智能技术,可以更准确地评估候选人的能力和潜力,帮助企业作出更明智的决策。例如,通过测评系统,可以对候选人的心理素质和职业倾向进行全面评估,找到最适合岗位的人才。在各个人力资源服务信息化模块中,招聘信息化是人力资源服务信息化的重要组成部分,通过招聘管理系统,可以实现招聘流程的自动化和智能化,提高招聘效率和效果。测评信息化是提升人力资源服务精准度的重要手段,通过测评系统,可以对候选人的心理素质、职业倾向和能力水平进行全面评估,帮助企业作出更明智的决策。培训信息化是提升员工能力和企业竞争力的重要手段,通过在线培训平台,可以提供多样化的培训课程和资源,帮助员工提升技能和知识。薪酬信息化是提高薪酬管理效率和透明度的重要手段,通过薪酬管理系统,可以实现薪酬计算、发放和管理的自动化,减少人工操作和错误。派遣信息化是提高员工派遣管理效率的重要手段,通过员工派遣管理系统,可以实现员工派遣的自动化和智能化,减少人工操作和错误。例如,通过员工派遣管理系统,可以自动安排员工的工作任务和派遣时间,并跟踪员工的工作表现和满意度,提高派遣管理的效率和效果。

信息关联的实现是通过数据标准化、信息共享平台、业务整合等实现的。数据标准化是实现信息关联的基础,通过制定统一的数据标准,可以确保各模块之间的数据能够互通和共享。信息共享平台是实现信息关联的重要手段,可以将招聘、测评、培训、薪酬和派遣等模块的数据整合在一起,形成完整的人力资源管理信息系统,提高信息关联的效率和效果。业务整合是实现信息关联的关键步骤,通过将各模块的业务流程整合在一起,可以实现人力资源服务的整体信息化和智能化。

随着信息化技术的不断进步和应用的深入,人力资源服务的信息化和关联性将进一步提升。通过持续推进信息化建设,完善信息共享平台和数据标准,整合各模块的业务流程,人力资源服务企业将能够实现全面的信息化和智能化,提高服务质量和客户满意度,推动行业的高质量发展。

（三）行业挑战与应对策略

随着新质生产力的不断发展,人力资源服务业将迎来新的机遇和挑战。通过持续推进产业创新、优化资源配置、提升服务水平,人力资源服务业将在推动高质量发展中发挥更加重要的作用。

1. 行业面临的主要挑战与风险

（1）短期挑战与风险

经济波动:经济波动对人力资源服务业的影响较大。经济增长放缓可能导致企业缩减招聘计划,减少培训和外包服务需求,从而影响人力资源服务公司的业务量和收入。例如,2023年全球经济增长的不确定性使得许多企业在招聘和人力资源服务上的支出更加谨慎,从而对人力资源服务市场产生了直接影响。

政策变化:政策的变化是人力资源服务业面临的另一大短期挑战。政府在就业政策、劳动法规和税收政策等方面的调整,可能会对行业产生重大影响。例如,税收优惠政策的取消可能削弱企业对外包服务的需求。

技术发展:技术的快速发展也是一把双刃剑。虽然技术进步为人力资源服务业带来了许多机遇,但也带来了不小的挑战。人力资源服务企业需要不断更新技术,提升信息化和数字化水平,这需要大量的资金投入和技术人才。例如,AI招聘系统和大数据分析技术的应用虽然提高了招聘效率,但也需要企业不断投入以维持和更新这些技术。

市场竞争:市场竞争加剧也是短期内人力资源服务业面临的主要风险。随着市场的开放和国际企业的进入,国内人力资源服务市场的竞争愈加激烈,价格战和服务同质化现象严重。例如,一些大型国际人力资源服务公司进入中国市场,凭借其先进的管理经验和强大的技术支持,对本土企业造成了不小的压力。

人才流失:人力资源服务行业本身也面临着人才流失的问题。由于行业内人才需求量大,特别是高素质的人力资源管理人才,往往容易被其他行业或企业高薪挖走,从而导致人力资源服务企业的人才储备不足,影响其服务质量和业务发展。例如,许多经验丰富的人力资源管理人员被大型跨国公司和高科技企业挖走,导致本土人力资源服务公司面临严重的人才流失问题。

（2）长期挑战与风险

行业标准化不足:行业标准化不足是人力资源服务业长期面临的挑战之一。目前,中国的人力资源服务行业尚未形成统一的行业标准,导致服务质量参差不齐,客户满意度不高。例如,不同地区和不同企业在人力资源服务的操作流程和质量标准上存在较大差异,影响了整个行业的规范化和标准化进程。

法律法规不健全:尽管近年来政府在完善人力资源服务法律法规方面

做了大量工作，但仍存在一些法律法规不健全的问题。特别是在跨境服务、互联网招聘和数据隐私保护等新兴领域，法律法规相对滞后，无法有效应对新问题和新挑战。例如，针对互联网招聘平台的监管法律法规仍不够完善，导致一些平台在用户数据保护和信息真实性方面存在较大隐患。

企业管理水平参差不齐：企业管理水平的参差不齐也是人力资源服务业长期面临的挑战。许多中小型人力资源服务企业在管理理念、管理方式和管理水平上与国际领先企业存在较大差距，制约了其业务的进一步发展。例如，一些中小型企业在客户管理、服务流程优化和技术应用方面存在明显不足，导致其市场竞争力较弱。

技术变革带来的挑战：技术的不断变革和发展对人力资源服务业既是机遇，也是挑战。企业需要持续关注并投入新技术，以保持竞争力。然而，新技术的应用需要大量的资金和人才投入，许多中小型企业难以承受。例如，人工智能、区块链和大数据等新技术的应用虽然能够提升人力资源服务的效率和质量，但也需要企业在技术研发和人员培训上进行大量投资。

市场需求变化：随着社会经济的发展和企业需求的不断变化，人力资源服务业需要不断调整和优化自身的服务模式和产品。市场需求的变化可能导致一些传统的人力资源服务模式逐渐失去市场，从而对企业的业务发展产生影响。例如，随着企业对灵活用工需求的增加，传统的固定岗位招聘和派遣服务可能逐渐被新的灵活用工服务模式取代，给人力资源服务企业带来新的挑战。

全球化竞争：随着全球化进程的加快，国内人力资源服务企业面临着来自国际市场的竞争压力。国际领先的人力资源服务公司凭借其先进的技术和管理经验，对国内企业构成了较大威胁。例如，一些国际知名的人力资源服务公司在进入中国市场后，通过并购和合作迅速扩大市场份额，对本土企业造成了不小的冲击。

总之，中国人力资源服务业在面临众多短期和长期挑战与风险的同时，也蕴含着巨大的发展机遇。通过不断提升技术水平、优化管理模式、完善法律法规和行业标准，国内人力资源服务企业将能够在激烈的市场竞争中立于不败之地。

2. 行业未来发展的应对策略

(1)加强政策支持。政府应继续加大对人力资源服务业的政策支持力度,通过出台更多的支持政策和措施,营造有利于行业发展的良好环境。

(2)深化行业改革。行业内部应进一步深化改革,通过优化管理体制、提升服务质量、创新服务模式,不断提升行业竞争力。

(3)推进国际化发展。人力资源服务业应积极推进国际化发展,通过加强与国际市场的合作,提升国际竞争力和影响力。

(4)提升技术水平。技术创新是推动新质生产力发展的重要动力。人力资源服务业应加大对新技术的研发和应用力度,提升行业整体技术水平。

(5)强化人才培养。高素质的人才是推动新质生产力发展的关键。人力资源服务业应加强对人才的培养,通过提供更多的培训和发展机会,提升从业人员的素质和能力。

(6)优化市场环境。通过加强市场监管,优化市场环境,提升市场竞争力,为企业和劳动者提供更加优质的服务。

(7)推动可持续发展。人力资源服务业应注重可持续发展,通过优化资源配置,提升服务水平,推动行业的长期健康发展。

通过这些措施,人力资源服务业将在推动新质生产力发展、实现高质量发展中发挥更加重要的作用,为实现中国式现代化提供有力支撑。

第三章　人力资源服务业的
先进经验与案例

【内容提要】

中国人力资源服务业走过了46年的发展历程。如今人力资源服务业已从国内发展走向国际发展,从规模速度发展转向质量与效益的发展。本章主要基于国际化发展的视角,从全国范围内选取了具有代表性的广西壮族自治区人力资源和社会保障厅,进行先进经验介绍。广西充分利用"一湾相挽十一国,良性互动东中西"的独特区位优势,建立了中国—东盟人才资源开发与合作广西基地,打造面向东盟的国际化人才高地,面向东盟推进人力资源服务业国际化发展,创新跨境劳务合作,打通跨境人力资源开发渠道。包括相关部门与印尼的人力资源机构广泛开展合作交流,广西崇左、防城港、百色三个边境城市已与越南广宁、谅山、高平、河江四省进行跨境劳务合作与交流,2023年成功举办中国—东盟人力资源服务成果展示交流会,展出9个东盟国家的相关成果。

Chapter 3　Advanced Experience and Cases of
Human Resource Service Industry

【Abstract】

China's human resource service industry has gone through 46 years of development. Nowadays, human resource service has changed from domestic development to international development, from scale and speed development to quality and efficiency development. Based on the perspective of international development,this chapter selects the representative Human Resources and So-cial Security Department of Guangxi Zhuang Autonomous Region from the whole country to make an advanced introduction.Taking full advantage of the unique location advantage of "linking eleven countries in one bay and promote mutually beneficial interactions between the East,Central and West",Guangxi has established the Guangxi Base for China-Asean human resources develop-ment and cooperation,creating an international talent highland for ASEAN, promoting the international development of human resources service industry for ASEAN,innovating cross-border labor cooperation,and opening up cross-border human resources development channels. The three border cities of Chongzuo,Fangchenggang and Baise in Guangxi have conducted cross-border labor cooperation and exchanges with the four provinces of Quang Ninh,Lang Son,Cao Bang and Ha Giang in Vietnam.In 2023,the China-Asean Human Resources Service Achievements Exhibition and Exchange Conference was successfully held,exhibiting the relevant achievements of nine ASEAN coun-tries.

广西壮族自治区既是中国地理区域的南部的省级行政区,又是中国经济区域西部的 12 个省市之一;既是西南地区最便捷的出海通道,又是中国与东盟国家交流合作的前沿和重要窗口。北部湾城市群六市是海上丝绸之路的重要枢纽,在西部大开发战略格局和国家对外开放大局中具有独特地位。在中国,广西具有独特的地理位置与巨大的经济发展潜力。广西南临北部湾,东连广东省,北接湖南省,西北依贵州省,西与云南省接壤,西南与越南社会主义共和国毗邻。首府南宁市。截至 2023 年 10 月,广西壮族自治区行政区划为 14 个设区市,土地总面积 23.76 万平方千米,管辖海域面积约 7000 平方千米。截至 2023 年末,广西户籍总人口 5748 万人,常住人口 5027 万人。广西山多地少,动植物资源丰富,有水果、蔗糖、中药材和香料等特色产业。

广西南宁是中国—东盟博览会的永久举办地。自 2004 年首届东博会举办以来,广西始终立足于中国—东盟合作,不断推动"一带一路"的有效衔接,积极服务 RCEP 的生效实施,助力构建更为紧密的中国—东盟命运共同体。搭建了国家层面直接主办的国际级展会平台,有效促进了中国与东盟的合作机制落户广西。并且广西在推动"一带一路"倡议与《东盟互联互通总体规划 2025》对接方面也扮演着关键角色,深化了与东盟国家在数字经济、跨境贸易等领域的合作。

20 年来,中国—东盟博览会始终坚持共办共赢共享理念,中国—东盟商务与投资峰会突出代言工商特色,为各国企业创享商机,为区域民众带来福祉。通过这个国际盛会,中国和东盟各国共襄合作盛举,共筑互赢平台,合作共赢之花绚丽绽放。其中人力资源与服务方面,具有独特的国际特色。

一、自治区人力资源和社会保障厅的发展与成就

广西壮族自治区人力资源和社会保障厅(以下简称自治区人社厅),是代表广西壮族自治区人民政府全面负责全区人力资源和社会保障工作的责任单位,自 2009 年命名以来,已历经 15 年的发展历史。

(一) 自治区人社厅发展与主要职责

自治区人社厅于 2009 年 11 月由原自治区人事厅、原自治区劳动和社会保障厅合并组建。2018 年,机构改革时,将原由该厅管理的自治区公务员局和公务员工资福利职责划入自治区党委组织部,将军官转业安置职责划入自治区退役军人事务厅,将城镇职工和城乡居民基本医疗保险、生育保险职责划入自治区医疗保障局,将引进国外智力工作职责划入自治区科学技术厅。2019 年,将自治区社保中心城镇职工和城乡居民基本医疗保险、生育保险经办职责划入自治区医疗保障局。2020 年,将自治区社保中心社会保险征收职责划入自治区税务局。2024 年,持续深化机构改革,将自治区科技厅引进国外智力工作职责重新划入自治区人社厅,并将科技厅所属事业单位广西国际人才交流中心调整由该厅管理;将该厅功勋荣誉表彰工作职责划入自治区党委办公厅,该厅主要参与拟定表彰奖励制度,组织实施有关表彰人选推荐工作,表彰和宣传省部级重大先进典型,开展部门评比表彰活动,拟定表彰奖励获得者待遇落实政策,承担管理服务等工作。机构改

革后,全厅共有内设机关处室 24 个,公务员编制 152 名,实有公务员 149 名,厅领导班子成员 6 名(厅长 1 名、副厅长 4 名、纪检监察组长 1 名);参公事业单位 2 个,其中自治区社保中心为副厅级单位(正处级内设部室 12 个),自治区就业服务中心为正处级单位;正处级公益一类、二类事业单位 10 个。

自治区人社厅主要职责为拟订全区人力资源和社会保障事业发展规划、政策并组织实施,具体有就业创业、社会保险、人才人事和劳动关系四大板块工作,其中,实施就业优先战略是一项长期的重大任务,社会保障是治国安邦的大问题,人才具有引领发展的战略地位,防范化解劳动关系领域风险关乎社会稳定大局。职责具体为:一是负责全区促进就业工作,拟定统筹城乡的就业发展规划和政策,完善公共就业创业服务体系,建立职业技能培训制度,做好高校毕业生等重点群体就业工作等。二是负责建立覆盖全区城乡的多层次社会保障体系,拟定养老、失业、工伤等社会保险及其补充保险政策和标准,拟定社会保险基金管理和监督制度,会同有关部门实施全民参保计划,建立全区统一的社会保险公共服务平台等。三是负责全区专业技术人才和技能人才队伍建设,牵头推进深化职称制度改革,拟定技能人才培养、评价、使用和激励制度等;会同有关部门指导事业单位人事制度改革、拟定事业单位人员工资收入分配政策,组织实施引进国外智力工作等。四是负责构建和谐劳动关系,拟定劳动人事争议调解仲裁制度和劳动关系政策,组织实施劳动保障监察,协调劳动者维权工作,做好农民工工资清欠,依法查处重大案件等。

(二)　自治区人社厅近年来工作的主要成就

近年来,全区人社系统以铸牢中华民族共同体意识为主线,紧紧聚焦"一区两地一园一通道"建设,学方略、谋创新、抓落实,全力打好"稳就业、强保障、聚人才、筑和谐、优服务"组合拳,各项工作取得明显成效,为谱写中国式现代化广西篇章提供了强有力的人力资源保障。成效主要体现在:一是主要指标全部超额完成。近年来,人社部下达的人社事业发展主要计划指标,广西全部完成目标任务。2023 年,人社部下达的 18 项人社事业发展主要计划指标,广西 15 项指标全国排名前十,其中 7 项指标全国排名前

五、5 项指标全国排名第一。二是工作成效获得充分肯定。2023 年，自治区人社厅以历年来最好的成绩实现全国保障农民工工资支付工作考核"4 连A"，自治区人民政府连续 4 年获得通报表扬；近年来，广西改善职业教育办学条件、创新校企合作办学机制、推进职业教育改革工作获得国务院激励表彰；推进商会调解培育培优工作得到全国政协有关领导肯定性批示；连续11 年在中区直单位综合绩效考评中获得一等等次；全国人社帮扶助力推进乡村振兴交流观摩会议、全国人社系统宣传工作座谈会、全国人事考试会议相继在广西召开；高校毕业生就业服务等 17 项工作在全国会议上作经验交流发言；人力资源社会保障部印发《支持新时代壮美广西建设政策措施清单》；成功举办首届中国—东盟人力资源合作与开发论坛暨中国—东盟人力资源服务博览会；连续 3 年获得国家级公共就业服务能力提升示范项目1 亿元；广西（柳州）人力资源服务产业园成功获批部区共建国家级人力资源服务产业园，实现国家级产业园零的突破。三是改革创新实现新突破。边境地区外籍人员入境务工试点工作获得习近平总书记和李强总理的重要批示，试点工作迈出实质性步伐。创新推行医疗护理员培训和规范管理工作，自治区人民政府将其纳入为民办实事项目，初步形成医疗护理员培训管理模式。社会保障卡居民服务"一卡通"条例立法和应用工作有序推进，打造居民"第二张身份证"迈出新步伐。启动工伤保险跨省异地就医直接结算试点，工伤保险更加便民利民。四是民生底色更加厚实。突出就业优先导向，就业"基本盘"更加稳固，2023 年全区实现城镇新增就业、失业人员再就业、就业困难人员实现就业分别完成目标任务的 132.98%、139.31%、151.75%。推进高质量参保扩面专项行动，参保人数持续增长、结构不断优化，全区职工基本养老保险、失业保险、工伤保险参保人数分别完成目标任务的 103.84%、104.40%、104.42%。五是人才人事涌现新活力。专业技术人才队伍建设步伐加快，高校、科研院所岗位结构比例自主设置试点有序推进。职称和职业资格制度改革持续深化，高级职称评审直接评审绿色通道进一步畅通。目前全区专业技术人才总量突破 320 万人，其中高级职称人数达 38.92 万人。聚焦新质生产力发展需求，开展数字经济、先进制造业等补贴性职业技能培训，劳动者适应产业发展和岗位需求能力不断增强，目前全区技能人才总量达 834.55 万人，其中高技能人才 184.98 万人。六是数智化转型实现再提速。广西"数智人社"信息系统建设进一步加快,全区人社系统一体化运行平台完成建设,就业、社保、人才人事、劳动关系四大核心业务一体化整体上线,全区各级人社业务基本实现全面一体化运行,人社数智化转型取得重大阶段性成效。

(三)自治区人社厅就业工作发展与成就

自治区人社厅一直以来把就业工作作为最重要职责之一,紧密配合自治区产业发展的战略与需要。自治区一直全力做好强产业文章,加快构建现代化产业体系。2023年,全区地区生产总值增长4.1%,一、二、三产业增加值分别增长4.7%、3.2%、4.4%,规模以上工业增加值增长6.6%,外贸进出口总额增长7.3%,一般公共预算收入增长5.7%。装备制造业、高技术制造业增加值分别增长5.3%、8.3%。战略性新兴产业增加值占规模以上工业比重提高到20%左右。设施农业占农业总产值比重超三分之一。规模以上高技术服务业营业收入增长19.4%。工业投资占固定资产投资比重由2020年的21.3%升至38.7%。开放合作加速拓展,第20届东博会、峰会成果丰硕,首次举办"制度型开放"主题边会和世界林木业大会。获批建设沿边临港产业园区,迅速启动建设中国—东盟产业合作区,加快打造国内国际双循环市场经营便利地。广西在推进产业发展的同时着眼国计民生,积极扩大就业。

2021年以来,面对复杂严峻的国际环境和国内疫情带来的冲击,全区各级人社部门深入贯彻落实习近平总书记关于就业工作的重要指示精神,把就业工作作为头等民生大事来抓,以强有力的举措稳就业保民生。2021年至2023年6月,全区累计城镇新增就业102.19万人、失业人员再就业34.54万人、就业困难人员就业13.82万人。2021年城镇调查失业率为5.5%,比全国高0.4个百分点。2022年我区城镇调查失业率为5.6%,自2018年以来首次与全国持平,低于西部平均水平0.2个百分点。2023年1月至6月城镇调查失业率为5.5%,分别比2021年、2022年同期低0.1、0.2个百分点,控制在6.8%以内。自治区人社厅主要采取以下措施来稳就业。

1. 建立健全就业工作机制。组建"稳就业保民生攻坚战"指挥部,构建部门协同、上下联动、齐抓共管的工作格局,强化落实就业工作目标责任制、督查考核机制,建成横向联动、纵向调度的多维度就业监测体系。2022 年自治区人力资源社会保障厅会同财政厅修订《促进就业工作先进地区激励实施办法》,2021 年至 2022 年每年开展就业工作先进地区评价,把就业成效纳入各级政府年度考核内容,有效推进就业工作。2023 年 2 月,自治区政府办公厅印发《关于进一步促进充分就业增强市场活力若干措施》,出台释放消费潜力、激发市场主体活力、促进重点群体就业创业、推行柔性执法等 12 条"干货"措施。

2. 突出抓好高校毕业生等重点群体就业。把高校毕业生等青年就业作为重中之重,先后实施"留桂就业计划""公共就业服务进校园暨 2022 届毕业生招聘季活动"等高校毕业生就业服务专项行动。开展离校未就业高校毕业生就业服务攻坚,对离校未就业毕业生做好"一对一"实名帮扶。截至 2023 年 6 月末,2022 届广西离校未就业高校毕业生已实现就业(含升学、出国、入伍)13.77 万人,就业率为 97.52%。

3. 持续实施就业援助制度。加强就业帮扶车间建设,2022 年底实有就业帮扶车间 4261 家,是 2020 年底 3754 家规模的 113.5%;吸纳脱贫人口就业 5.99 万人,是 2020 年底 4.66 万人规模的 128.54%;2023 年 6 月实有就业帮扶车间 4299 家,吸纳脱贫人口就业 5.97 万人,车间数量和吸纳脱贫人口就业人数均处于全国前列。扎实推进易地搬迁后续扶持政策落实,开展"大型安置区就业协作帮扶专项行动"等系列活动。开展公益性岗位开发工作,统筹公益性岗位安置,开展就业援助"暖心活动",帮助残疾人、大龄、低保家庭、长期失业等困难人员就业,2023 年 6 月末全区实有城镇公益性岗位 2.01 万个,确保零就业家庭动态清零。

4. 持续落实援企稳岗政策。2022 年,对招用毕业年度内高校毕业生、离校两年内未就业高校毕业生等群体,与之签订劳动合同并依法参加失业保险的企业,按照每人 1500 元的标准发放一次性扩岗补助。2022 年至 2023 年 6 月,全区共发放一次性扩岗补助 3553.95 万元、涉及吸纳 2.37 万人就业;全区共发放一次性留工培训补助 45159.90 万元、帮助留工 90.23 万人。2021 年至 2023 年,我区延续实施失业保险稳岗返还政策,2021 年至 2023 年 6 月,全区共发放失业保险稳岗返还金额 17.31 亿元。实施阶段性降低失业保险费率政策,2021 年至 2023 年 6 月,全区累计减征失业保险费

73.77 亿元。

5. 健全创业带动就业机制。以政策创新促创业，出台《广西大众创业万众创新三年行动计划(2021—2023 年)》《关于进一步加强创业孵化基地建设和扶持工作的通知》《关于印发实施重点群体创业推进行动工作方案的通知》等政策。以平台建设促创业，加强创业孵化基地的建设和扶持，截至 2023 年 6 月末，全区实有创业孵化基地 181 家，入孵创业(团队)5833 家，带动就业 19585 人。推进广西众创示范基地建设工作，基地累计孵化创业创新项目 388 个，入驻企业实现营业收入超过 4 亿元，注册资本超过 12 亿元，入驻企业获得超过 8100 万元的天使投资，直接和间接带动就业超过 100 万人。基地先后获共青团中央"全国青年创业示范园区"、人力资源社会保障部"全国创业孵化示范基地"等称号。抓融资服务促创业，以"桂惠贷"为平台推动创业担保贷款助力创新创业。2021 年至 2022 年，拨付创业担保贷款贴息及奖补资金 2.13 亿元，发放贷款额达 13.71 亿元。2021 年至 2023 年 6 月有 13805 人领取创业扶持补贴 6796 万元。以创业大赛促创业，定期举办广西创业大赛、广西大学生创业明星评选等系列活动，组织超过 6000 个创业创新项目参与创业赛事和主题活动，在全社会广泛营造鼓励创新、崇尚创业的良好氛围。

6. 深入开展职业技能培训。不断健全完善终身职业技能培训制度，持续推进职业技能提升行动。广泛开展企业职工岗位技能提升培训，全面推行企业新型学徒制，统筹推进农村转移就业劳动力、脱贫劳动力、院校应届毕业生等重点群体就业技能培训和创业培训，切实提高劳动者提升技能水平。2021 年至 2023 年 6 月，全区各级人力资源社会保障部门共开展补贴性职业技能培训 109.81 万人次。其中，参加企业新型学徒制培训人数累计 4.32 万人；农民工参加职业培训累计 50.96 万人次。开展加强产业工人队伍建设支持企业用工专项行动，加强企业职工技能培训，强化企业用工服务，缓解技能人才短缺和"用工难"问题。2022 年指导企业开展各类培训 12.5 万人次，其中人社部门开展补贴性职业技能培训 9.28 万人次。深入打造"八桂系列"劳务品牌建设。2021 年至 2023 年 6 月，全区累计认定自治区级"八桂系列"劳务品牌建设项目 51 个，开展"八桂系列"劳务品牌相关培训 31.73 万人次、带动就业创业 34.53 万人次。组织开展各级各类职业技能竞赛,参加全国职业技能大赛和全国有关行业职业技能竞赛。2021年以来,已先后举办第一届、第二届广西技能大赛。

7. 加快推动统一的公共就业服务平台建设。制定与全国标准相统一的自治区就业创业公共服务,完成与国家平台的精准对接。组织开展金秋招聘月等公共就业服务活动,拓宽农村劳动力特别是脱贫人口就业信息获取渠道,为企业和劳动者提供全方位公共就业服务。2021年至2023年6月,全区累计举办专场招聘会10354场,提供就业岗位1244.90万个。组织实施"毕业生招聘季活动""大中城市联合招聘专场活动""百日千万网络招聘专项行动"等高校毕业生公共就业服务专项行动,满足毕业生多元化就业需求,"不间断"推送就业岗位。2021年至2023年6月,全区累计提供毕业生岗位超过270万个。

8. 做好就业监测分析和研判。进一步建立健全符合广西实际的多维度就业监测体系,切实防范规模性失业风险。根据经济形势变化,做好市场主体登记、人才市场供需、社保费缴纳等大数据比对,开展区内6000家重点企业用工监测、1500个行政村农村劳动力返乡回流监测,精准掌握重点地区、重点群体就业失业状况,扎实做好就业失业统计监测,加强就业形势分析研判,完善应对预案和政策储备。

二、广西人力资源服务业发展与分析

近年来,广西强化就业优先政策,实行更积极更开放的人才政策,深化中国—东盟人力资源服务领域交流合作,扎实推进人才强桂战略,进一步培育和发展人力资源市场,提升人力资源服务质量,促进人力资源优势转为人才优势,人力资源和社会保障各项事业取得积极成效,为广西经济社会发展提供强有力的人才支撑。

随着国家对西部大开发战略的深入推进,广西作为连接东盟的重要门户,人力资源服务业得到了快速发展。人力资源市场体系不断完善,服务功能逐步增强,服务领域不断拓展。广西壮族自治区人民政府推动了一系列促进人力资源服务业发展的政策措施,包括优化人才引进政策、加强职业培训、提升人才服务水平等。同时,广西积极构建人力资源服务产业园,吸引了一批国内外知名人力资源服务机构入驻,促进了产业的集聚效应。下面将从多个角度对广西人力资源服务业的发展进行详细分析。

(一)人力资源市场总体规模

近年来,广西人力资源服务行业机构数量不断攀升,规模不断扩大,行业总体发展平衡向好,实现稳步增长,服务实体经济发展力量愈发强劲。人力资源服务机构数量从 2016 年的 390 家增加到 2022 年的 1866 家,增长近4 倍;营业收入从 2016 年的 47.89 亿元增加到 2022 年的 410 亿元,增长近8 倍。2021 — 2022 年规模以上人力资源服务业企业营业收入年均增长 34%。

从人才供求总体情况看,2023 年度全区 14 个设区市公共人力资源市场发布岗位 105.26 万个,登记求职 57.66 万人,求人倍率为 1.83,保持在合理区间,供需总体保持平衡。2023 年疫情防控平稳转段,人员自由流动,全区各地人力资源市场密集开展了各种各样的线上线下招聘活动,市场主体用工需求得到基本满足。2024 年第二季度,14 个设区市公共人力资源市场发布岗位 23.73 万个,登记求职 12.72 万人,求人倍率为 1.86,供需总体保持平衡。

广西目前拥有国家级综合性人才市场 1 家(中国广西人才市场)、国家级专业性人才市场 1 家(中国桂林旅游人才市场),建成国家级人力资源服务产业园 1 家(国家级柳州人力资源服务产业园)、自治区级人力资源服务产业园 3 家(广西北部湾人力资源服务产业园、广西人力资源服务产业园、广西(南宁)人力资源服务产业园),进一步推动人力资源服务业高质量发展。其中,国家级柳州人力资源服务产业园以“一园三区”模式布局(即 1个核心园区,北部园区、柳东园区 2 个分园区),总面积 17.38 万平方米,产业园以“立足广西、融入湾区、面向全国、联通东盟”为建设目标,依托柳州工业基础、职业(技工)教育基础,打造全国乃至东盟区域技能型人才培养和输出基地,与国际接轨的跨境人力资源服务产业园。截至 2023 年 6 月,产业园共入驻企业机构 184 家,合作的规模以上企业 24 家,从业人员共2387 人,合作院校、企业共 159 家,累计营收 76.17 亿元;在人力资源配置方面,帮助企业解决用工 6.71 万人,累计引进人才 1.66 万人。

人力资源服务和互联网融合进一步深化。建设"互联网+智库"平台和柔性引才机制，"十四五"以来广西高层次人才"一站式"服务平台及"八桂英才网"累计服务单位近5000家次，服务人才3.6万人次。2021—2022年规模以上人力资源服务业企业营业收入年均增长34%。

（二）人力资源服务产品供给

广西人力资源服务产品供应的种类，既有传统性人力资源服务产品（培训、劳务派遣、人事代理、人力资源服务外包等），也有中高端人力资源产品（管理咨询、测评、就业与创业指导等）。广西加快人力资源服务产品发展，不断提升人力资源对经济社会发展服务能力。如在人才遴选方面，连续18年举办广西重点领域急需紧缺高层次人才招聘活动，组织重点产业和重点领域单位到北上广等城市、知名高校开展引才活动；通过硕博人才洽谈会、猎头推荐等多种方式开展博士人才引进服务，通过一对一精准人才推荐服务成功为客户单位引进中高级人才及专业技术人才；积极为政府机关、企事业单位提供人才测评、招聘考试、题库建设等服务。人力资源服务高端化发展步伐加快。连续多年举办广西重点领域急需紧缺高层次人才招聘活动。

2023年，广西组团参加第二届全国人力资源服务业发展大会，集中展示广西人力资源服务业发展成就，积极发挥面向东盟开放合作前沿窗口的区位优势，深化中国—东盟人力资源服务领域交流合作，扎实推进人才强桂战略，进一步培育和发展人力资源市场，提升人力资源服务质量，促进人力资源优势转化为人才优势，为广西经济社会发展提供强有力的人力资源服务保障。

（三）面向东盟人力资源服务合作概况

广西充分利用"一湾相挽十一国，良性互动东中西"的独特区位优势，重点面向东盟推进人力资源服务业国际化发展，打造面向东盟的国际化人才高地。成立中国（广西）自由贸易试验区南宁片区人才服务平台暨广西RCEP国际人才服务平台，为广西与RCEP等区域之间的人力资源市场供求信息对接联通提供平台支撑。

　　在 2023 年第二届全国人力资源服务业发展大会上,广西展区重点展示了中国—东盟人力资源服务领域的交流合作成果。广西主打"东盟"服务牌,在现场开设中国广西人才市场、国家级柳州人力资源服务产业园两个成果展区,不仅着重展示广西人力资源服务业在多个层面的优质服务及创新成果,同时也重点展现广西在深化中国—东盟人力资源服务领域交流合作、集聚创新的显著优势和发展成果,以期推动人力资源创新合作,实现互利共赢。

　　在 2023 年中国—东盟人力资源服务成果展示交流活动上,全国各省(自治区、直辖市)厅(局)人社部门,携人力资源服务产业园、本地区头部人力资源服务机构参展参会。成果展展出 9 个东盟国家的企业经贸合作成果及院校教学管理、人才培育成果。集中展示广西人力资源行业发展的整体脉络和发展新趋势,全面总结人力资源服务行业在人才引进、人才培育、人才交流与合作等方面的发展成果。广西(玉林)技能人才服务产业园展示"福绵裁缝""八桂建工""玉林新能源技师"服务产业、服务东盟技能人才培养成果;中智广西人力资源服务有限公司扩展海外业务,目前在国内 9 个城市设立 27 个签证受理中心,累计向日本、新加坡、港澳及"一带一路"国家派遣或者雇佣四万多名各类劳务和技术人员。理通保安公司与东盟国家在智能监控系统、报警系统等方面进行交流,将技术和设备推广到东盟市场,为当地企业提供安全解决方案。

　　2023 年,中国—东盟人才资源开发与合作广西基地、中国广西人才市场、中国国际人才市场广西分市场与印尼人力资源集团、印中商务中心签署人力资源服务战略协议。双方将深入开展包括招聘合作、劳务派遣合作、培训与发展合作、跨境人才流动支持、人力资源管理咨询合作等项目在内的人力资源交流服务合作,并探索共建海外人力资源服务联络站(互设站点),搭建本地企业或项目的海外展示渠道,推动中国与印尼的技术、项目、人才"双招双引",助力双方企业全球订单撮合。

　　广西在边境经济合作区内开展劳务中介业务,建立健全跨境"一站式"工作机制,制定《广西沿边重点地区越南入境务工人员管理办法》,积极探索建设面向东盟的跨境劳务市场。广西崇左、防城港、百色三个边境城市已与越南广宁、谅山、高平、河江四省签订跨境劳务合作协议。

(四) 广西人力资源市场营商环境

广西壮族自治区人民政府及相关部门在人力资源服务方面出台更多利好政策,进一步优化营商环境。2020年,自治区发展改革委、人力资源和社会保障厅联合出台《关于进一步支持人力资源服务业发展的若干措施》,通过培育产业龙头企业、推进人力资源服务产业园建设、引导推广人力资源服务等十项措施来促进人力资源服务业的发展。2021年6月,自治区政府印发《广西打造国内国际双循环重要节点枢纽行动方案》,加快人才集聚,积极推进RCEP商务人员流动便利化。2022年5月1日起《广西壮族自治区人力资源市场条例》正式施行,进一步健全统一规范的人力资源市场体系,这是广西人力资源市场管理领域第一部地方性法规,从人力资源市场培育、人力资源服务机构、人力资源市场活动规范、服务和监督管理四个方面,对人力资源市场求职、招聘和开展人力资源服务作出规范。2022年,自治区人力资源和社会保障厅、发展改革委、财政厅等7部门联合出台《关于推进我区人力资源服务业高质量发展的实施意见》,提出12项措施,加快构建人力资源服务产业体系,激发人力资源服务业促进就业、优化人才流动配置及服务经济社会发展的活力,促进人力资源服务业集聚发展,为建设新时代中国特色社会主义壮美广西提供人才保障和智力支持。

三、面向东盟的人力资源开放与合作的成效

(一) 广西与东盟国家交流合作概况

广西与东盟国家陆海相连,是中国与东盟国家交流合作的前沿和重要窗口。多年来,广西面向东盟加快开放发展,抢抓《区域全面经济伙伴关系协定》(RCEP)机遇,促进中国—东盟经贸合作,推动区域一体化进程不断加快。

广西的北部湾港是面向东盟的重要门户港,其在西部陆海新通道建设中的枢纽作用日益突出。通过提升基础设施互联互通水平,广西加速推进港口、口岸、国际物流领域的发展,提高了其对外开放的水平。

广西是唯一既沿海又沿边的自贸试验区,通过自贸试验区及各类开放平台,大力推动跨境金融、跨境电商等新兴业态的发展,并积极对接国际高

标准经贸规则。

中国与东盟经贸往来密切，为人力资源开放与合作提供了坚实的基础。2022 年中国—东盟进出口规模达到 6.52 万亿元，增长 15%，其中出口 3.79 万亿元，增长 21.7%，进口 2.73 万亿元，增长 6.8%。同期，东盟占我国外贸比重较 2021 年上升了 1%，达到了 15.5%，继续保持我国第一大贸易伙伴地位。

共建"一带一路"倡议进一步推动了中国与东盟的人力资源合作。《区域全面经济伙伴关系协定》（RCEP）的实施，促进了区域内各国经贸往来更加密切。2022 年我国对东盟进出口占对其他 RCEP 成员国进出口规模的 50.3%。这反映出双方在贸易领域的互补性和依存度，也为人力资源合作创造了条件。

（二）中国—东盟博览会"镶钻成冠"发展历程

20 年来，东博会和峰会积极促成西部陆海新通道、中国（广西）自由贸易试验区、中国—东盟信息港等一批重大战略落地实施，促成中老铁路、雅万高铁、中国—东盟港口城市合作网络等大批重大合作项目落地。据统计，中国与东盟双边贸易额从 2004 年的 1000 多亿美元增长至 2022 年的 9753.4 亿美元，双向累计投资额从 2002 年的 300 亿美元增长到 2022 年 10 月的超 3400 亿美元，增长超过 11 倍。2021 年，中国和东盟正式宣布建立中国东盟全面战略伙伴关系。

20 年来，广西与东盟的经贸合作不断向纵深发展。2004 年到 2022 年，广西与东盟的贸易额增长了 30 多倍；广西与东盟双边投资合作企业及机构超过 1200 家，其中东盟国家累计在广西投资设立外资企业达到 335 家，涉及制造业、租赁和商务服务业、交通运输仓储和邮政业等多个领域。在东博会和峰会的带动下，广西与东盟各国多领域合作"全面开花"、成绩斐然：中国—东盟金融城入驻的金融机构超过 300 家；中国—东盟经贸中心入驻文莱、柬埔寨、印尼、缅甸等 9 个国家近 40 家机构；越南、泰国、柬埔寨、老挝、缅甸、马来西亚共 6 个东盟国家在南宁设立了总领事馆；广西与东盟国家缔结了 59 对友城，居全国第一。

东博会和峰会采取"政府搭台、经济唱戏"模式，中国和东盟领导人共同推进,搭建了多领域友好合作的桥梁。1—19届东博会和峰会累计举办300多场部长级高层论坛,覆盖经贸、产能、港口、金融、海关、质检、农业、矿业、建筑、统计、标准化等40多个重点领域,带动合作机制落地,促成重大战略实施,发表《南宁宣言》等近百份重要文件,形成中国—东盟合作独特的"南宁渠道"。

在中国和东盟10国的携手推动下,东博会和峰会成为服务中国—东盟乃至RCEP和"一带一路"的区域公共产品和国际合作平台,成功实现了"10+1>11"的目标。

(三)广西举办首届人博会成功经验分享

"十四五"以来,面向东盟的人力资源开放与合作是中国与东盟深化全面战略伙伴关系的重要方面。为深入贯彻习近平总书记关于广西要融入共建"一带一路",促进中国—东盟开放合作,办好自由贸易试验区,把独特区位优势更好转化为开放发展优势的重要指示精神,推动共建"一带一路"高质量发展,对接拓展RCEP区域合作,不断深化与东盟等国家的人力资源服务业高水平开放合作,2023年11月3日至4日,以"聚智汇力　同创共享"为主题的首届中国—东盟人力资源合作与开发论坛暨中国—东盟人力资源服务博览会(以下简称"人博会")在南宁国际会展中心成功举办。此次盛会由中华人民共和国人力资源和社会保障部和广西壮族自治区人民政府主办,中华人民共和国人力资源和社会保障部人力资源流动管理司、中华人民共和国人力资源和社会保障部国际合作司、广西壮族自治区人力资源和社会保障厅承办。

1. 举办首届人博会意义重大。习近平总书记对广西发展念兹在兹、寄予厚望,多次对广西工作作出重要指示,赋予广西"三大定位"新使命、提出"四个新"总要求和"五个更大"重要要求。2017年4月,习近平总书记在广西考察时指出,要立足独特区位,夯实提升中国—东盟开放平台,构建全方位开放发展新格局。2021年4月,习近平总书记到广西视察时指出,广西要融入共建"一带一路",促进中国—东盟开放合作,办好自由贸易试验区,把独特区位优势更好转化为开放发展优势。举办人博会,是广西和人力资源社会保障部落实习近平总书记重要讲话重要指示精神的具体体现和生动实践。

2. 广西具有举办人博会的坚实基础。广西目前已建成 4 个省部共建国家级人力资源交流与服务平台,分别为中国广西人才市场、中国—东盟人才资源开发与合作广西基地、中国国际人才市场广西分市场和国家级柳州人力资源服务产业园,具备面向东盟开展人力资源交流合作的基础。同时,广西已连续 8 年在东盟博览会期间举办海内外高端人才创新创业成果展、连续 6 年举办中国(广西)人力资源峰会、连续 2 年举办广西人才活动周、每年定期举办中高级人才交流大会等,在组织开展面向东盟等海内外高端人才和人才资源服务活动方面有较为丰富的经验。

3. 举办首届人博会成功经验介绍。2023 年,作为全面贯彻落实党的二十大精神的开局之年,同时也是习近平总书记提出与东盟国家共建 21 世纪海上丝绸之路、携手建设更为紧密的中国—东盟命运共同体倡议的 10 周年纪念,以及中国—东盟博览会和中国—东盟商务与投资峰会创办的 20 周年纪念。广西举办首届人博会可谓顺应时代潮流、恰逢其时、意义重大。

首届人博会分"论坛""博览会""配套活动"三大板块,总体框架为"1+1+3+5+1+1+N",即 1 场开幕式、1 场主论坛、3 场分论坛、5 场展览、1 场大型人才招聘会、1 场全国性专业研讨会、N 场配套活动。内容丰富、组织有序、亮点纷呈、成果丰硕。促成 26 家国家级人力资源服务产业园首次集体亮相,近千家企事业单位现场洽谈,超千名人力资源管理者齐聚盛会,5 万多人入场参会参展,其中 3.5 万多名高校毕业生参加人才交流大会,现场超 8500 人达成签约意向,超 400 万名观众在线上参与一系列活动,展会面积达 5 万平方米,向世界呈现了一届面向东盟、人社特色、广西风采的盛会,搭建了以人力资源合作开发服务国家周边外交和对外开放大局的新平台,开启了中国—东盟人力资源服务领域友好合作的崭新篇章。具体成果主要表现在以下几个方面。

(1)丝路共鸣,和合共生,共建中国—东盟人力资源合作"朋友圈"

中国和东盟山水相连,文化相近,人文相亲,双方人民友好交往的历史源远流长。广西作为"一带一路"有机衔接重要门户和面向东盟国家开放合作前沿窗口,在推动中国—东盟合作中肩负重要使命。举办首届人博会,是全面贯彻党的二十大精神的重要举措,是服务共建"一带一路"以及构建更为紧密的中国—东盟命运共同体的生动实践，是探索以国内大循环为主体、国内国际双循环相互促进的新发展格局背景下人力资源要素流动新的实践路径，也是推动中国人力资源开发合作走向东盟、走向世界的迫切需要。

首届人博会规格高、分量重、内容多、影响大，是一个集思想交流、项目展示、项目合作、人才对接、人才招聘于一体的国际化合作平台，实现了多个首次：首次实现中国—东盟人力资源主管部门"10＋1""全家福"，东盟各国及中国—东盟中心派出高级官员代表参加人博会；首次部区共办中国—东盟人力资源论坛展会，人博会将人力资源论坛或展览由国内拓展至东盟国家，按照"政府主导、市场运作、专业办展"模式举办，为推动中国与东盟国家人力资源合作与开发以及加快塑造现代化人力资源、以人口高质量发展支撑中国式现代化探索新的实践路径；首次实现26家国家级人力资源服务产业园集体亮相并首次齐聚南宁，展示国家级人力资源服务产业园的发展情况、特色亮点、政策优势，彰显人力资源服务业在推动高质量发展中的新引擎作用；首次将中国—东盟青年论坛纳入人博会，突出"抓住青年就是抓住未来"的前瞻性思考，更好助力构建更为紧密的中国—东盟命运共同体。

首届人博会得到中国和东盟各国嘉宾的高度认可，并达成新共识，认为要做到"三个携手"：携手共建人力资源合作交流平台、携手深化职业技能人才培养合作、携手加快人力资源服务行业发展。提出共建"三个圈"：共建人力资源合作"朋友圈"、优化人力资源发展生态圈、拓展人力资源服务创新圈。东盟各国嘉宾纷纷表示，要重视人力资源开发，希望与中国共享RCEP新机遇，加强人力资源领域合作交流，分享人力资源可持续发展经验，携手开展师资培训项目及课程开发等，提高国际综合竞争力，推动经济社会可持续发展，共享人力资源发展红利。

首届人博会期间，广西与云南、贵州、湖南、江西、福建、海南、江苏、天津、重庆、北京、上海、浙江等12个省、市人力资源社会保障部门签订珠江流域用工联盟暨省际劳务协作框架协议，拓展了跨省劳动者高质量就业空间；与四川、贵州、海南、江西、湖南、重庆、湖北等7个省份人力资源社会保障部门签订人社服务跨省合作框架协议，推动更多跨省人社业务便捷办理；自治区人社厅与华为技术有限公司等单位分别签订了广西"数智人社"相关合作协议、安全可控技术战略合作框架协议、超级社保卡合作框架协议、智能服务热线合作框架协议,有力推动打通就业、社保、信息服务等人力资源领域合作渠道,将为更广泛地域、更多服务对象提供更优质便捷的人社公共服务。

(2)献策聚力,共绘中国—东盟人力资源合作新蓝图

首届人博会期间,共举办 4 场高规格专业论坛、1 场全国性专业研讨会,专家云集,献策聚力,交流人力资源前沿理念,洞察人力资源发展态势。

中国—东盟人力资源服务与高质量充分就业高端论坛、2023 年中国—东盟青年论坛、中国—东盟高技能人才合作与发展论坛和第六届中国(广西)人力资源峰会暨中国—东盟人力资源数智化发展论坛,分别聚焦人力资源服务与高质量充分就业、青年创新创业、高技能人才培养交流、人力资源数智化变革等行业热点议题,邀请清华大学校长王希勤、老挝国立大学校长乌冬·鹏坎平、中国人事科学研究院院长余兴安等专家主旨演讲,凸显行业论坛特色。

组织全国人力资源服务产业园服务高质量发展研讨会,全国各省(自治区、直辖市)人力资源社会保障部门负责人、26 个国家级人力资源服务产业园负责人、人力资源服务行业协会代表,以及区内各设区市人力资源社会保障局负责人齐聚一堂,共商人力资源服务产业服务高质量发展之路。

开展“才聚绿城　智汇八桂”为主题的在外桂籍杰出人才广西行活动,邀请 18 名在外桂籍杰出人才回桂(包括 3 名外籍院士、6 名国字号高层次人才、7 名知名企业家代表),开展座谈交流、建言献策、参观考察、指导帮扶、对接洽谈等活动,共组织了 9 场次参观考察、项目对接,推出 17 期“讲好人才故事,传递人才力量”在外桂籍人才事迹系列宣传报道。扎实推进区外桂籍人才和智力成果回流,搭建起区外桂籍人才支持家乡、服务家乡的平台,凝心聚力建设壮美广西。

首届人博会期间,玉林籍国家级专家李烈军与广西南南铝加工有限公司、广西玉柴铸造有限公司、广西科创新材料股份有限公司等 6 家企业签订意向合作协议。另有 15 名在外桂籍人才携“高精尖”项目在第八届海内外高端人才创新创业成果展活动现场进行展览展示,促进交流合作。

(3)以展为媒,广聚英才,共享中国—东盟人力资源合作新机遇

首届人博会期间,共举办 5 场高精尖人力资源服务行业展览,通过市场

化运作方式完成 5 万平方米展会面积的招商招展工作，吸引约 800 家企事业单位、机构参展参会，行业成果集中展示、行业新品集中推出、产业园集体亮相、行业高端人才汇集、优质参展机构云集。

第八届海内外高端人才创新创业成果展（以下简称海创展）是首届人博会重要活动之一，展出 236 名海内外高层次人才创新项目，106 位高层次人才携创新项目现场参展，展出项目涵盖信息技术、医疗健康、先进制造、新能源新材料、现代农业等领域。海创展在"精准引才落地、精准促进合作、精准服务产业"上下功夫，一是全面展示成果，促进交流合作。海创展首次设置南宁、桂林人才小高地项目成果、中国—东盟人才项目交流成果等展区，中国工程机械排头兵柳工机械、"世界第一拱"平南三桥、广西特色六堡茶、桂十味、鱼峰水泥、"智桂通"平台等一批"广西创造""广西制造"的产品或项目现场开展合作交流，展现广西在人才环境优化、科技创新、产业升级等诸多领域的代表性人才成果。二是线上线下联动，建立长效机制。依托"不落幕"的云平台，海创展对重点项目进行全年化的跟踪服务，从政策、资金、应用等多个维度推进项目落地及产业化，同时面向全区组织开展贯穿全年的人才项目对接活动，促进意向项目转化为落地项目。共 32 位海内外高层次人才签署意向落地广西或意向合作协议，其中 6 位高层次人才携项目与区内相关单位合作。

中国—东盟人力资源服务成果展突出东盟国家人力资源特色，吸引泰国、印度尼西亚等东盟国家 12 家企业、院校参展。中国—东盟非物质文化遗产传承人技能技艺展集中展示"六堡茶师"等区内外 14 个劳务品牌，邀请 58 名非遗传承人、大师工匠参展。中国—东盟"人社＋金融"高质量发展成果展从社银一体化服务、社会保障卡制发等 4 个方面，展示"人社＋金融"融合联动的最新成果和产品服务。中国—东盟高技能人才成果展共组织中国—东盟校企合作洽谈 20 余场、现场签约 12 场，如组织与广西工业技师学院、广西经贸职业技术学院等 8 所院校洽谈，广西交通技师学院与参展商天津鸿图航空科技集团公司现场签订校企合作协议，共同开展飞机维修合作。

（4）百花齐放，亮点纷呈，共创中国—东盟人力资源合作新未来

首届人博会期间，中国—东盟人力资源供需对接会暨全区人才交流大会、中国—东盟青年人才交流活动、首届广西 HR 职业能力大赛和第三届广

2023 年 11 月 3 日，中国—东盟人力资源合作与开发论坛暨中国—东盟人力资源服务博览会开幕式在广西南宁国际会展中心举行

2023 年 11 月 4 日，中国—东盟人力资源供需对接会暨全区人才交流大会在广西南宁举办

2023 年 11 月 3 日，人力资源服务产业园服务高质量发展研讨会在广西南宁国际会展中心成功举办

中国—东盟人力资源服务博览会现场

西农民工创业大赛的颁奖仪式及一系列对接洽谈活动相继举办,百花齐放,亮点纷呈。

中国—东盟人力资源供需对接会暨全区人才交流大会是首届人博会人气最旺的活动之一,吸引了区内超70所高校毕业生参会,设置东盟综合人才招聘、各市人才招聘、重点产业人才招聘三大专区,共616家用人单位入场招聘,招聘岗位2.17万个,超过3.5万名国内外高校毕业生、东盟国家留学生以及重点领域急需紧缺人才到场,现场超8500人达成签约意向。其中,11月4日"就业直播活动"总观看量达到25万人次,流量创全区同类活动之最。

首届广西HR职业能力大赛吸引800多家用人单位、1000余名HR青年精英参与,是广西首次举办的赛事规格最高、参赛规模最大、影响范围最广的人力资源管理类职业能力大赛。首届广西HR职业能力大赛作为人博会的配套活动之一,是迄今为止广西人力资源行业内举办的最高规格的人力资源管理类职业能力赛事。本次大赛聚焦于HR职业的新角色和新职责相关的知识和技能领域,涉及人力资源管理的多个方面,比赛规则和考核方式专业、严谨,能够充分考察参赛选手的专业知识扎实程度和新知识领域的运用技能。

在第三届广西农民工创业大赛上,新生代农民工携235个项目参加比赛,直接带动就业人数8.29万人。广西从2019年起每2年举办农民工创业大赛,至今已成功举办3届,参赛项目除了涉及传统农业、深加工、电子商务、餐饮服务等多个领域,还涌现出了新型种养殖、农机制造、农业旅游产业化、大数据应用等新型项目,不少农民工参赛者创新性地把广西特色产业做出了品牌,充分体现出广西农民工的巨大创业活力与发展潜力。

四、广西人力资源服务业发展存在的问题及对策分析

党的二十大报告提出,未来五年是全面建设社会主义现代化国家开局起步的关键时期,并提出加快构建以国内大循环为主体、国内国际双循环相互促进的新发展格局,坚持把发展经济的着力点放在实体经济上。国内统一大市场助力内需接力外需,现代化基础设施体系进入加速形成期,新一代

信息技术、人工智能、生物技术、新能源、新材料、高端装备、绿色环保等成为经济发展的新引擎和新动能。党的二十届三中全会提出，当前和今后一个时期是以中国式现代化全面推进强国建设、民族复兴伟业的关键时期。尽管取得了一些成绩，但是面对党的二十届三中全会的新要求，广西人力资源服务业发展还存在一些问题，应该借助全面深化改革的东风进一步提出相关改革措施。

（一）存在的问题

1. 国际发展环境持续复杂多变

从国际看，影响人力资源服务业发展的不确定因素错综复杂。全球新冠疫情影响深远广泛，世界百年未有之大变局处于加速演进期，中国等亚洲新兴经济体及发展中国家地位大幅上升，但一些东盟国家对外开放水平不高，自我保护意识较强，给人力资源交流及合作带来不同程度的困难。与此同时，全球发展不确定性因素增多，经济全球化遭遇逆流，供应链本地化、区域化倾向上升，总需求收缩和信心不足等周期性下行因素延续，人力资源服务业发展环境日趋复杂。

2. 产业规模偏小，区域发展不平衡

与国内发达省份相比，广西作为西部省份，人力资源服务业整体产值规模偏小，人力资源服务业收入占广西生产总值的比重较低。区内城市间产业发展不平衡，行业企业主要集中在南宁、桂林、柳州等中心城市，国际人力资源交流与合作也主要集中在中心城市，其中以首府城市南宁为最主要的产业发展地，其他城市发展势头较弱且发展动力不足。

3. 行业缺乏领军企业，产业聚集度不高

广西人力资源服务业中，以政府为主导的公共服务体系最为完整，以企业为主体的经营性服务发展不充分，本土缺少行业领军型、规模型企业。在2022年"广西服务业企业50强"中，仅有1家人力资源服务业企业上榜，多数企业规模小，中小型企业占绝大多数。广西人力资源服务产业园还未展现出强大的产业聚集效应，行业企业聚集度仍不高，还需加大力度引进知名、具有国际化人力资源服务能力的机构，带动广西人力资源服务国际化发展。

4. 产品不够丰富，服务层次偏低

目前广西人力资源服务业态较为单一，服务层次不高，主要业态以人力资源供求信息的收集与发布、境内境外劳务派遣、人力资源外包、人事劳动事务代理等比较大众化、低层次、粗放型的业态为主，处于人力资源业态中较高层次的高端人才寻访、人力资源测评、自主开发课程的人才培训、共享用工等新兴服务业态供给不足、专业性不强，有待挖掘。

5. 行业政策扶持力度有待加强

目前，引导广西人力资源服务业发展所需的人才、产业、税收、财政、金融等扶持政策及服务体系尚未完善，在行业研究、政策引导、市场预测、风险警示、信息交流等方面资源不足，影响行业发展。同时，区外人力资源机构依靠其他省份的奖励政策，能以更低的成本和价格抢占广西市场份额，对广西本土人力资源机构造成冲击，导致广西人力资源服务行业发展处于更加弱势和难以进一步发展的不利地位。

6. 高质量充分就业依然面临诸多挑战

一是就业总量压力依然较大。广西 2022 年就业人口增长率为 0.24%，高于全国的就业人口增长率（2022 年全国增长率为 -0.02%）。2022 年全区 16—59 周岁人口 2970 万人，其中就业人口 2508 万人，劳动力供给仍处高位，全区农民工总量超过 1400 万，脱贫人口就业规模超过 280 万，叠加相当数量的失业人员，待就业人数比较多，就业总量压力依然较大。二是市场岗位供给总体偏紧。当前广西经济恢复不均衡、基础不够牢固，市场主体生产经营面临的困难依然较多，市场主体吸纳就业能力不强，就业渠道拓展难。数据显示，2023 年 1 月至 6 月通过广西人才网招聘的就业岗位同比减少 4.22%，这从一个侧面反映出市场上能够提供有吸引力的就业岗位总体不足。三是就业结构性矛盾仍然比较突出。"找满意工作难"与"招合适的人难"并存，部分企业反映对技能人才需求量较大，但意愿在本地就业的大多数是农村大龄劳动力，与企业需求匹配度不高。部分劳动者反映中小企业能够提供的薪酬待遇与周边省份相比缺乏竞争力，对劳动者特别是青年劳动者缺乏吸引力。

7. 人才队伍建设亟待进一步加强

一方面，引才政策力度不够大。广西吸引外来人才的政策待遇和重大技术创新奖励政策方面与发达地区相比没有优势，吸引力较弱，加上现有的人才工作、生活、保障等各方面条件、环境相对落后，导致难以吸引人才到广西。另一方面，广西高技能人才总量与结构的问题并存。高技能人才总量不足，结构不优。据统计，2022 年广西技能人才总量达到 789.12 万人，其中高技能人才 176.41 万人，高技能人才仅占技能人才总量的 22.4%，比全国平均值低 7.6%，离国家要求 2025 年底达到 1/3 的目标差距较大。

（二）对策建议

当前，广西正处于与全国同步向社会主义现代化迈进、加快推进中国（广西）自由贸易试验区建设，全面对接粤港澳大湾区、形成 21 世纪海上丝绸之路与丝绸之路经济带有机衔接的重要门户的关键时期。国家战略布局为广西人力资源服务业发展提供了难得的历史机遇。广西要充分把握当前人力资源服务业发展面临的机遇和挑战，以产业引导、政策扶持和环境营造为重点，坚持市场主导、需求引领、鼓励创新、提升服务、深化改革、增强活力、依法管理、规范发展的总方向，促进广西人力资源服务业高质量发展。

1. 加大政策支持力度

制定关于广西人力资源服务业国际化发展的规划，借鉴发达地区促进人力资源服务业发展的创新举措，研究制定更贴合广西人力资源服务业实际发展情况的相关政策，探索建立人力资源服务产业国际化发展专项资金，加大对广西人力资源服务机构在探索开拓区域全面经济伙伴关系协定成员国以及共建"一带一路"国家和地区等海外人力资源市场、发展国际化业务、创新开发国际化服务产品等方面的扶持力度。同时，充分发挥广西面向东盟的"桥头堡"地理优势，积极探索制定促进本土人力资源服务机构面向东盟国家开展人力资源交流与合作、鼓励经营性人力资源服务机构开拓东盟国家人力资源市场的激励政策，打造有广西特色的国际化人力资源服务模式。

2. 持续建设行业集聚发展平台

充分发挥产业园区规模经济和产业集聚效应，以人力资源服务产业园作为引进国内外知名人力资源企业、培养本土高质量人力资源服务机构的重要载体。以市场化为导向，以服务企业和人才为宗旨，持续完善广西各个人力资源服务产业园建设,加大人力资源服务产业园建设指导力度,全力打造国家级人力资源服务产业园,以南宁、柳州、桂林、北海、百色等市为重点,鼓励各地根据实际需求,建设自治区级、市级人力资源服务产业园,构建完善的国家级、自治区级、市级的三级人力资源服务产业园体系。各产业园区间要各有特色又相互促进,形成错落有致、合作竞争的产业园区集群。同时,学习借鉴国内其他发达省份的人力资源服务产业园建设的先进经验,研究制定符合广西实际情况、具有广西特色、促进广西人力资源服务产业园高质量建设的优惠政策,促进人力资源服务机构加速集聚,形成行业合力,共同推进广西人力资源服务业国际化发展。

3. 扶持行业机构做大做强

积极培育人力资源服务业龙头领军企业,支持和帮助一批有竞争优势、有一定品牌影响力的本土人力资源骨干企业向高端价值链延伸,做大做强;激励和推动创新发展能力强、有竞争潜力的中小型人力资源服务企业向高端业态发展,在政策上予以激励。同时,着力引进一批具有国际先进水平的人力资源服务高端企业和高端项目,推动本土人力资源机构与国内外知名人力资源服务企业开展多种形式的合作交流,学习和借鉴国际先进人力资源服务企业的先进服务理念、业务模式和管理经验,带动本土人力资源服务机构发展壮大。通过"内育"和"外引"相结合,加快形成多元化、有影响力、高质量的人力资源服务产业集群,打造立足广西、服务全国、面向东盟的人力资源服务业聚集地。

4. 推动人力资源产品发展创新

推动提高行业创新服务能力,鼓励和支持本土人力资源服务企业在境外创新拓展新型服务业态和服务内容,突破面向境外人力资源服务市场只进行境外劳务合作的单一服务模式,探索为境外项目提供人力资源管理咨询、劳动关系、人力资源测评、人才出境及培训等新兴业态模式,提升服务效能,拓展满足多元化需求的高附加值服务内容,逐步向服务差异化、个性化发展。同时,在数字经济成为经济社会发展重要驱动力这一背景下,推动传统人力资源服务行业与新一代信息技术的深度融合,支持人力资源服务企业运用互联网技术探索新的服务模式和服务内容,通过"数字经济+人力资源服务",推进"线上+线下"相结合的人力资源新兴发展模式,推动广西人力资源服务业国际化贸易进程。

5. 积极搭建行业国际化交流平台

以政府力量为主导，积极搭建人力资源服务国际化交流平台，充分发挥广西紧邻东盟的区位优势，主要面向东盟国家，辐射"一带一路"国家，通过举办国际性、具有区域影响力的人力资源服务业国际合作论坛、博览会、人力资源服务供需对接等活动，加大对广西人力资源服务机构和服务产品的推介力度，为广西本土人力资源服务机构与境外人力资源服务企业开展交流与合作牵线搭桥，为广西与其他国家间的人力资源服务业技术、资本等要素流动开拓新渠道，提升广西人力资源服务业的国际知名度和影响力。

6. 建设跨境服务体系

支持和引导本土人力资源服务企业开拓东盟国家市场，积极参与面向东盟国家的国际人力资源服务竞争，提升广西人力资源服务业服务东盟国家的竞争力。利用广西沿边、沿境的区位优势，鼓励有条件的人力资源服务机构"走出去"，在境外国家开设分支机构，深化与相关国家在人力资源服务业的合作，支持本土人力资源服务企业为境外机构提供人力资源服务，鼓励人力资源服务机构进行国际劳工合作模式创新和区域间交流合作，提升服务层次。全力打造立足广西、服务全国，面向东盟、辐射"一带一路"建设，具有西南边境行业服务特色的跨境人力资源服务体系，推动广西人力资源服务业国际化发展。

7. 打造良好产业发展生态

进一步优化广西人力资源服务业的要素投入结构，实现创新链、资金链、人才链与产业链的有机融合与协同发展。积极拓宽人力资源服务业高质量人才的引进渠道，构建强大的人才保障体系，鼓励人力资源服务机构通过各种方式培养和引进具有国际视野、高水平的人力资源行业人才，打造人力资源服务高质量、专业化的人才队伍。同时，优化财政投入结构，强化对人力资源服务业的金融支撑，运用中央和地方财政服务业专项发展资金等对人力资源服务业发展重点领域和薄弱环节进行扶持。通过打造良好的产业发展生态，为广西人力资源服务业高质量发展和国际化进程提供重要保证。

五、面向东盟人力资源服务业发展与合作的未来战略

人力资源是经济社会发展的第一资源,是实施就业优先战略、新时代人才强国战略、乡村振兴战略的重要力量。随着全球经济一体化的不断推进,东盟国家作为亚洲最具活力的区域之一,其经济发展潜力巨大。未来,面向东盟发展的人力资源服务业将面临新的机遇与挑战。

广西将继续以习近平新时代中国特色社会主义思想为指导,深入贯彻落实党的二十届三中全会精神以及习近平总书记关于广西工作的重要论述和要求,围绕"一区两地一园一通道"建设,进一步健全和完善人才沟通交流机制,通过搭建更加高效的人才交流平台,促进人才资源的优化配置。广西致力于打造更加开放包容的人才环境,吸引更多优秀人才投身广西的建设与发展。同时,加强与国内外人才的交流合作,推动人才资源的共享与互利共赢,为服务高质量共建"一带一路"、构建更为紧密的中国—东盟命运共同体作出更大的贡献。

(一)助力广西加快建设区域性人才集聚区和面向东盟的国际人才高地

助力推进自治区"1+N"人才发展示范区建设。把"1+N"人才发展示范区作为打造区域性人才集聚区和面向东盟的国际人才高地的主要承载区和重要抓手,支持南宁市立足建设面向东盟开放合作的国际化大都市定位,以东盟国家为重点扩大人才对外开放和交流合作,全力"聚东盟人才服务国内、聚国内人才服务东盟",助力加快建设面向东盟的国际人才高地,着力增强创新资源配置能力、创新技术策源能力、创新人才集聚能力,在面向东盟的人才交流和创新合作中发挥更大作用。

(二)加快人力资源服务业和产业创新融合,激发人力资源市场活力和发展新动能

坚持市场主导,政府推动,加快完善产业政策体系,进一步提升人力资源服务水平,培育壮大市场化就业和人才服务力量,促进劳动力、人才顺畅

有序流动,加快塑造素质优良、总量充裕、结构优化、分布合理的现代化人力资源,为助力"一区两地一园一通道"建设提供人才支撑。

一是扩大市场化就业与产业发展融合。广西出台工业、战略新兴产业、数字经济、现代特色农业等产业扶持政策,加快构建现代化产业体系,为人力资源服务行业发展创造新的需求。一头连着亿万劳动者,一头连着广大用人单位,实现高质量充分就业对人力资源发展的重要性不言而喻。广西开展人力资源服务机构稳就业促就业行动,聚焦高校毕业生、农民工等重点群体,开展一定规模的求职招聘、就业指导、政策咨询等服务。创新举办各类人力资源峰会、人才交流会、高校毕业生就业服务专场招聘会等活动。持续开展人力资源市场高校毕业生就业服务周、国聘行动、人力资源服务进校园进企业等专项活动,引导人力资源服务机构向劳动者提供贯穿职业生涯全过程的就业和职业发展服务,向用人单位提供全方位、全链条、高品质的优质人力资源服务产品。拓展数字经济、绿色经济、银发经济等新就业领域,挖掘就业增长点。

二是扩大人才服务供给。提升人才引领驱动,支持有条件的地方采用市场化引才奖补等激励措施,通过"揭榜挂帅"等形式引进急需紧缺人才。探索人力资源服务机构按规定承接政府人才服务项目。加强高层次人才"一站式"服务平台建设。开展广西博士人才引进专项行动、广西高校毕业生"留桂就业计划",创新开展各类人才引进活动,打造具有影响力的引才聚才活动品牌。做好引进国外智力和外国人来华工作管理服务工作,组织实施外国专家项目、重点出国(境)培训项目、广西"金绣球友谊奖"评选等。加强专业技术人才队伍建设,优化实施自治区特聘专家、广西人才小高地、自治区高层次人才等重大人才项目。加强"一园(留学人员创业园)、两站(博士后科研流动站、工作站)、两基地(博士后创新实践基地、专家服务基地)"人才平台建设。聚焦重点帮扶县,深入实施职称倾斜、招聘倾斜等政策,缓解基层引人难、留人难问题。

三是完善人力资源服务产业园布局。围绕自治区发展战略,推进人力资源服务业集聚发展,支持有条件的设区市、自由贸易试验区建设自治区级人力资源服务产业园。发挥国家级柳州人力资源服务产业园示范带动作用,支持有条件的设区市建设自治区级、市级人力资源服务产业园,加强中国广西人才市场建设,申报西部和东北地区人力资源市场建设援助计划项目。支持有条件的地方依托当地人力资源服务业发展特点优势打造集人力资源服务产业园、公共实训基地、人力资源市场于一体的多功能集聚平台。建立人力资源服务产业园交流协作机制,推动形成区域协同和开放合作的人力资源服务业市场。

四是提升数字化服务水平。完善全区集中的就业信息资源库和就业信息平台。打造广西"数智人社"一体化平台,将数字赋能理念贯穿人社工作全过程,整合零散、独立系统和分散数据,深入推进广西"数智人社"信息系统建设。在南宁市开展广西"数智人社"业务一体化平台建设试点,实现全人社业务数据融通、协同联办。推动人社业务场景创新应用,利用大数据、云计算、人工智能 AI 等先进技术,提升业务经办效率和质量。探索设置业务创新实验区,完善自治区共建科技创新平台,满足市县更多个性化、差异化业务需求。鼓励有条件的人力资源服务企业加强与互联网企业的合作交流,支持运用大数据、云计算、人工智能等新兴技术,加速实现业务数据化、运营智能化,将产品和数字技术深度融合,培育人岗智能匹配、人力资源素质智能测评、人力资源智能规划等新增长点。支持人力资源服务企业向大数据细分领域延伸业务,大力发展人力资源软件信息服务,推进数字化办公、业务在线管理等应用,逐步实现人力资源服务全流程数字化、智能化。

(三) 提升面向东盟的人力资源开放与合作发展水平,推动区域人力资源合作一体化建设

一是推进更高水平对外开放。贯彻外商投资法及实施条例,全面推行外资人力资源服务企业许可、备案及管理权下放,落实人力资源服务领域外商投资国民待遇,优化市场化、法治化、国际化营商环境。围绕壮大市场主体,积极引入人才招引、服务外包等领域海外优质企业、项目和技术。保障外资企业平等参与人力资源服务领域政府采购、等级评定、诚信示范机构评选、行业标准制定等活动。加强国际交流合作,发挥利用中国—东盟人才资源开发与合作广西基地,深化中国—东盟人力资源交流合作,持续举办海内外高端人才创新创业成果展。深化与东盟国家高技能人才培养合作,推动承办首届中国—东盟职业技能大赛,探索建立东盟技能人员职业资格认可清单制度。支持优秀行业机构走出去，开展交流合作，参与人力资源领域国家规则和技术标准制定。

二是做强人力资源服务贸易。积极推进边境地区跨境劳务合作试点，助力构建具有战略意义的中越命运共同体。加强与东盟国家开展人力资源领域互访，拓展双方人力资源服务发展空间与渠道，扩大人力资源服务市场开放水平。推动人力资源服务出口基地申报，培育发展人力资源服务贸易新业态。落实落地首届中国—东盟人力资源合作与开发论坛暨中国—东盟人力资源服务博览会成果。强化人力资源服务贸易企业集聚，推动人力资源服务贸易领域业务交流合作、产品服务创新。围绕"一带一路"倡议，支持本地优秀行业机构沿贸易路线输出人力资源服务，积极参与"一带一路"相关项目。围绕建设"陆海新通道"，进一步加强同东盟国家人力资源服务交流和协作，持续引入猎头、留学服务等专业外资机构，支持两地机构开展康养等领域人才培育、项目合作。围绕《区域全面经济伙伴关系协定》（RCEP），强化与日本、韩国等国家在相关领域的交流合作，支持行业机构参与相关项目引入、技术交流、人才共育、劳务协作等合作。

三是打造面向东盟人才交流活动品牌。聚焦通道物流、港航交通、软件信息、商务服务、农业科技、卫生健康、生态环境保护、跨境金融等重点领域，围绕传统产业转型升级和重点特色产业发展，充分发挥行业部门和企业、高校、科研院所的主体作用，务实开展面向东盟的专题论坛、学术研讨、项目对接、人才交流等。推动中国—东盟人力资源合作与开发论坛暨中国—东盟人力资源服务博览会系列活动常办常新，促成一批人才资源服务项目达成合作、一批高端人才技术成果落地转化、一批急需紧缺人才达成签约。

四是优化面向东盟的人才服务保障。依托八桂英才网建设人才、技术、项目、需求发布平台，实时更新收集海内外高层次人才及区内企事业单位项目合作需求，形成人才合作需求匹配清单。依托广西·中关村创业创新人才基地，为在海内外高层次人才提供企业注册、团队组建、财税服务、品牌传播等基础服务和投融资、资源对接、市场拓展、成果转化等人才项目服务。探索为高层次人才提供机场 VIP 服务、高铁站乘车便利服务，享受信用卡办理绿色通道等服务。向人力资源社会保障部争取将广西纳入外国人才服务保障综合配套改革试点范围，在外国人才引进、居留、创新创业、养老保险、子女入学等方面实施更加积极、更加开放、更加有效的人才政策。组织博士后两站、博士后研究人员申报国家博士后培养项目、承办学术交流活动、开展博士后科技服务等,提高博士后人才培养质量。

(四) 加强行业人才队伍建设,注重培养面向东盟的国际化人才

支持人力资源服务从业人员参加职业技能评价。开展人力资源服务业专业技术人员继续教育。对符合条件的人力资源服务行业优秀人才纳入地方高层次人才认定、服务范围,按规定享受相关扶持政策。健全人力资源管理专业人员职称评审制度,提高从业人员专业化、职业化水平。鼓励各地结合实际、因地制宜开展人力资源服务从业人员研修培训活动。通过与国内外高校和研究机构的合作,加大对人才的培养与引进力度。通过举办各类培训、研修班和技能大赛等活动,提升人才的跨文化沟通能力和国际视野。同时,积极拓宽人才引进渠道,吸引更多海内外高层次人才和急需紧缺人才来桂工作。

(五) 加强人力资源市场的建设与管理,营造面向东盟的良好发展环境

一是完善统计监测制度。依托国家统计系统和广西"数智人社"平台,加强人力资源市场、人力资源服务产业园和人力资源服务机构在业态、经济指标、社会效益等方面的数据统计监测。持续开展人力资源市场供求信息监测分析。加强人力资源服务业信用管理,持续开展人力资源市场秩序专项整治行动。二是健全信用和标准体系。探索开展人力资源服务机构诚信等级评价制度,促进行业评先建设,探索推动人力资源服务行业信用信息进入全国信用信息共享平台。鼓励地方成立人力资源服务行业协会。鼓励人力资源服务行业协会、人力资源服务机构创新业务发展,积极参与制定行业标准、企业标准。三是规范市场秩序。深化"放管服"改革,依法实施人力资源服务行政许可和备案,进一步落实告知承诺制。加强事中事后监管,持续开展清理整顿人力资源市场秩序专项行动。加强人力资源市场领域信息安全保护,推动消除影响平等就业的不合理限制和就业歧视。严厉打击违法违规和侵害劳动者权益的行为。

(六)加强与东盟国家的政策对接,提供更加精准和高效的面向东盟的人力资源服务

一是开展法律法规研究。建立专业的研究团队,对东盟各国的法律法规进行深入研究,特别是关注劳动法规、税收政策、投资政策等领域的最新动态。为企业提供合规的人力资源解决方案。二是深入调研文化背景。通过实地考察、文化交流等方式,深入了解东盟各国的文化背景,尊重并理解当地的风俗习惯、价值观念和宗教信仰,促进中国与东盟国家的文化理解,促成双方合作与发展。三是开展市场需求分析。利用大数据、市场调研等手段,对东盟各国的市场需求进行精准分析,找出潜在的商机和合作伙伴。为企业提供针对性的市场拓展策略,提供更加精准和高效的服务。四是探索跨国政策咨询服务。建立专业的政策咨询团队,为跨国企业提供关于东盟国家政策的专业咨询服务,帮助企业降低运营成本和风险。五是提供个性化人才招聘服务。根据各个东盟国家的劳动法规和人才需求特点,制定相应的招聘策略,为企业提供合适的人才,满足企业的用工需求。

接下来,我国即将全面开展"十五五"规划建设,"十五五"时期,是我国加快转入高质量发展轨道、基本实现现代化承上启下的关键时期,广西将扎实推进"一区两地一园通道"建设,加快推进改革发展各项事业,实现2035年基本建成新时代壮美广西、与全国同步基本实现社会主义现代化的远景目标。新时代壮美广西高质量发展其时已至、其势已成,为加快补齐公共服务短板、实现人力资源和社会保障事业健康持续发展、更好保障和改善民生带来重大机遇,党中央、国务院出台支持新时代壮美广西建设政策,以及自治区党委、政府高度重视民生工作,将其作为发展的中心任务摆在经济社会发展更加突出的位置,为人力资源和社会保障事业发展提供了强有力保证,为广西人力资源社会保障事业高质量发展提供了强大动力和广阔空间。广西将坚持以习近平新时代中国特色社会主义思想为指导,深入学习贯彻习近平总书记在中共中央政治局第十四次集体学习时关于促进高质量充分就业的重要讲话精神,解放思想、创新求变,向海图强、开放发展,全力做好人社各项工作,确保高质量完成自治区"十四五"规划各项目标任务,统筹谋划和推进"十五五"规划编制,助力"一区两地一园一通道"建设、以现代化人力资源助推全区高质量发展,为谱写中国式现代化广西篇章贡献人社力量。

第二部分
专题报告篇

第一章　人力资源服务业各省区市
重视度与关注度分析

【内容提要】

本章从公众、政府、媒体和社会组织等不同群体的视角出发,通过大数据方法和文本分析方法对主流社交媒介、纸质媒介、网站、各省政府工作报告以及相关政策法规、规划文件进行数量统计和内容分析,来阐述人力资源服务业在我国各省区市受到的重视程度及发展情况。

本章第一部分,通过各地 2024 年政府工作报告、人力资源服务业相关政策、法规、规划,来系统揭示各地政府对于人力资源服务业的政策保障与发展规划支持力度。通过具体的文本分析,对地方政府对于人力资源服务业关注的角度进行分类梳理。在第二部分,通过可以检索的人力资源服务企业和人力资源社会组织的登记信息、注册信息,各地人力资源服务业企业、行业协会、人力资源服务中心及其他相关社会组织的微博官方账号或官方网站的信息资源进行分析,来反映各地人力资源服务业企业与社会组织在本年度的发展态势以及行业内的重视度与关注度。在第三部分,通过既具权威性又有代表性的三种互联网检索指数来分析各地公众及媒体对于人力资源服务业关注度及其变化趋势,并描绘关注人群的特征;通过大数据分析方法对全国性媒体和地方媒体对于人力资源服务业的关注度和支持度进行分析。

Chapter 1　Analysis on the Importance and Attention of Human Resources Service Industry in Different Provinces, Districts and Cities

【Abstract】

In this chapter, we analyze the quantity and content of mainstream social media, paper media, websites, provincial report on the work of government and related policies, regulations and planning documents from the perspectives of different groups, including the public, government, media and social organizations, to illustrate the importance and development of human resources service industry in each province in China.

In the first part of this chapter, provincial report on the work of government, policies, regulations and plans related to human resources service industry in 2024 are used to systematically reveal the policy guarantee and development planning support of human resources service industry by local governments. It also analyzes the regional cooperation among governments to promote the development of human resources service industry and the typical cases of developing human resources service industry in typical provinces of different regions.

In the second part, the registration information of HR service enterprises and HR social organizations that can be retrieved, and the official accounts of Weibo or official websites of HR service enterprises, industry associations, HR service centers and other related social organizations in different regions are analyzed to discuss the development degree of HR service enterprises and social organizations in different regions and the concern for human resources service industry.

In the third part, through three authoritative Internet search indexes, we analyze the public and media's attention to human resources service industry and its changing trend, and describe the characteristics of the concerned people.

We also analyzed the attention and support of national and local media for the human resources service industry through big data analysis.

随着人力资源服务业在国家治理、经济社会发展、就业与民生保障中越来越重要的作用,地方政府、公众、行业企业、社会组织、媒体都对人力资源服务业及其发展给予更多的关注。对各省区市对于人力资源服务业多方面的重视度、关注度给予分析,有助于地方政府、行业企业、社会组织、公众等各类主体加深对我国人力资源服务业发展趋势的理解与认识,也有助于各参与主体了解、比较、调节对人力资源服务业的重视度、投入度和关注点,从而助力人力资源服务业高质量发展的实现。本章应用多维度收集的数据,从地方政府、企业与社会组织、公众与媒体三个方面呈现对人力资源服务业的重视与关注状况,为各参与主体提供有益参考。

一、各地政府对人力资源服务业的重视度与关注度

地方政府作为地方治理和人力资源服务业的最重要参与主体,其对人力资源服务业的重视度和关注度同各地的人力资源发展趋势与方向息息相关,因此在本章的开始,我们首先对各地政府的重视度与关注度进行深入分析。地方政府发布的政府工作报告、年度工作计划以及本年度内公布施行的相关法律法规、政策文件能够集中体现该地区政府在年度内的政策关注点与重视度。本节通过各地 2024 年政府工作报告、人力资源服务业相关政策、法规、规划,来分析各地政府对于"人力资源服务业"关注与重视程度。

(一) 各地政府对人力资源服务业的关注度

首先通过对各省区市(港澳台地区除外)的 2024 年政府工作报告进行文本分析,探究省级政府对人力资源服务业的关注度。

党的二十届三中全会强调指出,教育、科技、人才是中国式现代化的基础性、战略性支撑。必须深入实施科教兴国战略、人才强国战略、创新驱动发展战略,统筹推进教育科技人才体制机制一体改革。这对各地政府不断

推动人力资源质量特别是人才质量的提升提出了新的更高的要求。党的二十届三中全会还强调，深化教育综合改革，深化科技体制改革，深化人才发展体制机制改革。人力资源服务业是生产性服务业和现代服务业的重要组成部分，在深化人才发展体制机制改革中发挥着重要作用。各省政府报告从推进产业园发展等多个方面展现了对人力资源服务业的重视与关注。

在2024年各省的政府工作报告中，四川省、山西省和云南省在政府工作报告中明确提出了重视人力资源服务、推动人力资源服务业发展的相关要求，包括新兴服务业引领驱动和人力资源服务业产业园发展的要求。其中山西省和云南省是连续第二年在政府工作报告中明确提出人力资源服务业发展的相关要求，山西省提出分类推进教育、医疗、社保、人力资源等公共服务便利共享；云南省则明确要求实施高技能领军人才培养计划，建强产业工人队伍，推进中国昆明人力资源服务产业园建设。其他省区市虽没有明确在政府工作报告中提及"人力资源服务"，但都有间接体现人力资源服务业在实施人才战略以及高质量发展中的重要性，将人力资源服务业视为生产性服务业和现代服务业的重要组成部分，以推动经济发展、促进就业创业和优化人才配置。

表2-1-1　各地2024年政府工作报告与"人力资源服务"相关内容（节选）

类型	省份	政府工作报告相关内容
加快推进人力资源服务业产业园建设	云南	积极打造高水平区域人才中心。推进优势产业人才聚集行动，推动科技副总、产业导师扩围增效。扩大领军企业自主认定高层次人才试点范围。制定高精尖人才认定标准和岗位目录，大力实施兴滇英才支持计划，统筹推进高层次人才招引行动。实施高技能领军人才培养计划，建强产业工人队伍，推进中国昆明人力资源服务产业园建设
人力资源是产业体系中的重要构成要素	四川	大力发展现代服务业。推动现代物流、现代金融、科技信息等生产性服务业专业化高端化发展，促进商业贸易、文体旅游、医疗康养等生活性服务业品质化升级，强化大数据服务、人力资源服务、生态环保服务、专业服务等新兴服务业引领驱动。促进平台经济健康规范发展，培育新业态新模式
	山西	分类推进教育、医疗、社保、人力资源等公共服务便利共享。推动城市群产业协同发展，促进要素向优质高效领域流动，更好承接科技成果转化和产业转移

续表

类型	省份	政府工作报告相关内容
人力资源服务对于实施人才战略的积极作用	云南	紧扣中国式现代化5个方面的中国特色,切实挖掘好、培育好、发挥好人力资源优势,努力缩小区域、城乡和收入差距
	北京	全力打造高水平人才高地。实施战略科学家特殊引才计划,引进培养更多科技领军人才、卓越青年科学家和杰出青年人才。支持共建产学联动平台,深化工程硕博士培养改革专项试点,大力培养集成电路等重点产业急需紧缺人才和复合型人才。完善人才落户、住房等支持政策,更大力度保障各类科技企业引进优秀高校毕业生。深化人才发展体制机制改革,给予科研人员更多自主权,为各类人才提供各显其能的创新舞台
	重庆	建强战略科技创新人才队伍,深化"渝跃行动"和新重庆引才计划,建好"渝才荟"数字平台,加强科技人才和卓越工程师培育聚集,营造最优人才生态,让城市与人才双向奔赴
	广西	深入实施新时代人才强桂战略,支持企业引育创新人才,支持建立企业技术中心,推进人才链、创新链、产业链深度融合
	上海	聚焦国家重大需求和城市重要使命,加快集聚战略科技人才、海外高层次人才和顶尖人才团队,大力培养青年科技人才、卓越工程师和高技能人才,拓宽高端专业服务人才引进范围,加快建设高水平人才高地
	江苏	全面激发人才创新创造活力。深化科技及人才发展体制机制改革,优化完善科技奖励制度,扩大职务科技成果赋权改革试点,优化"苏科贷""人才贷"等金融产品服务,加强知识产权法治保障,打造海纳百川、近悦远来的一流人才生态。实施高水平创新人才引进培育行动,建好用好产业人才地图,加快培养一批拔尖创新人才,大力培育聚集一批战略科技人才、科技领军人才、高技能人才和创新团队,让更多"千里马"在江苏竞相涌现、各尽其才
	辽宁	打造面向东北亚的国际化人才高地。坚持"引育用留"并举,深入实施"兴辽英才计划",遴选支持一批重点领域急需紧缺人才和产业链人才。创新人才管理、评价、使用和激励机制,落实奖励补贴、住房安居、子女入学、医疗服务等政策,为各类人才创新创业创造更好条件、更优环境
	广东	加快建设粤港澳大湾区高水平人才高地。优化实施省市重大人才工程,引进培育一批战略科技人才、科技领军人才、青年科技人才和高水平创新团队,壮大高水平工程师和高技能人才队伍。加强国际科技合作,深入实施外国人来华工作许可和外国人才签证制度,完善外国专家管理服务机制,用好大湾区个人所得税优惠政策,推进外籍"高精尖缺"人才认定标准试点。加快建立以创新价值、能力、贡献为导向的人才评价体系,赋予科研人员更大技术路线决策权、经费支配权、资源调度权

续表

类型	省份	政府工作报告相关内容
人力资源服务对于实施人才战略的积极作用	湖南	建强高素质人才队伍。加快推动教育、科技、人才一体化布局。积极引育人才,持续实施"芙蓉计划"和"三尖"创新人才工程,培育更多战略科学家、领军人才、创新团队和高技能人才队伍。放手激励人才,落实"两个70%"激励政策,健全以创新价值、能力、贡献为导向的科技人才评价体系,完善以增加知识价值为导向的分配制度。诚心留住人才,积极为科技工作者排忧解难,让广大人才潜心科研、安心创业、顺心发展
	江西	健全终身职业技能培训制度,畅通非公有制经济组织、社会组织、新就业形态技术人才职称申报渠道。全面推广用社保卡发放农民工工资,持续抓好根治欠薪工作,健全工资支付保障机制,维护新就业形态劳动者权益
	吉林	强化人才支撑,坚持教育、科技、人才统筹安排、一体部署,优化人才政策及配套实施细则,打造更多创新创业平台,创造留才引才良好环境。深化"创业奋斗、'就'在吉林"系列招才引智活动
	新疆	用好人才发展基金,强化科研人员激励和保障机制,全方位培养、引进、用好、留住人才。加快培养引进战略科学家和科技领军人才,支持科研人员兼职创新、离岗创业、在职创办企业,鼓励各类科技人才积极投身经济社会发展主战场
	山东	充分发挥战略人才引领作用,优化"2+N"人才集聚雁阵格局,高水平创建济青吸引和集聚人才平台,提升重大创新平台人才效能

(二)各地政府对人力资源服务业的政策保障度

使用"北大法宝V6版"数据库的高级检索针对"地方法规规章"进行检索。以"人力资源服务"进行全文检索,发布时间范围为2023年8月1日到2024年7月31日。检索到各地政策主要包括两类,一类是地方性法规,另一类是地方规范性文件。

1. 地方性法规

检索得到与"人力资源服务"相关的地方性法规有35篇,与2023年度的24篇相比有所增多。从法规的覆盖范围来看,这些法规主要是规范人力资源市场条例及优化营商环境相关的政策。

(1)人力资源市场的规范性法规。例如《西藏自治区人力资源市场条例》规定:"经营性人力资源服务机构应当按照规定向人力资源社会保障行政部门提交经营情况年度报告,并对年度报告内容的真实性负责。人力资源社会保障行政部门可以依法公示或者引导经营性人力资源服务机构依法公示年度报告的有关内容。人力资源社会保障行政部门应当加强与市场监督管理等部门的信息共享。通过信息共享可以获取的信息,不得要求经营性人力资源服务机构重复提供。"《武汉市人力资源市场促进条例》指出:"市、区人民政府应当统筹使用就业、人才发展等资金,支持人力资源服务业发展。鼓励人力资源服务机构通过市场化方式融资。鼓励和引导社会力量参与人力资源市场建设,设立人力资源服务业发展基金,投资人力资源服务前沿领域和创新业态。""市、区人民政府应当支持建设符合需求的人力资源服务产业园,鼓励建立网上人力资源服务产业园,完善基础设施和配套服务,引导资本、技术、人力资源等要素聚集,增强园区集聚产业、扩展服务、孵化企业、培育市场的功能。"2024年度,更多的省区市以人力资源市场条例等地方性法规的形式对本地区人力资源服务业的健康有序发展、各级政府对人力资源服务业提供支持的内容和形式等进行了引导与规范,同上一年度相比,相关条例规定的内容更加具体,针对发展实践中积累的经验和问题进行了回应。

(2)优化营商环境的促进性法规。例如《眉山市优化营商环境条例》要求:"推进人力资源协同发展示范区建设,联通人力资源服务平台,推行人才资质互认共享。"《防城港市优化营商环境规定》提出:"市、县(市、区)人民政府及其有关部门应当建立健全人力资源服务机制,优化就业服务信息系统,精准推送人力资源扶持政策和服务,及时公布人力资源供给与市场需求信息。"《菏泽市优化营商环境条例》提出:"市、县(区)人民政府应当实施更加开放便利的人才引进政策,健全人才供求信息网络,畅通人才流动渠道,鼓励市场主体引进各类高端、紧缺人才。培育促进人力资源行业发展,建设人力资源服务产业园,全面提升人才服务保障水平。"《泰州市优化营商环境条例》要求:"人力资源和社会保障部门应当加强对人力资源市场的管理,规范人力资源服务活动,建立公平公正、规范有序的人力资源市场环境;推进企业用工供需对接信息平台建设,为企业提供用工招聘、政策咨询、劳动关系协商协调等指导服务,提高人力资源配置效率。"《崇左市优化营商环境规定》要求:"鼓励经营性人力资源服务机构发挥作用,为供、需企业提供用工对接服务。"2024年度,更多的省区市在优化营商环境条例中加入了人力资源服务相关的要求和关注,反映出人力资源服务业对打造优秀营商环境重要意义的清醒认识,更凸显了人才资源在地区经济发展、营商环境发展过程中的重要作用。

(3)促进人才集聚和发展的地方性法规。例如《浙江省就业促进条例》规定:"县级以上人民政府应当发挥市场化就业服务作用,培育经营性人力资源服务机构,促进人力资源服务业规范发展。县级以上人民政府及其人力资源社会保障部门可以通过政府购买服务、补贴等方式,支持经营性人力资源服务机构提供公共就业服务。鼓励公共就业服务机构与经营性人力资源服务机构建立合作机制,共享就业岗位信息。"《天津市人才发展促进条例》规定:"市和区人民政府应当完善统一开放、竞争有序的人力资源市场体系,依托人力资源服务产业园和人力资源服务出口基地等,引进和培育人力资源服务机构,培养人力资源服务业人才,促进人力资源服务业高质量发展。""支持用人单位与人力资源服务机构以及行业协会、商会、学会等社会组织合作引才。鼓励人力资源服务机构、社会组织和个人举荐优秀人才。"《内蒙古自治区人才发展促进条例》规定:"旗县级以上人民政府应当加强人才综合服务体系建设,设立人才服务机构,建立'一站式'服务平台,健全人才服务保障体制机制,支持建设人力资源服务产业园,提高人才服务水平,优化人才发展环境。"《吉林省人才发展条例》指出:"各人民团体应当结合自身优势,做好人才沟通、联络、推荐、服务等工作。鼓励和支持各类人力资源服务机构和行业协会商会等相关社会组织,为人才提供个性化和多样化服务。"《深圳经济特区人才工作条例(2023年修订)》规定:"积极引进海内外知名人力资源服务机构,鼓励和支持其在本市设立分支机构。支持本市人力资源服务机构发展,参与全球人才资源配置服务。积极培养人力资源服务业人才,促进人力资源服务业发展。"

(4)促进数字经济、开发区发展的专门性法规对人力资源服务业的关注。例如《河南省开发区高质量发展促进条例》要求:"县级以上人民政府应当支持开发区发展物流仓储、研发设计、工业设计、知识产权服务、人力资源服务、金融服务等生产性服务业,为开发区的生产经营和创新创业活动提供服务。"《怀化国际陆港建设促进条例》要求:"探索各类编制人员使用管理新方式,支持离岸创新人才的引进使用。建设怀化国际陆港人力资源港,实行市场化运行,集聚人力资源服务机构,提供规范化、专业化的服务。"

《石家庄市数字经济促进条例》要求："支持数字经济领域高层次人才申报国家、省、市重点人才工程;支持人才管理和人力资源服务业数字化转型,开展人才数据资源开发利用。"

综合比较,同 2023 年各地发布的人力资源服务业相关法规相比,本年度相关法规的发布呈现的趋势主要有:更多的省份研究制定了关于人力资源市场的相关法规,以规范公共性和营利性的人力资源服务机构和从业人员的行为,进一步保障人力资源服务业的有序健康发展,一些地级市则在省一级法规的基础上制定了更加具有针对性的人力资源市场的相关法规;各地方持续重视人力资源服务业在优化营商环境和促进就业、保障民生方面的重要作用;与 2023 年度相比,促进人才集聚和发展的地方性法规更多涌现,人力资源服务业在其中扮演着重要的角色,人才强国战略进一步得到发展落实。

2. 地方规范性文件

从 2023 年 8 月 1 日到 2024 年 7 月 31 日,检索得到与"人力资源服务"相关地方规范性文件共 237 件(如表 2-1-2 所示),相比 2023 年度 247 件基本持平,略有下降。

表 2-1-2　"人力资源服务"相关地方规范性文件地域分布
(2023 年 8 月 1 日到 2024 年 7 月 31 日)

省份	2022 年排名	2023 年排名	2024 年排名	排名变化	2022 年数量	2023 年数量	2024 年数量	数量变化
广东	3	3	1	2	18	17	32	15
云南	6	18	2	16	13	6	16	10
山东	2	4	3	1	23	14	15	1
广西	10	6	4	2	8	11	15	4
浙江	1	2	5	-3	24	20	13	-7
四川	4	12	6	6	17	9	13	4
江苏	19	1	7	-6	4	22	12	-10
江西	20	17	8	9	4	7	12	5
湖北	16	8	9	-1	5	11	9	-2
河北	14	11	10	1	6	10	9	-1
河南	5	9	11	-2	13	10	8	-2
安徽	9	15	12	3	9	7	8	1

续表

省份	2022年排名	2023年排名	2024年排名	排名变化	2022年数量	2023年数量	2024年数量	数量变化
辽宁	11	7	13	−6	8	11	7	−4
内蒙古	7	5	14	−9	11	11	7	−4
甘肃	8	13	15	−2	11	8	6	−2
上海	17	16	16	0	5	7	6	−1
湖南	23	19	17	2	3	6	6	0
贵州	18	21	18	3	5	5	6	1
黑龙江	22	14	19	−5	4	8	5	−3
重庆	26	23	20	3	2	5	5	0
山西	30	27	21	6	1	4	5	1
北京	12	10	22	−12	8	10	4	−6
陕西	29	20	23	−3	1	6	4	−2
新疆	15	29	24	5	6	1	4	3
福建	13	28	25	3	6	3	3	0
海南	24	30	26	4	3	1	3	2
天津	28	26	27	−1	2	4	2	−2
吉林	27	25	28	−3	2	4	1	−3
青海	21	24	29	−5	4	4	1	−3
宁夏	25	22	30	−8	3	5	0	−5

数据来源：北大法宝、各地政府官方网站，检索时间段：2023年8月1日至2024年7月31日，2022年、2023年数据参考各年度《中国人力资源服务业蓝皮书》。

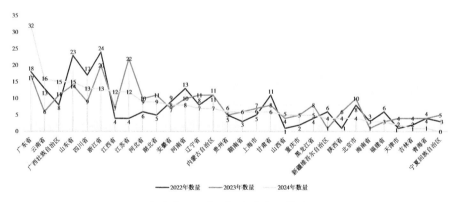

图 2-1-1　"人力资源服务"相关地方规范性文件地域分布

从图表分析可以看出,在 2023 年 8 月到 2024 年 7 月的一年中,广东省、云南省、山东省、广西壮族自治区、浙江省、四川省、江苏省、江西省发布的涉及人力资源服务业相关内容的地方规范性文件数量超过 10 件,显著高于其他省级行政单位;但同上一年度相比,出台文件数量超过 10 件的省份下降至 8 个,但同 2022 年度相比仍有增长,反映出各省对人力资源服务业的持续关注,同时也凸显了 2023 年经济复苏的强劲势头。

从地方规范性文件的增幅数据来看,广东省、云南省、江西省的人力资源服务业相关地方规范性文件较之 2023 年度增长明显,广东省更是增加了 15 件,上一年度增长明显的江苏省本年度发布了 12 件,绝对数量仍然排行靠前,但增速明显变缓,回到一个稳定增长的趋势。从地方相关规范性文件发布数量的排名来看,云南省、江西省、四川省、山西省同 2023 年相比,名次有了大幅提升。综合来看,上述省市在规范性文件中对人力资源服务业的关注度和支持力度增强了。

综合数量和排名的情况,广东省、山东省、浙江省三年来排名始终名列前五名,呈现出强劲态势,反映了三省份作为人力资源使用、输入、输出大省,对于人力资源服务的重视程度。

应该注意到的是,同人力资源服务相关的地方规范性文件的数量及排名只能从一个侧面部分反映各省区市政府的关注度,由于各地的资源禀赋和政策偏好不尽相同,在规范性文件的发布特别是年度趋势上也必然有各自的特点和影响因素。

总体来看,2024 年度各地政府持续对人力资源服务业投入了很高的关注度,主要表现在几个方面:首先,在 2024 年各省区市的政府工作报告中,都不同程度对人力资源服务业给予了重点关注,从多个侧面关注人力资源服务业发挥的作用。同 2023 年的情况相比,云南省在政府工作报告中着重强调了人力资源服务业产业园的建设计划,而不仅仅是在人才工作和就业要求中对人力资源服务业予以关注。各省区市也对人力资源服务业在保障就业、吸引人才等方面的重要作用给予了充分重视,在政府工作报告中进行了规划与展望。其次,从本年度发布的相关地方性法规和规范性文件来看,各地政府对人力资源服务业的规范发展及其在促进人才积聚和发展中发挥的重要价值重点关注。相关的地方性法规、规范性文件在系统性、专业性、集中度上都有明显的提升。

在政府关注度的地区分布上,人力资源使用大省由于自身对于人力资源的巨大需求,对于人力资源服务业的关注度和重视度一直非常突出,本年度从政府层面来看,这一趋势依然在延续。广东省、浙江省、山东省在政策制定与实践探索中仍然走在全国前列,而云南省连续三个年度取得了长足进步;西部地区的四川省、广西壮族自治区,继续发挥区域性的人力资源聚集优势,对人力资源服务业的发展作出了新的规划和部署。从各省区市的关注重点来看,全国范围内继续呈现出政策法规的创新扩散效应,对人力资源服务产业园的指导和关注向更多的省区市扩展;由部分省份(如广东、浙江)率先出台的人力资源市场条例在 2023 年度也有更多的省区市出台跟进,2024 年度西部省市继续推广跟进;2023 年度多由省一级发布的政策与法规,本年度则有更多地市根据自身发展禀赋予以创新和具体化实施。整体而言,各省区市政府对于人力资源服务业的关注度和重视度都再上一个新台阶,在党中央提出的高质量发展要求的大背景下,各地政府更多地基于本地的需求和政策创新的趋势在政策、文件、法规方面对人力资源服务业给予更多的关注。

二、各地人力资源服务业企业与社会组织的重视度与关注度

(一) 各地人力资源服务业相关社会组织的发展概况

本部分通过对在地方民政部登记的地方社会组织进行查询和分析,来反映各地与人力资源服务业相关的社会组织的发展程度,拓展政府组织之外的另一观察各地对于人力资源服务业发展关注度的视角。

截至 2024 年 7 月底各地民政部门登记的社会组织,与"人力资源服务"相关的、登记年限在一年之内的社会组织共有 29 个,同 2023 年度的增长量 27 个相比有所增长,主要是各地注册成立的人力资源服务行业协会和人力资源服务产业园。从存量情况来看,截至 2024 年 7 月底,全国共有与人力资源服务相关的社会组织 553 个。除地市一级的人力资源服务社会组织外,专业性的人力资源服务社会组织和县域的社会组织也处于蓬勃发展

的态势(以上新增和存量数据仅包括运行状态正常的社会组织)。

除了数量增长、层级结构逐步完善之外,在新思想、新理念的影响下,人力资源服务业发展迅速,社会组织在行业研究、行业规范、行业领导等方面也发挥了相当大的作用。例如,2024 年 7 月 6 日,在重庆市人才研究和人力资源服务协会等单位的牵头组织下,第一届人力资源服务交易大会在重庆举行。大会以"激发新动能,助力新发展"为主题,旨在通过搭建人力资源服务供需对接平台,打造立足重庆、辐射西部、影响全国的人力资源服务交易品牌活动。据介绍,开幕式吸引了来自全国部分省市人社厅局、人力资源行业协会、人力资源机构、人力资源产业园等单位的代表以及业内专家学者等 600 余人参加。在开幕式现场,首家人力资源服务交易所正式揭牌亮相。该交易所由重庆市人才研究和人力资源服务行业协会负责运营,旨在为人力资源服务供需双方搭建一个高效、便捷、规范、透明的业务对接交易平台,促进人力资源高效、合理、有序流动,提升人力资源服务交易效率,推动人力资源服务数字化转型。

深圳市人力资源服务协会则围绕促进行业发展开展了一系列的活动。2024 年 7 月 19 日,深圳市人力资源服务业项目路演推介活动暨协会联盟成立仪式盛大举行。深圳市人力资源服务业协会联盟以打造市区行业组织交流联动、资源共享、协同发展的人力资源发展"联合体"及高水平交流合作平台为宗旨,将领导成员单位围绕建立市区协会会员互认机制、加强行业自律和标准化建设、培育宣传行业品牌、强化从业人员培训等重点任务开展工作,全面提升深圳市人力资源服务业自律服务水平。

2024 年度,各地人力资源服务社会组织还积极推进行业标准的制定和推广。2024 年 7 月 31 日,沈阳人力资源产业联盟创新发展系列活动暨沈阳市人力资源服务地方标准实施启动仪式在沈阳举行。此举标志着东北地区首部人力资源服务地方标准正式在沈阳颁布实施。沈阳地方标准在全国首创了以"服务项目促就业"的发展方向,体现了人力资源服务业稳就业促发展保民生的基本作用。同时,标准深入落实人才强国战略,充分发挥人力资源优化人才配置在促进城市经济发展中的关键作用。沈阳市人力资源服务地方标准由 11 个标准文件共同组成,涵盖公共人力资源服务和经营性人力资源服务的全服务业态。《人力资源服务规范》共分为 10 个部分,形成了扎实完整的标准体系，旨在引导人力资源服务机构建立规范的规章制度、服务项目内容、工作流程以及评价与改进措施。《人力资源服务机构等级划分与评定》提出了一整套完善的评价指标体系，以精细化的数量关系为核心，以量化打分为手段，综合评价人力资源服务机构的服务水平。

（二）各地人力资源服务业企业的发展概况

本部分通过"天眼查"进行查询，通过登记企业的数量等信息综合分析人力资源服务相关的企业的发展程度，拓展地方政府和社会组织之外的另一观察各地对于人力资源服务业发展关注度的视角。

我们通过天眼查，以"人力资源服务"为关键词，对业务范围为人力资源服务且注册时间为 2023 年 8 月 1 日到 2024 年 7 月 31 日之间的企业进行了查找筛选，共查找到人力资源服务企业 47987 家，其中注册资本在 1000 万人民币以上的企业 899 家，实缴资本在 1000 万人民币以上的企业 78 家；企业名称直接同人力资源服务业有关的 8061 家，注册资本在 1000 万人民币以上的 76 家。

而关注 2022 年 8 月 1 日到 2023 年 7 月 31 日即上一年度的情况，注册且仍存续企业 56151 家，其中注册资本在 1000 万人民币以上的企业 2445 家，企业名称直接同人力资源服务业有关的 10069 家，注册资本在 1000 万人民币以上的 295 家。

经过比较可以发现，人力资源服务业企业新建发展速度同上一年度相比有所放缓，但整体来说人力资源服务业企业仍然蓬勃发展，也仍然是现代服务业发展的重要领域。本年度，行业龙头企业也对人力资源服务业的发展投注了精力，付出了行动。

2024 年 1 月 12 日，上海市首届人力资源服务洽谈大会在世博展览馆举行。此次大会由人社部人力资源流动管理司、上海市委人才办指导，上海市人力资源社会保障局主办。大会以"汇聚英才·激发动能"为主题，由"论、展、演、聘"四大板块的活动组成，旨在为人力资源服务领域搭建交流展示、供需对接平台，促进更高质量充分就业。作为行业领军企业，上海外服应邀担任论坛的承办单位之一，全力支持大会筹办，并积极参与大会各项重要活动，包括共同承办长三角人力资源服务一体化高质量发展论坛、作为行业优秀代表参展、参与大会开幕式多个重要环节以及参加重点企业现场宣讲路演等。

（三）各地人力资源服务业企业与社会组织的微博官方账号情况与发布分析

根据微博发布的 2023 年第四季度及全年财报显示,微博的用户规模在 2023 年有所增长,12 月的月活跃用户数达到了 5.98 亿,同比净增约 1100 万,其中移动端用户占比达到了 95%,日均活跃用户数为 2.57 亿,同比净增约 500 万。微博持续成为公众了解新鲜事物、参与社交活动的重要平台。各地人力资源服务企业、社会组织与个人也关注到微博的传播效应和积极影响,我们可以通过相关数据了解企业与社会组织的关注度与参与度。

通过新浪微博的用户高级搜索界面,搜索到的"人力资源服务"相关用户数量为 8771 个,比去年同期减少了 11 个,降幅为 0.1%。其中机构认证用户数量 2310 个,个人认证用户数量 261 个。通过对微博用户的标签信息进行检索,搜索到了 173 个机构认证用户,同比减少 3 个,与上年基本持平;6 个微博个人认证用户。

表 2-1-3　"人力资源服务"相关微博用户地区分布

地区	2022 年数量	2022 年排名	2023 年数量	2023 年排名	2024 年数量	2024 年排名
北京	312	1	317	1	325	1
广东	242	2	279	2	279	2
上海	196	3	199	3	201	3
江苏	131	4	129	4	134	4
山东	115	6	125	5	124	5
河南	125	5	121	6	119	6
河北	83	9	105	7	104	7
浙江	103	7	85	9	104	8
四川	73	10	80	10	91	9
湖北	86	8	86	8	84	10
辽宁	59	12	64	11	67	11
福建	61	11	56	12	58	12

续表

地区	2022年数量	2022年排名	2023年数量	2023年排名	2024年数量	2024年排名
陕西	54	13	55	13	55	13
重庆	42	15	52	14	55	14
天津	44	14	49	15	52	15
安徽	35	16	45	16	48	16
湖南	34	17	40	17	41	17
广西	31	18	32	18	34	18
甘肃	26	19	32	19	29	19
山西	12	25	21	21	28	20
贵州	14	23	23	20	23	21
海外	20	20	20	22	19	22
云南	15	22	15	23	15	23
江西	0	28	15	24	14	24
吉林	18	21	11	25	11	25
黑龙江	12	24	11	25	11	26
新疆	0	28	11	25	10	27
内蒙古	0	28	8	28	9	28
海南	0	28	7	30	9	29
香港	6	27	7	29	6	30
宁夏	0	28	5	31	5	31
青海	12	26	2	32	2	32
西藏	0	28	0	33	0	33

注：新浪微博的系统当中将无法确定地区位置的账户判断为"其他"，这部分用户因为同地域分布的关系不大，因此本年度不再单独将其列出。

从表2-1-3中可以看到，"人力资源服务"相关微博账户的地域分布同2023年度基本一致，各省区市的排名也基本保持一致，前十名的省份中仅湖北省的排名有所下滑，但仍排名前十。大多数省区市的相关微博账户数量都有一定的增加。北京、广东、上海仍稳居相关微博账户数量的前三名，其相关的机构账户数量以130个、102个、106个高于其他地区，反映出这些地区人力资源服务企业、机构、从业人员的繁荣发展态势。从用户数量来看,北京、广东、上海属于第一梯队;江苏、山东、河南、河北、浙江区域内的相关账户数量在 100 个以上,相对较高,属于第二梯队;而账户数量在 50 个到 100 个之间的四川、湖北、辽宁、福建、陕西、重庆等省市属于第三梯队。相对而言,西北、西南、东北部分省份的相关账户数量较少,排名较为靠后。值得关注的是,归属江西、新疆、内蒙古、海南、宁夏等省份的"人力资源服务"微博相关账户在 2022 年度的统计中为 0(可能存在被微博平台未分类的情况),而在 2023 年的统计中,5 个省份均有突破,2024 年度仍然平稳发展,稳中有升,从一个侧面显示出这 5 个省份在人力资源服务业方面的发展。整体而言,从微博相关账号的地域分布来看,仍然呈现出全国性的经济中心、经济发达地区、人力资源流入流出大省的数量较多,机构账号数量也明显较多的趋势,意味着地区机构与企业的关注程度较高。

三、人力资源服务业的公众关注度与媒体关注度

(一)人力资源服务业的公众关注度

1. 百度指数

百度指数是以百度海量网民行为数据为基础的数据分享平台。通过检索特定关键词,可以呈现关键词搜索趋势、洞察网民兴趣和需求、监测舆情动向、定位受众特征。

"人力资源"是输入百度指数的关键词,将时间段限定为 2023 年 8 月 1 日至 2024 年 7 月 31 日,得到的搜索指数①如图 2-1-2 所示。

本年度百度指数呈现一个不断波动的状态,从趋势上来看,整体呈现一个随着热点话题出现搜索高峰的情况;在 2023 年国庆长假前后、2024 年农历新年前后属于用工和就业的相对低潮期,搜索指数也出现了明显的下降;春节后随着返工潮和就业需求的上涨,整体的搜索也较春节前有显著的增长。

图 2-1-3 所呈现的是近一年(2023 年 8 月 1 日至 2024 年 7 月 31 日)

---

① 搜索指数是以网民在百度的搜索量为数据基础,以关键词为统计对象,科学分析并计算出各个关键词在百度网页搜索中搜索频次的加权和。

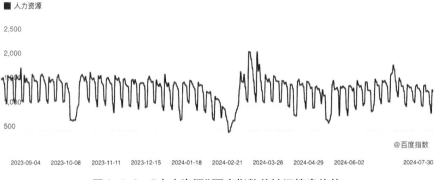

图 2-1-2　"人力资源"百度指数关键词搜索趋势

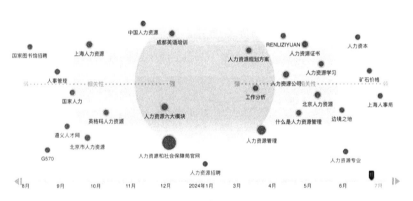

图 2-1-3　"人力资源"百度指数需求分布图

与"人力资源"相关的检索关键词,该图是针对特定关键词的相关检索词进行聚类分析而得的词云分布。从中可以看出,公众对于人力资源的检索关注点在于"人力资源管理""人力资源和社会保障局官网""人力资源招聘"等领域,对于"人力资源服务业"的关注虽未有明确的体现,但其中相当多的关键词都与人力资源服务业潜在的作用和在经济社会高质量发展过程中扮演的重要角色有密切关系。

对关注"人力资源"的人群展开分析,各地区人们对于"人力资源"这一关键词的搜索指数,总体上东部沿海地区的关注度明显高于其他地区,华北、华南次之;人才流入流出大省四川、河南、山东在各自区域都比较突出,而中西部地区的社会公众搜索指数相对较低;地域分布情况与 2023 年相比,东北的辽宁和西南的四川都比较突出。

从城市来看,北京、上海、广州、深圳等特大城市仍是社会公众关注度相对高的地区。本年度北京的搜索指数高居全国第一位;西部地区的重庆和成都搜索指数较高,在西部地区表现颇为亮眼。高搜索指数城市整体上呈现东西南北各成中心的趋势。从检索关注的人群地域分布可以发现,经济发达地区对于人力资源服务业的关注度相对较高,长三角、珠三角、京津冀地区的搜索指数非常亮眼。北京市这一年中人力资源服务业持续发展,体现在搜索指数上则是排名稳中有升,侧面反映出这些地区人力资源服务业发展具有相对良好的社会环境基础和广泛的社会关注度。

2. 微信指数

微信指数①是腾讯开发的整合了微信上的搜索和浏览行为数据,基于对海量云数据的分析,形成的当日、7 日内、30 日内以及一年内的"关键词"的动态指数变化情况,即用具体的数值来表现关键词的流行程度。相较于长时间段的百度指数和微博指数,微信指数提供的数据异动查看功能能够更加精确地反映某个词语在短时间段内的热度趋势和最新指数动态,能够预测该关键词成为热词的潜力。并且考虑到微信作为"国民APP"在覆盖度和使用率上的优势,以及微信搜索和浏览对传统搜索引擎的冲击,微信指数从实际应用的层面反映了公众对人力资源服务业的关注度。

以"人力资源服务业"作为检索关键词,我们得到了近一年(2023 年 8 月 10 日至 2024 年 8 月 8 日)"人力资源服务业"微信指数变化趋势图。

与 2023 年同时段微信指数相比,微信用户对于人力资源服务业的浏览量、搜索量和关注度是有提升的。

使用数据异动查看功能对几个微信指数大幅提升的时间节点进行查看,我们发现指数显著较高的时间主要有几个,例如,2023 年 11 月 22 日,指数出现了非常显著的增长,经过对新闻资讯的检索,当日,第二届人力资源服务业发展大会在深圳召开,中共中央政治局常委、国务院总理李强对做

---

① 微信指数计算采用数据:总阅读数 R、总点赞数 Z、发布文章数 N、该账户当前最高阅读数 Rmax、该账户最高点赞数 Zmax。采用指标:总阅读数 R、平均阅读数 R/N,最高阅读数 Rmax,总点赞数 Z,最高点赞数 Zmax,点赞率 Z/R。

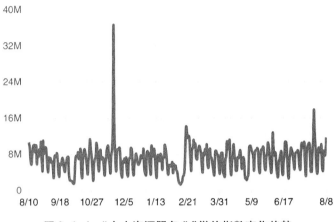

图 2-1-4　"人力资源服务业"微信指数变化趋势

好人力资源服务业发展工作作出重要批示。批示指出:人力资源服务业直接服务亿万劳动者和广大用人单位,对促进市场化社会化就业、助力构建现代化产业体系具有重要意义。举办全国人力资源服务业发展大会,打造高水平展示交流、供需对接的平台,有利于优化人力资源流动配置,更好推动高质量充分就业。由此可见,公众的关注度同行业事件特别是党中央、国务院对行业发展的重视与关注有着密切关系,随着人力资源服务业对于稳增长促就业的行业效益进一步体现,公众的关注度和重视程度会不断提高。

3. 360 指数

360 指数平台是以 360 网站搜索海量网民行为数据为基础的数据分析统计平台,在这里可以查看全网热门事件、品牌、人物等查询词的搜索热度变化趋势,掌握网民需求变化。"人力资源"是在 2023 年 8 月 1 日至 2024 年 7 月 31 日中浏览较多的关键词,可以通过分析其 360 指数的变化趋势来分析社会公众对于人力资源领域的关注度。

同 2023 年度的变化趋势比较,我们发现本年度中 360 指数的变化更加频繁,"热搜"出现的次数增多,热点程度也明显超越上一年度。从变化趋势来看,节假日的低趋势同百度指数、微信指数是高度吻合的,因此对于我们的整体分析而言,可以认为公众对于人力资源和人力资源服务业的作用和影响都更加重视。

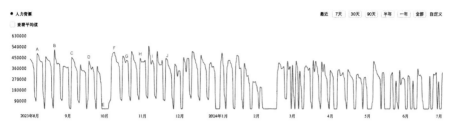

图 2-1-5　"人力资源"360 指数变化趋势

　　与百度指数反映出的结论类似,广东、北京、河南、河北、山东等地区对于人力资源服务业的热议度最高。与 2023 年度相比,中部省区市对人力资源的关注度有显著提升,西部地区如贵州的关注度也有显著提升,区域间的关注度差距正在不断缩小。

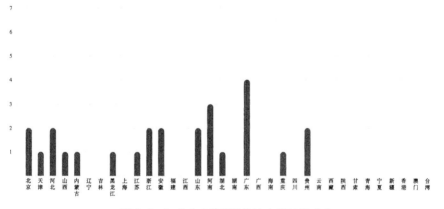

图 2-1-6　"人力资源"关注人群地区分布

（二）人力资源服务业的媒体关注度

　　在公众关注度之外,媒体对于人力资源服务业的关注度也一定程度上反映了人力资源服务业受到关注的程度和这一年度人力资源服务业行业事件和整体的发展状况。本书延续以往的研究思路,选取在全国范围内有知名度的主流媒体(主要是纸媒及其在线平台)以及各省区市的代表性纸媒,对其报道中同人力资源服务业有关的报道数量进行检索,并对相关数据进行分析和比较。

1. 全国性主流媒体的关注度

通过搜索引擎及各平台自己的内部搜索，在光明网、人民网、环球时报、中国青年报、新京报官方网站查找"人力资源服务业"相关新闻，得到下列数据（见表2-1-4）。

表 2-1-4　2018—2024 年全国性主流媒体"人力
资源服务业"相关新闻报道数量

	光明网	人民网	环球时报	中国青年报	新京报	总量
2024 年相关报道篇目	176	1344	47	22	12	1601
2023 年相关报道篇目	184	484	55	4	8	735
2022 年相关报道篇目	104	331	39	2	10	486
2021 年相关报道篇目	176	381	44	5	12	618
2020 年相关报道篇目	128	324	35	13	2	502
2019 年相关报道篇目	154	373	57	8	3	595
2018 年相关报道篇目	96	257	40	16	1	410

数据来源：各媒体官网，检索时间段：2023 年 8 月 1 日至 2024 年 7 月 31 日，2018 年、2019 年、2020 年、2021 年、2022 年、2023 年数据参考各年度《中国人力资源服务业蓝皮书》。

从我们检索的结果来看，全国性主流媒体对于人力资源服务业的新闻报道的数量相较往年大幅上升，人民网的相关报道数量更是比以往年度有比较明显的提升。从报道内容来看，主要同高质量发展背景下发展新质生产力的人才需求和人力资源服务需求，以及政府、企业、行业协会等主体的积极行动密切相关。此外，2023 年中国人力资源服务业发展战略高端论坛暨《中国人力资源服务业蓝皮书 2023》发布会也受到了主流媒体的关注和报道。

2. 地方媒体的关注与报道

本部分通过对各省区市（港澳台地区除外）代表性纸媒对"人力资源服务业"的相关报道数量进行统计分析。

表 2-1-5　2019—2024 年各地报纸媒体"人力
资源服务业"相关报道数量

	2024 年相关报道篇目	2023 年相关报道篇目	2022 年相关报道篇目	2021 年相关报道篇目	2020 年相关报道篇目	2019 年相关报道篇目
北京日报	37	11	6	22	21	1
天津日报	18	9	7	8	12	1
上海新民晚报	*	*	*	5	8	7
重庆日报	20	23	22	31	6	11
河北日报	17	25	15	9	11	8
河南日报	13	16	2	9	7	14
云南日报	25	13	8	5	2	3
辽宁日报	11	9	3	11	8	4
黑龙江日报	14	7	4	4	3	2
湖南日报	8	6	3	13	11	8
安徽日报	18	*	*	5	7	9
山东齐鲁晚报	*	*	*	5	6	*
新疆日报	14	9	7	*	1	5
江苏扬子晚报	*	*	*	1	*	*
浙江日报	14	10	1	6	2	5
海南日报	19	10	2	2	1	2
江西日报	12	9	7	2	2	3
湖北日报	*	*	3	2	5	1
广西日报	16	14	8	6	3	8
甘肃日报	7	8	1	7	2	3
山西日报	26	15	2	2	3	4
呼和浩特日报	10	9	5	4	*	1
陕西日报	13	8	6	3	13	4
吉林日报	16	12	11	7	4	6
福建日报	9	5	4	8	5	1
贵州日报	14	10	14	12	13	10
广东日报	*	*	*	3	1	*
青海日报	11	10	5	1	2	4
中国西藏新闻网	*	1	*	*	*	*

续表

	2024 年 相关报道 篇目	2023 年 相关报道 篇目	2022 年 相关报道 篇目	2021 年 相关报道 篇目	2020 年 相关报道 篇目	2019 年 相关报道 篇目
四川日报	25	8	13	2	8	2
宁夏日报	8	5	5	1	1	*
总计	395	262	164	92	168	127

数据来源:中国知网—报纸系统,全文检索"人力资源服务业",检索时间段:2023 年 8 月 1 日至 2024 年 7 月 31 日。2019 年、2020 年、2021 年、2022 年、2023 年数据参考各年度《中国人力资源服务业蓝皮书》。

　　从统计数据可以看出,无论是总量还是各省区市纸媒报道的数量,同2023 年度相比都有非常显著的上升,更是六个年度以来报道总量最多的一年。北京、重庆、河南、河北等人口资源、人力资源大省在纸媒报道数量上仍然居于前列,云南、黑龙江、安徽等地方纸媒的相关报道数量有非常显著的提升。这一方面反映了六年来人力资源服务业的快速发展以及社会各界给予的关注,另一方面反映了人力资源服务业在推动高质量发展进程中的重要作用正越来越多地显现出来。同微信、微博等民众自发关注的观察视角相比,更具有主流媒体性质的地方纸媒关注和引导着同就业、民生、人才、服务等相关的人力资源服务主体和行业的动向和事件。总体而言,主流媒体的关注反映出的不仅仅是人力资源服务业作为现代服务业重要组成在认知度方面的提升,也反映出行业在质量、数量与规模方面的发展,更标志着人力资源服务业作为现代服务业的重要组成,其服务于经济、社会、民生、就业的重要价值和其作为高质量发展内生动力和重要创新助推器的作用越来越深入人心,受到广泛的关注。

　　从地区间的比较来看,地方媒体对于人力资源服务业的报道的差异,整体而言并不像我们在本章中所关注的其他维度的区域间比较那样反映出同经济发展水平、人口资源和人力资源禀赋高度相关的差异性特征。例如从表 2-1-5 中可以发现,同为经济较发达省市,北京和浙江的地方媒体对人力资源服务业的关注度较高,但上海、广东等地方的主流纸媒对行业的关注度则没有非常突出。全国范围内纸媒关注度的相对平均反映出高质量发展背景下,以地方纸媒为代表的主流媒体、主流声音对人力资源服务业在盘活区域人才资源、吸引外来人才、服务人才方面发挥的卓越作用的关注,各地在人才强省、以人才促进高质量发展的愿望和行动是高度一致的。

本章主要分析人力资源服务业受到的重视与关注度,从地方政府、社会组织、行业企业、公众、媒体等不同视角出发,对各省区市的关注度以及相关举措进行比较全面的分析。方法上,主要应用了大数据方法和文本分析方法,使用主流平台作为数据源,通过大量的资料收集和整理,为读者呈现出多视角多维度的各省区市行业关注度的真实情况。所使用的材料、数据包括但不限于各省政府工作报告、地方性法规、注册的社会组织与行业企业信息、权威的互联网统计指数、社交媒体和纸质媒体的相关资料。

同2023年度相比较,本年度各省区市对于人力资源服务业的关注度和重视度稳中有升。2023年度,各省区市围绕人力资源服务产业园的建设、人力资源服务业的发展,在政府工作报告中进行了强调,作出了指导。本年度,各省区市在政府工作报告中更加突出人力资源服务业在实现人才强国战略中的重要价值,在总结经验的基础上对人力资源服务业的作用与价值有了更加清醒的认识。云南对本省人力资源产业园的发展提出了要求与规划,山西则明确指出人力资源服务业在现代服务业中的重要地位与作用,其他省区市也对人力资源服务业发展方向以及在高质量发展进程中人才的培养、使用、保护作用开展规划与指导。另外,各省区市都根据自身情况出台相关地方性法规等政策文件,从不同方面规范当地人力资源服务业的发展。整体来看,中东部特别是沿海地区、发达省市的关注度、政策创新度等依然引领全国,而其他人力资源大省如川渝等地仍然是中西部地区的一抹亮色。相关政策和制度依然延续2022年度以来的创新传播态势。

在本章的统计区间内,我国的人力资源服务业社会组织和行业企业相比上一年度呈现非常强劲的发展势头,从数量和规模上都超过前几个年度的增量状况。进入高质量发展的关键年,发展新质生产力的要求离不开人才资源强有力的支撑,社会组织和行业企业的蓬勃发展充分展现了我国人力资源服务业发展的良好局面,也反映出经济社会发展中地方、用人单位、人才之间的密切关系。从区域比较的角度来看,行业关注度的分布依然和经济发展水平以及政府关注程度有很强的关联性。

公众和媒体对于人力资源服务业的重视度和关注度分别是通过对权威

搜索指数和主流媒体(主要是地方纸媒)的大数据分析进行的。从搜索指数来看,2023年以来,公众和媒体对就业、民生的关注度迅速提高,对人力资源服务业的了解和认识也不断提高,这同公众和媒体对人力资源服务业关注度的提高有很强的同步性。与此同时,公众关注度同区域经济发展以及人力资源的流入流出有着密切关系,同国家、地方政府的关注以及行业重大事件有很高的同步性。经济发展优势突出的省区市的人力资源服务业关注度非常高。主流纸媒的关注度区域差异则比较小,全国范围内人力资源服务业的发展、现代服务业概念的深入人心是这一现象背后的主导因素。

第二章　人力资源服务业发展环境
指数与各省区市水平排名

【内容提要】

中国人力资源服务业发展环境指数研究对指导中国人力资源服务业的健康发展具有十分重要的意义。本年度课题组在充分吸收借鉴往年指数体系以及最新研究及实践成果的基础上,基于科学性与系统性、客观性与引领性、全面性与简约性、可比性与可操作性等原则对指数体系进行了修订,形成了包括政治环境、经济环境、生活环境三大维度共计11个指标在内的指数评价体系。与上一年度指标体系相比,本年度新增或更新了5项指标。在收集2023—2024年度全国31个省区市相关数据的基础上,对各省区市人力资源服务业发展环境指数进行了排名,并从整体情况、具体维度和趋势变化三个方面对指数进行了分析。排名与分析结果显示,各省区市人力资源服务业的发展环境存在一定的差异性,其中广东、北京、上海、江苏、浙江、山东等地处于领先水平,海南、贵州、安徽、福建、云南、内蒙古、重庆等地呈现出蓬勃发展的向好态势,不同省区市各维度对于整体人力资源服务业指数的拉动效应有所差异。最后,基于指数分析结果提出改进建议,包括重视顶层设计,优化产业政策;推动经济转型,变革动力机制;强化社会兜底,完善保障体系;加强区域合作,发挥联动优势;扩大对外开放,加强国际合作。

Chapter 2　The Development Environment Index of Human Resource Service Industry and the Ranking of Each Province, District and City Level

【Abstract】

The research on the development environment index of China's human resource service industry is of great significance to guide the healthy development of China's human resource service industry. This year, on the basis of fully absorbing and learning from previous index systems as well as the latest research and practical results, the research group revised the index system based on the principles of scientificity and systematization, objectivity and leadership, comprehensiveness and simplicity, comparability and operability, and formed an index evaluation system that includes 11 indicators including political dimension, economic dimension and living dimension. Compared with the previous year's indicator system, 5 indicators were added or updated this year. On the basis of collecting the relevant data of 31 provinces, districts and cities in 2023-2024, the development environment index of human resource service industry in each province is ranked, and the index is analyzed from three aspects: the overall situation, specific dimension and trend change. The ranking and analysis results show that there are some differences in the development environment of human resource service industry among provinces, districts and cities, among which Guangdong, Beijing, Shanghai, Jiangsu, Zhejiang and Shandong are in the leading position, while Hainan, Guizhou, Anhui, Fujian, Yunnan, Neimenggu and Chongqing show a good trend of vigorous development. Different provinces, districts and cities have different pulling effects on the overall human resource service industry index. Finally, based on the results of index analysis, the author puts forward some suggestions for improvement, including attaching importance to top-level design in politics and optimizing industrial policy; promoting economic transformation and changing the dynamic mechanism; strengthening the social protection and improving the security system; strengthening regional cooperation and giving full play to the advantages of linkage; opening wider to the outside world and strengthening international cooperation.

人力资源服务业属于服务业,是产业经济中的一个门类,在完善市场生产经营管理、优化社会人力资源配置、提升政府经济发展效能等方面发挥着至关重要的作用。人力资源服务业发展环境则是人力资源服务业培育、成长、勃发的土壤,环境好,则产业兴,人才聚;环境劣,则产业衰,人才散。党和国家始终坚持优化人力资源服务业发展环境,并将其作为推动人力资源服务业产业升级和发展创新的重要抓手。面对宏观经济环境的不确定性以及企业用工需求的疲软,近年来我国各省区市的人力资源服务业的发展环境发生了深刻变化,面临着巨大挑战。但与此同时,服务配置不断提升、国家政策支持态度持续明确、公共服务体系不断健全等因素也给人力资源服务业健康有序发展带来了新的机遇。在充分归纳概括人力资源服务业现实经验的基础上,建构一套专门化的评价指标体系,对于客观人力资源服务业发展环境现状,科学指导人力资源服务实践活动,引领人力资源服务业健康发展,具有重要的现实意义。

一、人力资源服务业发展环境指数修订与说明

(一) 人力资源服务业发展环境指数的概念及研究现状

目前人力资源服务业概念存在基于产业观、行业观、组织观以及业务观等的不同解释[①],但其健康有序发展都离不开发展环境的支撑和促进作用。人力资源服务业发展环境指数,是指依据特定的人力资源发展环境指标使用指数评价法评价体系所计算出的综合数量结果。在学术研究中,叶红春

---

① 萧鸣政:《中国人力资源服务业及其新时代价值与发展》,《企业经济》2020年第7期。

和邓琪（2015）①、田永坡（2016）②、王凌（2016）③、陈超（2021）④、王建兰（2021）⑤等多位学者围绕人力资源服务业发展环境的影响因素和评价方法进行了探讨,陆晓敏（2011）⑥、莫荣和陈玉萍（2013）⑦、董小华（2013）⑧、侯增艳（2014）⑨、董良坤（2014）⑩、郭璐（2017）⑪、王林雪和熊静（2016）⑫等学者设计提出了具体的人力资源服务业发展环境评价指标。其中最具代表性和影响力的是北京大学萧鸣政教授领衔的《中国人力资源服务业蓝皮书》团队的研究成果。该团队深耕中国人力资源服务业发展环境的影响因素研究,探讨影响其发展的内在机理和关键因素,于 2019 年首次开发了中国人力资源服务业发展环境指数评价体系并一直延续至今,主要观点见表 2-2-1。

---

① 叶红春、邓琪：《湖北省人力资源服务业服务效率的影响因素研究》,《湖北大学学报（哲学社会科学版）》2015 年第 4 期。

② 田永坡：《人力资源服务业发展环境评估及其取向》,《重庆社会科学》2016 年第 9 期。

③ 王凌：《人力资源服务产业集聚建设的影响因素及其突破》,《江西社会科学》2016 年第 7 期。

④ 陈超：《基于 SWOT 分析人力资源服务业发展——以湖北荆门为例》,《中国人力资源社会保障》2021 年第 12 期。

⑤ 王建兰：《基于人力资源服务视角的无锡人才发展服务环境建设》,《江南论坛》2021 年第 9 期。

⑥ 陆晓敏：《提高人力资源服务性企业的核心竞争力》,《东方企业文化》2011 年第 22 期。

⑦ 莫荣、陈玉萍：《国外人力资源服务业的发展》,《第一资源》2013 年第 4 期。

⑧ 董小华：《人力资源服务业发展问题初探》,《中国人力资源开发》2013 年第 5 期。

⑨ 侯增艳：《我国人力资源服务产业园区发展状况及对策研究》,《经济研究参考》2014 年第 56 期。

⑩ 董良坤：《构建上海人力资源服务产业发展的制度环境研究——以中国上海人力资源服务产业园区为例》,《第一资源》2014 年第 2 期。

⑪ 郭璐：《地方政府促进人力资源服务业集聚的行为研究》,硕士学位论文,西安电子科技大学,2017 年。

⑫ 王林雪、熊静：《人力资源服务业空间集聚组织模式研究》,《科技进步与对策》2016 年第 14 期。

表 2-2-1　《中国人力资源服务业蓝皮书》人力资源
服务业发展环境指数体系总结

年份	框架背景	维度	指标
萧鸣政等（2019）①	无	未分类	人均国内生产总值等 10 项指标
萧鸣政等（2020）②	PEST 分析	政治、经济、社会、技术、空间	政府关注度等 21 项指标
萧鸣政等（2021）③	国内国际双循环	"人""源""资""技""外"	教育经费等 16 项指标
萧鸣政等（2022）④	复合型指数评价	就业、社保、土地、收入、消费、财政、生产、技术、研发、市场、贸易	城镇就业等 13 项指标
萧鸣政等（2023）⑤	复合型指数评价	政治、经济、社会、人才、技术	规范性文件数量等 14 项指标

（二）本年度人力资源服务业发展环境指数修订原则

本年度人力资源服务业发展环境指数修订主要基于以下四方面的原则。

一是科学性与系统性相结合。指标体系的权威性取决于指标选取和指标体系设计是否科学合理。在评价指标体系中，既要强调单个指标内涵的准确性，也要注重指标体系的系统性和合理性。这就决定了评价指标体系要尽量避免使用单一指标的简单结构，而应将概念相近的指标归入为更高阶的维度。本年度课题组在参考相关研究以及实践调查的基础上，提出了政治环境、经济环境、生活环境三大维度，以便开展进一步的比较和分析。

---

① 萧鸣政等编著：《中国人力资源服务业蓝皮书 2019》，人民出版社 2020 年版，第190—210 页。

② 萧鸣政等著：《中国人力资源服务业蓝皮书 2020》，人民出版社 2021 年版，第158—183 页。

③ 萧鸣政等著：《中国人力资源服务业蓝皮书 2021》，人民出版社 2022 年版，第115—139 页。

④ 萧鸣政等著：《中国人力资源服务业蓝皮书 2022》，人民出版社 2023 年版，第105—125 页。

⑤ 萧鸣政等著：《中国人力资源服务业蓝皮书：中国人力资源服务业发展研究报告（2023）》，人民出版社 2024 年版，第115—138 页。

二是客观性与引领性相结合。人力资源服务业发展环境评价指标体系的提出,其核心目标是客观反映不同地区人力资源服务业发展环境的现状,为政府制定相关产业发展政策提供全面清晰的情况。因此在修订指标时,要尽可能使用官方正式发布的权威数据或客观统计数据,剔除实效性不强、与人力资源服务业发展环境关联不大的指标,以期客观反映当前各省区市人力资源服务业发展的环境因素情况,引导地方政府着力改善行业发展环境。

三是全面性与简约性相结合。评价指标体系应尽可能涵盖人力资源服务业发展环境的各个方面,既要反映行业发展的现状和规律,也要体现行业未来发展的方向和趋势。本年度课题组在上一年度指标体系的基础上新增或更新了部分指标,同时在众多相似指标中反复对比择优,在不过多增加调查成本的前提下设计出最能反映人力资源服务业发展环境情况的指标体系。

四是可比性与可操作性相结合。人力资源服务业发展环境评价指标体系必须考虑评价结果在不同地区之间的横向可比性和动态可比性,尽量避免人力资源服务业发展环境以外因素的不一致对评价结果造成的影响。此外,指标体系还要充分考虑数据的可获得性和操作性,因此课题组在本年度的评价指标体系中对资料获取难度大或缺失较多的指标进行了调整和优化。

(三) 修订后的人力资源服务业发展环境指数体系及结构

本年度课题组邀请了多位人力资源服务业领导干部、专家学者、从业人员对原有指数体系进行修订,形成了包括政治环境、经济环境和生活环境共计 11 个指标在内的指数评价体系,具体见表 2-2-2。

表 2-2-2　中国人力资源服务业发展环境指数体系(2024 年修订版)

维度	指标	含义	来源
政治环境	规范性文件数量	"人力资源服务"相关地方规范性文件数量(篇)	北大法宝、各地政府官方网站
	公共服务质量指数	用于反映政府提供的公共服务所能满足民众期望与需求程度的指数(满分为100)	各地政府官方网站

续表

维度	指标	含义	来源
政治环境	政府网站服务能力指数	用于反映政府网站在信息服务、事务服务、参与服务、服务传递、服务创新等方面能力的指数(满分为100)	中社智库
经济环境	第三产业增加值	按市场价格计算所有常住单位在一定时期内从事第三产业生产活动的最终成果(亿元)	国民经济和社会发展统计公报
	居民消费价格指数	一定时期内城乡居民所购买的生活消费品、服务项目价格变动趋势和程度的相对数(上年为100)	国家统计局
	外商投资企业进出口总额	外商投资企业在我国的进口与出口金额之和(亿美元)	国家统计局
	专利授权量	由专利行政部门授予专利权(发明、实用新型和外观设计)的件数(万件)	国民经济和社会发展统计公报
生活环境	城镇就业人数	在各级国家机关、政党机关、社会团体及企业、事业单位中工作,取得工资或其他形式的劳动报酬的全部人员数量(万人)	国家统计局
	城镇化水平	城镇人口占总人口的比重(%)	国家统计局
	失业保险参保比例	参加了失业保险的城镇企业、事业单位的职工及地方政府规定参加失业保险的其他人员占总人数的比例(%)	国民经济和社会发展统计公报
	大气环境质量	AQI达标率(%)	国家统计局

政治环境主要包括规范性文件数量、公共服务质量指数、政府网站服务能力指数三项指标。其中(1)规范性文件数量是指"人力资源服务"相关地方规范性文件数量。地方政府发布的政府工作报告、年度工作计划以及本年度内公布施行的相关法律法规、政策性文件能够集中体现该地区政府在年度内的政策关注点和重视度,体现了一个地区人力资源服务业发展的制度环境。(2)公共服务质量指数是用于反映政府提供的公共服务所能满足民众期望与需求程度的指数,涵盖了科技、公共安全、文化娱乐、行政管理、市政建设及环保、社会保障、就业服务、教育、医疗卫生等各领域相关指标,较为全面地反映了一个地区提供公共服务的水平和能力。(3)政府网站服务能力指数是用于反映政府网站在信息服务、事务服务、参与服务、服务传

递、服务创新等方面能力的指数,综合考虑了省级和所辖各地市级政府的网站服务能力。在数字治理的宏观背景下,电子政务平台是人力资源服务业发展的重要平台,其服务能力直接影响到行业的发展水平和速度。

经济环境主要包括第三产业增加值、居民消费价格指数、外商投资企业进出口总额、专利授权量四项指标。其中(1)第三产业增加值是指按市场价格计算所有常住单位在一定时期内从事第三产业生产活动的最终成果。人力资源服务业属于现代服务业的一个重要分支,一个地区的第三产业发展状况包含并影响着人力资源服务业的发展。第三产业增加值能够较好地反映一个地区人力资源服务业的发展状况。(2)居民消费价格指数是指一定时期内城乡居民所购买的生活消费品和服务项目价格变动趋势和程度的相对数。该指数的统计范围涵盖 8 大类、262 个基本分类的商品与服务价格,涉及城市居民和农村居民两类人群,反映了人力资源服务项目价格变动对城乡居民实际生活费支出的影响程度。(3)外商投资企业进出口总额是指外商投资企业在我国的进口与出口金额之和。外资进入中国市场不仅带来资金,还带来了先进的知识、技术和管理理念,加快了中国人力资源服务机构与国外机构之间的关联效应,形成理念、管理和信息等方面的互补,对于我国人力资源服务业发展具有一定的促进作用。(4)专利授权量是指由专利行政部门授予专利权(发明、实用新型和外观设计)的件数。专利是一个地区科技资产的核心和最富价值的部分,专利的拥有量能反映该地区拥有自主知识产权的科技和设计成果情况和创新能力,体现了科技人力资源的水平和质量。科技人力资源作为科技活动的原动力,对一个地区科技创新能力的发展至关重要。

生活环境主要包括城镇化水平、失业保险参保比例、城镇就业人数、大气环境质量四项指标。其中(1)城镇化水平是指城镇人口占总人口的比重,指一个地区城镇化所达到的程度,是反映人口向城市聚集以及区域发展水平的重要标志。各省区市的城镇化水平直接影响到劳动力水平和结构的变化,既影响人力资源服务业的人才供给,也影响人力资源服务业的市场需求。(2)失业保险参保比例是指参加了失业保险的城镇企业、事业单位的职工及地方政府规定参加失业保险的其他人员占总人数的比例。失业保险制度是保障民生的重要内容,作为人力资源服务的重要形式,设立失业保可以为失业人员提供基本保障,使失业后的人员在短时间内能够得到一定的补助,度过艰难的时期。(3)城镇就业人数是指在各级国家机关、政党机关、社会团体及企业、事业单位中工作,取得工资或其他形式的劳动报酬的全部人员数量。就业与一个地区的人力资源数量以及人力资源服务业所要服务对象的情况紧密相关,可以反映一个地区的就业状况和劳动就业环境。(4)大气环境质量反映了空气污染程度,它是依据空气中污染物浓度的高低来判断的,是一个地区人力资源服务业自然环境的重要体现。国际通用的测量指标是空气质量指数(Air Quality Index,AQI)达标率,AQI按照空气污染程度由低到高可分为六级,数值越大表明空气污染状况越严重,对人体健康的潜在危害也越大。

与上一年度的人力资源服务业发展环境指数相比,本年度评价指标体系的创新主要体现在三个方面:第一,进一步将原有指标合并为政治环境、经济环境、社会环境三大维度,确保指数评价的简约性和准确性,为分别揭示不同维度的得分与排名奠定基础;第二,新增"政府网站服务能力指数""大气环境质量"等指标,前者反映了人力资源服务业的电子政务环境,后者反映了人力资源服务业的自然环境;第三,客观指标与主观指标结合,调查指标与统计指标结合,单一指标与复合指标结合,尽可能全面覆盖人力资源服务业发展环境的各个方面,提高评价指标的丰富性以及评价的科学性。

二、各省区市人力资源服务业发展环境指数排名与分析

(一)各省区市人力资源服务业发展环境指数排名

数据来源主要有三类:一是人口普查、国家及地方统计年鉴、国民经济和社会发展统计公报、中国第三产业统计年鉴等统计数据;二是从北大法宝、新浪微博等网络公开平台手动获取的调查数据;三是来自中社智库等智库机构的研究数据。

在上述指标体系中,每种指标的量纲是不同的,有总量指标,也有比例指标,不同量纲的指标之间没有综合性,无法进行运算,因此要先对数据进行标准化处理,即无量纲化处理,解决不同指标数值不具有综合性的问题,处理方式如下:

$$X_i = (x_i - \mu)/\sigma$$

其中，X_i 表示处理后的指标值，x_i 表示指标的原值，μ 表示该指标值的期望，σ 表示该指标的标准差。本书使用 SPSS24.0 完成这一标准化的处理。

上述指标体系包含了多种具体指标，根据每个单项指标对全国各地(港澳台地区除外)进行排名都能得到一个排序，而综合评价需要综合考虑所有这些指标对各省(港澳台地区除外)的人力资源服务业发展状况进行评价和排序。本书将采用主成分分析法，选取特征值大于 1 的主成分，再根据主成分各自的权重通过加总得到一个综合的主成分，以综合的主成分表示各地区人力资源服务业发展环境状况，最后根据综合主成分的得分为不同地区的人力资源服务业发展状况排序。具体操作是以上述评价指标体系选取的 11 个指标作为变量对数据进行 KMO 检验和 Bartlett 检验，结果表明，Bartlett 球度检验近似卡方值为 412.328，显示指标变量间具有较强的相关性；KMO 为 0.775，适合做主成分分析。根据特征值大于 1 的原则，从变量中提取公因子，可以解释原有变量总方差的 86.50%，表明指标体系具有较好的解释力，能够反映人力资源服务业环境水平，具体见表 2-2-3、表 2-2-4。

表 2-2-3　KMO 和巴特利特检验

KMO 取样适切性量数		.775
巴特利特球形度检验	近似卡方	412.328
	自由度	55
	显著性	.000

表 2-2-4　指标体系的总方差解释

成分	初始特征值			提取载荷平方和		
	总计	方差百分比	累积%	总计	方差百分比	累积%
1	6.134	55.765	55.765	6.134	55.765	55.765
2	2.323	21.117	76.882	2.323	21.117	76.882
3	1.058	9.621	86.503	1.058	9.621	86.503
4	0.719	6.532	93.035			
5	0.293	2.667	95.702			

续表

成分	初始特征值			提取载荷平方和		
	总计	方差百分比	累积%	总计	方差百分比	累积%
6	0.165	1.504	97.206			
7	0.135	1.227	98.433			
8	0.066	0.602	99.036			
9	0.059	0.539	99.575			
10	0.038	0.344	99.918			
11	0.009	0.082	100.000			

提取方法:主成分分析法。

对原始数据进行标准化变换之后,以各指标的因子载荷系数为权重,采用回归法估计因子得分系数矩阵,计算各因子得分;并以旋转后的各因子对应的方差贡献率为权数对各因子值进行加权,计算出2023—2024年度全国各省区市服务业发展环境的指数得分及其排名,并根据得分0.5分及以上的为A类,0—0.5分的为B类,-0.5—0分的为C类,-0.5分及以下的为D类进行等级划分。

(二) 各省区市人力资源服务业发展环境指数总体分析

表2-2-5展示了2023—2024年度各省区市人力资源服务业发展环境得分、排序及分类结果。从总体来看,广东、北京、上海、江苏、浙江、山东等地评级为"A",福建、湖北、安徽、重庆、四川、河南、湖南等地评级为"B",海南、江西、天津、内蒙古、贵州、辽宁、河北、陕西、吉林、山西、广西等地评级为"C",云南、宁夏、黑龙江、新疆、甘肃、青海、西藏等地评级为"D"。

具体而言,广东、北京、上海、江苏、浙江、山东等地2023—2024年度评级为"A",说明这些地区人力资源服务业发展环境非常优秀,在全国范围内处于领先地位。这些省区市大多位于首都或东南沿海地区,具有良好的政治、经济、文化基础,科技创新水平较高,外商投资高度活跃,为人力资源服务业发展提供了良好的环境条件和基础。

福建、湖北、安徽、重庆、四川、河南、湖南等地2023—2024年度评级为"B",说明这些地区人力资源服务业发展环境比较良好,对其他省区市具有一定的参考借鉴的价值。这些省区市在政治环境、生活环境等特定维度表现较为亮眼,在促进人力资源服务业发展方面取得了显著成效,但在经济环境等方面相对较为不足,经济环境成为限制人力资源服务业发展的制约限制。

　　海南、江西、天津、内蒙古、贵州、辽宁、河北、陕西、吉林、山西、广西等地2023—2024年度评级为"C",说明这些地区人力资源服务业发展环境具有一定的特点,能够因地制宜发挥自身的比较优势,为人力资源服务业提供针对性、特色化的发展平台和机会,但整体的人力资源服务业环境与第一梯队存在着一定差距,亟待进一步改善。

　　云南、宁夏、黑龙江、新疆、甘肃、青海、西藏等地2023—2024年度评级为"D",说明这些地区人力资源服务业发展环境亟待改进。这些省区市大多分布在西部及边疆地区,产业基础相对比较薄弱,人力资源供给相对不足,人才流失较为严重,难以为人力资源服务业高速发展提供有效的环境支撑。

表 2-2-5　2023—2024 年度中国各省区市人力资源
服务业发展环境指数（总体）

省份	总分	评级	排名
广东	3.113	A	1
北京	2.205	A	2
上海	1.377	A	3
江苏	1.262	A	4
浙江	0.829	A	5
山东	0.786	A	6
福建	0.449	B	7
湖北	0.439	B	8
安徽	0.356	B	9
重庆	0.135	B	10
四川	0.110	B	11
河南	0.033	B	12
湖南	0.025	B	13
海南	-0.020	C	14
江西	-0.113	C	15

省份	总分	评级	排名
天津	−0.115	C	16
内蒙古	−0.300	C	17
贵州	−0.304	C	18
辽宁	−0.306	C	19
河北	−0.355	C	20
陕西	−0.417	C	21
吉林	−0.457	C	22
山西	−0.486	C	23
广西	−0.491	C	24
云南	−1.366	D	25
宁夏	−1.601	D	26
黑龙江	−1.675	D	27
新疆	−1.681	D	28
甘肃	−1.842	D	29
青海	−1.903	D	30
西藏	−2.300	D	31

（三）各省区市人力资源服务业发展环境指数具体分析

表2-2-6展示了2023—2024年度中国各省区市人力资源服务业发展环境指数在政治环境维度的得分和排序。北京、广东、江苏、上海名列前茅，海南、湖南、贵州、广西等地政治环境维度对总体排名的拉动效应较为明显。其中湖南省积极出台地方性政策法规，举办省级人力资源服务业发展大会，坚持建法规、强监管、树诚信，高标准建设人力资源市场体系，在市场规范管理上构建新格局，为人力资源服务业有序发展提供制度依据，推动人力资源服务业高质量发展。

表2-2-6　2023—2024年度中国各省区市人力资源
服务业发展环境指数（政治环境）

省份	得分	排序	省份	得分	排序
北京	0.996	1	江西	0.097	17
广东	0.859	2	河北	−0.238	18

省份	得分	排序	省份	得分	排序
江苏	0.836	3	辽宁	-0.283	19
上海	0.694	4	天津	-0.324	20
浙江	0.689	5	广西	-0.345	21
山东	0.562	6	陕西	-0.368	22
湖北	0.464	7	吉林	-0.422	23
海南	0.424	8	云南	-0.432	24
安徽	0.326	9	山西	-0.557	25
湖南	0.186	10	黑龙江	-0.571	26
福建	0.173	11	甘肃	-0.618	27
河南	0.168	12	宁夏	-0.642	28
贵州	0.165	13	新疆	-0.671	29
四川	0.157	14	青海	-0.734	30
重庆	0.110	15	西藏	-0.803	31
内蒙古	0.103	16			

表 2-2-7 展示了 2023—2024 年度中国各省区市人力资源服务业发展环境指数在经济环境维度的得分和排序。广东、上海、北京、江苏、浙江等地名列前茅，天津、辽宁、新疆、青海等地经济环境维度对总体排名的拉动效应较为明显。其中天津市作为京津冀一体化的重要枢纽，区域经济协调发展，经济新动力加快成长，高质量发展迈出新步伐。在经济转型升级的过程中急需大量各类高层次人才，人力资源服务协作交流进一步加强，人力资源市场化配置和服务实体经济发展的成效愈加显著。

表 2-2-7　2023—2024 年度中国各省区市人力资源
服务业发展环境指数（经济环境）

省份	得分	排序	省份	得分	排序
广东	2.056	1	江西	-0.144	17
上海	1.227	2	河南	-0.146	18
北京	1.100	3	湖南	-0.204	19
江苏	0.928	4	山西	-0.211	20

续表

省份	得分	排序	省份	得分	排序
浙江	0.766	5	宁夏	−0.325	21
福建	0.457	6	吉林	−0.374	22
天津	0.312	7	新疆	−0.463	23
山东	0.216	8	青海	−0.474	24
重庆	0.012	9	黑龙江	−0.480	25
湖北	−0.005	10	云南	−0.535	26
辽宁	−0.006	11	广西	−0.550	27
安徽	−0.084	12	贵州	−0.557	28
陕西	−0.095	13	海南	−0.561	29
内蒙古	−0.108	14	甘肃	−0.652	30
四川	−0.124	15	西藏	−0.840	31
河北	−0.138	16			

表 2-2-8 展示了 2023—2024 年度中国各省区市人力资源服务业发展环境指数在生活环境维度的得分和排序。广东、北京、上海、江苏、浙江等地名列前茅,海南、广西、新疆、甘肃等地社会环境维度对总体排名的拉动效应较为明显。其中海南省打造了"游艇驾驶员""儋州月嫂""定安护工""洋浦技工"等人力资源服务品牌,提供"一站式"灵活用工解决方案等,人力资源服务创新能力不断提升;建设中国海南人力资源服务产业园海口分园和三亚分园,充分发挥集聚产业、优化服务、培育市场、孵化企业、拓展业态等功能。

表 2-2-8　2023—2024 年度中国各省区市人力资源
服务业发展环境指数(生活环境)

省份	得分	排序	省份	得分	排序
广东	1.198	1	贵州	−0.112	17
北京	1.109	2	辽宁	−0.217	18
上海	1.057	3	河北	−0.228	19
江苏	0.799	4	陕西	−0.254	20
浙江	0.675	5	内蒙古	−0.294	21

续表

省份	得分	排序	省份	得分	排序
山东	0.608	6	广西	-0.316	22
福建	0.399	7	吉林	-0.361	23
湖北	0.279	8	云南	-0.399	24
海南	0.116	9	山西	-0.419	25
安徽	0.114	10	新疆	-0.547	26
四川	0.076	11	甘肃	-0.572	27
湖南	0.043	12	黑龙江	-0.625	28
重庆	0.013	13	宁夏	-0.633	29
河南	0.011	14	西藏	-0.657	30
江西	-0.065	15	青海	-0.695	31
天津	-0.102	16			

(四)各省区市人力资源服务业发展环境指数变化分析

为了进行趋势研究以及纵向比较,课题组对2020—2024年的数据进行了收集和分析,按照相同的计算方式得到近五年来中国各省区市人力资源服务业发展环境指数得分及排名(见表2-2-9)。发现近五年指数变化呈现出以下特点。

一是各省区市人力资源服务业发展环境指数近五年来得分及排名变化不大,未发生明显波动,说明近年来我国各省区市人力资源服务业发展环境整体上较为稳定。此外,不同地区在人力资源服务业环境方面存在一定的差异性。从得分和排名来看,人力资源服务业发展环境指数与地理位置呈现出较强的相关性,东部沿海地区普遍领先于中西部地区。事实上,一个地区人力资源服务业的发展环境与当地的经济地位和产业发达程度密切相关。东部地区大多经济发达、对外开放、产业层级较高,属于人力资源服务业发展环境良好、发展潜力巨大的区域,中西部地区则属于人力资源服务业发展环境相对落后的区域。

二是从短期来看,一方面,海南、贵州、安徽、福建、云南等省份2023—2024年度人力资源服务业发展环境指数相较于2022—2023年度明显上升,其中海南省排名长期落后,2023—2024年度上升至第14名,相较于

2022—2023 年度上升 12 名,创造了历史最佳成绩。贵州省由 2022—2023 年度的第 29 名上升至 2023—2024 年度的第 18 名,进步较为明显。另一方面,天津、辽宁、陕西等省份 2023—2024 年度人力资源服务业发展环境指数相较于 2022—2023 年度有所下滑。排名变化的原因是复杂的,从指标来看,这些地区尽管在个别维度具有一定优势,但在政治环境、经济环境、生活环境等方面与第一梯队存在较大差距。

三是从长期来看,一方面,海南、内蒙古、重庆、贵州等省份 2023—2024 年度人力资源服务业发展环境指数相较于 2019—2020 年度明显上升。其中海南省进步幅度最大,上升了 13 个位次,说明其人力资源服务业发展环境相较于五年前得到了明显改善。这些地区的人力资源服务业发展环境指数大多处于全国中游水平,排名尽管有所波动,但仍然呈现出上升的趋势。另一方面,河北、广西、云南、陕西等省份的人力资源服务业指数排名存在一定程度的下滑,下降幅度普遍在 5—7 个位次,说明这些省份的人力资源服务业发展环境的相对水平相较于五年前有所回落。

表 2-2-9　2020—2024 年度中国各省区市人力资源
服务业发展环境指数

省份	2019—2020		2020—2021		2021—2022		2022—2023		2023—2024	
	排名	评级	排名	评级	排名	评级	排名	评级	排名	评级
北京	3	A	3	A	3	A	2	A	2	A
天津	15	C	13	C	15	C	8	B	16	C
河北	13	C	14	C	13	C	16	C	20	C
山西	21	C	21	C	21	C	18	C	23	C
内蒙古	24	C	25	C	24	C	20	C	17	C
辽宁	17	C	16	C	17	C	10	B	19	C
吉林	22	C	26	C	26	D	22	C	22	C
黑龙江	25	C	25	C	28	D	23	C	27	D
上海	4	A	4	A	4	A	4	A	3	A
江苏	2	A	2	A	2	A	3	A	4	A
浙江	5	A	5	A	5	A	5	A	5	A
安徽	12	C	12	C	12	C	14	C	9	B

续表

省份	2019—2020		2020—2021		2021—2022		2022—2023		2023—2024	
	排名	评级	排名	评级	排名	评级	排名	评级	排名	评级
福建	9	B	9	B	9	B	12	C	7	B
江西	18	C	18	C	18	C	19	C	15	C
山东	6	A	6	A	6	A	6	B	6	A
河南	8	B	7	B	8	B	11	B	12	B
湖北	7	B	8	B	7	B	7	B	8	B
湖南	11	C	11	C	11	C	17	C	13	C
广东	1	A	1	A	1	A	1	A	1	A
广西	19	C	21	C	25	D	21	C	24	C
海南	27	D	29	D	22	D	26	D	14	C
重庆	14	C	15	C	14	C	13	C	10	C
四川	10	B	10	B	10	B	9	B	11	B
贵州	23	C	23	C	23	C	29	D	18	C
云南	20	C	22	C	20	C	30	D	25	D
西藏	31	D	31	D	30	D	21	D	31	D
陕西	16	C	17	C	16	C	15	C	21	C
甘肃	28	D	28	D	28	D	28	D	29	D
青海	30	D	31	D	31	D	27	D	30	D
宁夏	29	D	28	D	30	D	24	C	26	C
新疆	26	C	27	D	26	C	25	C	28	C

为进一步分析各省区市人力资源服务业发展环境指数变化情况,对本年度与上一年度评价体系中的部分指标进行排名比较,以厘清指数变化的原因。为确保具有可比性,指标选取的原则是在两个年度的概念内涵和测量方式均相同,主要包括贸易因素、技术因素、生产因素和社保因素4项指标。分别对两个年度的各项指标进行排名,并且计算排名变化情况,数值为正代表排名上升,数值为负则代表排名下降。

排名变化情况详见表2-2-10。发现与上一年度相比,在贸易因素方面,各省区市整体变化不大,河北省排名进步较为明显,对整体排名做出了正向贡献。山西、河南、四川等省份排名略微下滑,与整体排名变化趋势相同。在技术因素方面,整体变动较为明显,安徽、湖北、山东等省份排名大幅提升,由中游水平逐渐向第一梯队靠拢,对于整体排名变化做出了显著贡献,但甘肃、青海等省份的排名出现了一定程度的下滑。在生产因素方面,整体排名非常稳定,两个年份的排名变化不超过一个位次,说明各省区市的生产格局和梯队已经基本形成且较为稳固。在社保因素方面,整体排名较为稳定,但青海、西藏等部分省份排名变化明显,这些省份人口基数普遍较小,参保人数的细微增加或减少将引发参保比例的剧烈变动,从而引发社保因素排名的显著变化。

表 2-2-10　与上一年度相比中国各省区市人力资源
服务业部分指标排名变化情况

省份	整体	贸易因素	技术因素	生产因素	社保因素
北京	0	0	−1	0	0
天津	−8	1	−6	0	2
河北	−4	4	−3	0	1
山西	−5	−3	−6	0	1
内蒙古	3	1	−6	0	5
辽宁	−9	1	−3	−1	4
吉林	0	−1	3	0	1
黑龙江	−4	−1	2	−1	1
上海	1	1	−1	0	0
江苏	−1	−1	0	0	1
浙江	0	1	0	0	−1
安徽	5	0	13	0	2
福建	5	1	−2	1	0
江西	4	0	9	1	2
山东	0	2	12	0	−3
河南	−1	−4	−5	−1	−1
湖北	−1	0	13	0	−1
湖南	4	−1	−3	−1	−1
广东	0	0	0	0	0
广西	−3	0	0	0	−3

续表

省份	整体	贸易因素	技术因素	生产因素	社保因素
海南	12	1	1	0	−2
重庆	3	1	−5	0	0
四川	−2	−3	−2	1	−4
贵州	11	−1	2	0	−1
云南	5	0	−6	0	−1
西藏	0	−1	0	0	−13
陕西	−6	0	8	0	1
甘肃	−1	0	−9	0	−1
青海	−3	1	−7	0	7
宁夏	−2	1	1	0	2
新疆	−3	0	1	1	2

三、基于人力资源服务业发展环境指数分析结果的改进建议

对人力资源服务业发展环境的研究可以从优化社会经济活动、人力资源的配置、促进社会经济民生发展等角度来归纳中国人力资源服务业的发展实践，兼具理论意义和现实意义。从指标体系的修订到数据的处理与结果分析来看，我国各省区市人力资源服务业发展环境具有一定的差异性。中国幅员辽阔，发展不平衡始终存在，这种差异既包含了社会文化的差异，也包含了经济发展水平的不一致，人力资源服务业也不例外。认识这种地域差异性是了解整个行业发展态势的重要组成部分，对于政府制定统筹发展的经济产业政策以及私人部门的投资决策而言具有重要的参考价值。为引领实现人力资源服务业高质量发展，提出以下政策建议。

（一）重视顶层设计，优化产业政策

政治方面，扶持政策持续出台，政策红利不断涌现，能够为人力资源服

务业发展提供良好的政治环境。各地政府应加强顶层设计,科学制定人力资源服务业的发展规划,构建和完善支持服务业发展的政策体系。明确人力资源服务业的发展条件、路径和目标,以及具体的扶持政策和配套的监管措施,为企业创新与转型升级创造良好的制度环境。进一步加大对人力资源服务业的支持力度,出台各类扶持政策,为人力资源服务业发展注入新的政策红利。积极转变职能,积极引导和推进本地区人力资源服务业发展,避免政府管理错位、监管不足等问题。持续深化"放管服"改革,不断提升行政效能,下放行政审批权限,推进省际资格互认,简化入驻审批程序。建立区域合作协调机制,合理规划布局城市集群,形成产业集聚和联动优势,实现优质资源共享,全面提升人力资源服务业的协同效应和溢出效应,促进人力资源服务业在不同地区均衡、健康发展。在保持政策延续性和平稳性的同时,创新管理模式,不断推动实现政策完善化、精确化,根据不同地区实际情况制定有针对性的产业发展政策,避免各省间政策趋同,因地制宜保证政策落地实施。

(二) 推动经济转型,变革动力机制

经济方面,发展经济、促进经济社会转型升级有利于优化人力资源服务业发展的经济环境,进而促进人力资源服务业发展水平持续提升。人力资源服务业的发展必然受到宏观经济形势的影响,但人力资源服务业作为一个整体存在明显的抗周期属性,变革动力、调节矛盾是人力资源服务业发展的应有之义。这就要求从宏观层面调整经济结构,实现高质量发展。充分发挥市场主体作用,改善人力资源服务业发展的市场环境,鼓励和引导各类人力资源服务机构参与市场中的有序竞争,不断提升人力资源服务机构的竞争力以及相关从业者的素质水平,推动人力资源服务业技术进步和管理创新。对供给侧进行纵深扩展,从简单的供需关系扩展到生产、分配、消费、流通的各个方面,在稳定国内基本盘的基础上进一步提升外部需求、国际供应链的掌控能力,持续推进产业结构调整,着力畅通供需循环,支持实体经济降本增效,加快发展流动,促进商业消费。扩大人力资源服务领域对外开放,深度融入全球人才链、产业链、创新链,在激发国内市场巨大活力的同时打通国内国际双循环市场,推动对外贸易迈上新台阶。依托数字经济转型

浪潮,构建"客户—人力资源服务企业—劳动者"多主体间协同共生关系,实现价值感知、价值联结和价值共创①。

(三) 强化社会兜底,完善保障体系

生活方面,社会保障是保障和改善民生、维护社会公平、增进人民福祉的基本制度保障,关乎人民群众最关心最现实的利益问题,影响人民群众的获得感、幸福感、安全感。社会保障事业是人力资源服务业发展的基础性工程,能够为人力资源服务业发展提供有力支撑。因此要建立中国特色社会保障体系,要坚持人民至上,坚持共同富裕,围绕全覆盖、保基本、多层次、可持续等目标,做到立足国情,与时俱进。按照兜底线、织密网、建机制的要求,加强社会保障精细化管理,完善从中央到省、市、县、乡镇(街道)的五级社会保障管理体系和服务网络,提升社会保障治理效能。完善社会保障针对突发重大风险的应急响应机制,既能抵御可以预见的生老病死等各种常规风险,又能应对难以预料的非常规风险。坚持制度的统一性和规范性,增强全国"一盘棋"意识,加强统筹协调,强化监督考核,及时发现和解决实施中的问题。此外,结合人口和经济结构变化的特征,建议将社会保障的重点关注对象由劳动年龄阶段扩展到全生命周期,扩大人力资源市场有效供给,优化市场配置效率。

(四) 加强区域合作,发挥联动优势

我国人力资源服务业区域发展水平存在客观差异,东部地区发展环境明显优于中西部地区。各地区应在发展的过程中优势互补,相互学习借鉴,形成联动效应。东部地区具有经济、科技、人才等多重优势,可以对中西部地区的产业拉动和资源输入产生影响效应,通过政策优惠等方式进一步推动其开拓中西部市场,以产业发展的先进经验带动中西部地区的产业结构转型升级。中西部地区建议采取跟跑策略,通过模仿创新、再创新和集成创新等手段,尽可能规避人力资源服务业发展过程中的"弯路""岔路",充分

---

① 张志朋、李思琦、朱丽:《人力资源服务企业数字化转型中的组织协同管理与创新——资源编排视角的单案例纵向研究》,《科学学与科学技术管理》2023年第2期。

把握自身的后发优势,形成独特的生存模式和竞争优势。此外,平台化转型是实现人力资源服务业高质量发展的重要内容和必由之路①,人力资源产业园是产业创新和新质生产力集聚发展的重要载体②。各省区市应充分发挥城市内部的产业聚集效应,依托人力资源服务业产业园等平台载体,推进人力资源服务机构合作共赢。建立区域合作协调机制,合理规划布局京津冀、环渤海、长三角、粤港澳大湾区等城市集群,形成产业集聚优势,实现优质资源共享,全面提升人力资源服务业的协同效应和溢出效应。

(五)扩大对外开放,加强国际合作

建议扩大人力资源服务领域对外开放,深度融入全球人才链、产业链、创新链,在激发国内市场巨大活力的同时打通国内国际双循环市场,进一步培育国际市场竞争优势、深化对外开放程度,充分利用国内国际两个市场两种资源、积极有效利用外资和实施"引进来"和"走出去"相结合的战略,推动对外贸易迈上新台阶。加强国际交流合作,积极引进国际先进人力资源服务企业、技术和管理模式,促进行业技术、产品研发及成果转化,打造支持未来产业发展的服务产品,拓展海外人力资源市场。积极提升人力资源服务业的服务质量与水平,适应和融入国际竞争格局,实现人力资源服务业以及相关产业在全球价值链上的升级。加快发展人力资源服务贸易,探索建设国家人力资源服务出口基地。开展"一带一路"人力资源服务行动,鼓励有条件的人力资源服务机构在共建"一带一路"国家设立分支机构,举办人力资源服务业国际合作论坛,构建覆盖全球的服务网络。

---

① 郭庆、王涛:《共促人力资源服务业平台化转型发展》,《宏观经济管理》2021 年第1 期。

② 应验、杨浩东:《人力资源服务产业园与地区高质量发展:基于 2003 年至 2020 年地级市的面板数据》,《中国人力资源开发》2024 年第 7 期。

第三章　各省区市人力资源服务业发展水平评价与排名

【内容提要】

本章根据新的研究对 2023 年度的人力资源服务业发展水平评价指标体系进行了修订,在搜集各地有关数据资料基础上,依托新修订的指标体系对各省区市人力资源服务业的发展现状、发展潜力与竞争力水平进行了分析与评价、排序与分类,并对相关数据结果进行速度和效益的单项分析,纵向和横向的比较分析,最后基于相关分析与总结评价结果提出了相应的政策建议。分析结果发现,我国人力资源服务业整体发展环境持续优化,发展状态稳中向好;各省区市人力资源服务业发展现状、发展潜力与竞争力水平排名相互之间存在差异,不同区域的发展水平仍存在显著差异;区域人力资源服务业发展水平与经济发展间具有相互协同与良性互动作用;政府的政策扶持与宏观调控对人力资源服务业的发展至关重要;人力资源服务业数字化转型加速推进;人力资源服务业将成为区域经济增长的新引擎。基于以上结果,本章最后针对性地提出了配套的政策建议,包括依据经济发展状况确立本地人力资源服务业的发展目标;应加大各级政府政策扶持力度,助力行业发展;增强各地人力资源服务业发展中的联系与互动,在更高层面上实现产业区域发展的总体布局;建立创新发展的复合型人力资源服务业人才培养机制;利用大数据和"互联网+"技术,加强行业数据库建设;大力推进产业园区建设;等等。

Chapter 3　Evaluation and Ranking of the Devecopment Level of HR Service Industry in Each Province, District and City

【Abstract】

Based on the new research, this chapter revises the evaluation index system of the development level of human resource service industry in 2023. Relying on the newly revised index system, this paper analyzes and evaluates, sorts and classifies the current situation, development potential and competitiveness level of the human resources service industry in various provinces, districts and cities, and the related data results of the speed and efficiency of a single analysis, vertical and horizontal comparative analysis, and finally based on the analysis and summary of the evaluation results of the corresponding policy recommendations. The results show that the overall development environment of human resources service industry in China is continuously optimized and its development status is stable and positive; there are differences among provinces, districts and cities in the development status, development potential and competitiveness ranking, the development level of different regions still has significant difference; the development level of regional human resource service industry and economic development have mutual synergy and positive interaction; government policy support and macroeconomic regulation and control are critical to the development of human resource services; the digital transformation of the human resource service industry is accelerating; human resource service industry will become the new engine of regional economic growth. Based on the above results, this chapter finally puts forward some corresponding policy recommendations, including setting the development goal of local human resource service industry according to the economic development status; strengthening the support of government policies at all levels to promote the development of local human resources service industry；strengthening the connection and interaction in the development of human resource service industry，and realize the overall layout of the regional development of the industry at a higher level；establishing a mechanism for training talents with innovative and developing human resources services；strengthening the construction of industrial databases with big data and Internet plus technology；vigorously promoting the construction of industrial parks and so on.

　　人力资源服务业作为现代服务业的重要组成部分，是促进就业和人力资源开发配置的重要载体，对国民经济的健康快速发展具有重大的战略意义。因此，了解我国人力资源服务业的发展状况，对于未来国家制定合理的产业发展战略规划与政策，统筹地区发展大有裨益。为了帮助人们了解不同省区市人力资源服务业发展状况、发展潜力与发展水平的差异，本章在构建人力资源服务业竞争力综合评价指标体系的基础上，通过宏观数据对各省区市人力资源服务业发展水平进行了综合排序，这无疑具有很重要的意义。

　　本章有关的各地区人力资源服务业发展水平评价指标体系和数据结果，可以更加直面地凸显出人力资源服务业与一系列经济社会发展指标间的密切联系，提供了一种联系而非孤立的视角来看待该行业的发展，使其更好地借助服务业改革的浪潮来推动产业向着纵深方向发展，如建设产业园区、扶植行业龙头企业、促进咨询等高端业态的发展等，在行业不断完善、提升中更好地发挥对整个经济社会发展的推动作用，进而实现经济社会发展与人力资源服务业发展之间的协同效应。

一、新修订的人力资源服务业发展水平评价体系

（一）新修订的评价内容与指标

　　综合往年蓝皮书有关研究和已有的相关文献，本章进行了人力资源服务业发展水平评价指标体系的设计，在充分关照行业内部重要指标的基础上，把握该行业与整体经济社会发展间的潜在关系，以在更深入的层面展开

实证测度与分析。需要指出的是,服务业发展水平评价涉及多方面信息资源的获取,是一项系统工程,单一指标的评价不足以全面反映 31 个省区市的发展水平,故而本章在分析多种指标体系建构视角和维度的基础上,力求构建一套相对完整的评价体系,即它至少应当包含三个层级的指标。具体来看,评价内容应该有较大的覆盖面,包括条件指标、过程指标与结果指标;指标体系应当分层建构,包括直接绩效指标、间接绩效指标与发展绩效指标;指标体系中要突出能够反映人力资源服务业发展水平特点的指标,包括发展效益、发展规模、发展速度等方面。

根据人力资源服务业涵盖的范围,结合蓝皮书往年确立的人力资源服务业发展水平评价指标体系构建的原则,吸取竞争力评价理论中的有关内容,从两个方面出发为人力资源服务业竞争力综合评价体系选取指标,两大板块分别是人力资源服务业发展水平和人力资源服务业发展潜力。每个板块内部都包括了若干细分的维度和指标,具体如表 2-3-1 所示。

表 2-3-1　人力资源服务业竞争力综合评价指标说明

指标		说明	
发展水平	发展效益	人均人力资源服务业增加值	人力资源服务业增加值/就业人口
		人力资源服务业产业园区建设情况	国家级人力资源服务产业园区总数量
		人力资源服务业对 GDP 的贡献率	人力资源服务业总产值的增量占国内生产总值的增量的比重
		人力资源服务业对服务业的贡献率	人力资源服务业总产值的增量占第三产业总产值的增量的比重
		区域就业情况	根据 2023 年中国就业发展指数进行呈现
		人力资源服务业从业人员受教育程度	国际通用的平均受教育年数(Mean Years of Schooling)
		人力资源服务业行业集中度	$CRn = \sum (X_i/X)(i=1,2,3,\ldots,n)$
	发展规模	人力资源服务业增加值	人力资源服务业增加值
		人力资源服务业产值	年当地人力资源服务业总产值
		人力资源服务业机构数量	行业机构总规模
		人力资源服务业从业人数	从业人员总规模

指标			说明
发展水平	发展速度	人力资源服务业生产率增速	(年度人力资源服务业增加值-上年度人力资源服务业增加值)/年度人力资源服务业从业人员数量变化数
		人力资源服务业增加值增速	(年度人力资源服务业增加值-上年度人力资源服务业增加值)/上年度人力资源服务业增加值
		人力资源服务业从业人员数量增速	(年度人力资源服务业从业人员数量-上年度人力资源服务业从业人员数量)/上年度人力资源服务业从业人员数量
发展潜力		人均国内生产总值	GDP/总人口
		城镇化率	城镇人口数量/总人口
		第二产业增加值比重	第二产业增加值/GDP
		居民人均消费性支出	无特别说明
		利用外资情况	当年实际利用外资总额
		未全日制就业人口数比重	(总人口-全日制就业人口)/总人口
		城镇居民储蓄余额	无特别说明

　　从表2-3-1中可以看出,2024年度指标体系与2023年度指标体系相比,除在"发展效益"二级指标下新增两个指标"人力资源服务业从业人员受教育程度""人力资源服务业行业集中度"外,其余基本保持稳定,这与过去一年行业平稳有序发展的现实形成映照。同2021年及之前的指标体系相比,有若干变化得以稳定下来:一是将指标总标题由发展水平评价指标变更为竞争力综合评价指标,以更好地反映各地区人力资源服务业的综合竞争力;二是将"发展现状"一级指标改为"发展水平",更科学地概括了各地区行业发展的整体情况;三是对二级指标发展规模、发展速度、发展效益的顺序排列及其下的三级指标进行了针对性的内部调整;四是在二级指标"发展效益"下新增了"人力资源服务业对服务业贡献率"指标和"区域就业情况"指标,更好地体现对人力资源服务业评价的业绩结果导向。

　　人力资源服务业发展水平主要反映一个地区现有人力资源服务业发展

的总体状况,具体包括三个部分:发展效益、发展规模、发展速度。

人力资源服务业发展效益主要反映该地区人力资源服务业转型升级的效果和其对国民经济的贡献,是本地人力资源服务业发展水平的一个集中体现,细分来看:人均人力资源服务业增加值反映了该地区人均占有人力资源服务产品的情况。人力资源服务产业园区建设情况主要由当地国家级人力资源服务产业园区数量来体现。国家级人力资源服务产业园区是经人力资源社会保障部同意,具有功能完善的人力资源社会保障公共服务体系,经营性人力资源服务机构集聚,人力资源服务业及相关产业链集中度高,创新能力强,对全国或区域人力资源服务业及相关产业发展起示范、引领作用的特定区域,能集中反映当地人力资源服务产业园区建设的成熟情况[①]。人力资源服务业对 GDP 的贡献率指的是人力资源服务业总产值的增量占国内生产总值的增量的比重,反映了人力资源服务业增量对国民经济的综合贡献率,是行业有无正式成长为国民经济支柱产业的有力测度方式。人力资源服务业对服务业的贡献率指的是人力资源服务业总产值的增量占第三产业总产值的增量的比重,反映了人力资源服务业增量对第三产业的综合贡献率,是行业有无正式成长为现代服务业支柱产业的有力测度方式。人力资源服务业紧紧围绕促进就业这个根本,为广大劳动者提供更多优质就业岗位,为各类人才提供人尽其才、才尽其用的发展机会,既能够有力保障和改善民生,也能够激发各类人才创新创业活力,更好地满足人民对美好生活的需要。以促进就业为根本,也意味着不能简单地以产值、利润等经济指标来衡量人力资源服务业的发展,更需要将所服务的就业人数、促进就业的成效等社会效益指标,作为衡量人力资源服务业发展的重要指标,因此纳入2023 年中国 31 个省区市的就业发展指数来体现人力资源服务业的就业服务导向。此外,本年度新增"人力资源服务业从业人员受教育程度"作为衡

[①]　这里以国家级人力资源服务产业园总数量这一数量指标衡量发展效益,是因为国家级人力资源服务产业园作为一个地区人力资源服务业产业园的终极形态,能够充分发挥人力资源服务业在推动形成实体经济、科技创新、现代金融、人力资源协同发展的产业体系方面的带动作用。且申报国家级人力资源服务产业园需符合的条件有相当的门槛:包括但不限于有科学的规划论证、有一定的建筑面积、有一定的聚集规模、有完善的运营管理、有一系列的扶持政策等(《国家级人力资源服务产业园管理办法(试行)》),这些都能在一定程度上反映出一个地区人力资源服务业发展效益的高低。

量人力资源服务业服务质量和效益的重要指标。高学历的从业人员能够提供更专业、高效和创新的服务，从而推动整个行业的健康发展和效益提升。具体以国际通用的平均受教育年数（Mean Years of Schooling）这一教育指数来量化受教育程度。新增"人力资源服务业行业集中度"作为衡量行业发展均衡性的指标。行业集中度是衡量一个行业内企业规模分布和市场竞争程度的重要指标。在人力资源服务业中，行业集中度之所以能衡量行业发展的均衡性，主要是因为它反映了该行业中企业的分布状况和竞争态势。如果人力资源服务业的集中度较高，意味着少数大型企业占据了较大的市场份额，市场竞争相对不充分。这种情况下，可能会出现一些影响行业发展均衡性的情况。具体以行业集中率计算公式 $CR_n = \sum (X_i/X) (i = 1, 2, 3, \ldots, n)$ 来量化。其中，X_i 是行业中第 i 个企业的销售额或营业收入等相关指标，X 是行业内所有企业的相关指标总和，n 通常取 4 或 8，表示行业中前 n 家最大企业。

人力资源服务业发展规模主要包括人力资源服务业增加值、人力资源服务业产值、机构数量和从业人数情况，这些都是对某一地区人力资源服务业静态发展水平的最直接说明。其中又以人力资源服务业增加值最为直接，这一指标能清楚地反映出人力资源服务业在当地整个国民经济中所占的份额；人力资源服务业产值反映了额定期限内行业生产的最终产品和提供劳务活动的总价值量；人力资源服务业机构数量则反映了地区行业机构的规模和发展程度；人力资源服务业从业人数体现了该地区行业从业人员总规模，是行业蓬勃发展的一个有力参照。

人力资源服务业发展速度主要反映了一个地区人力资源服务业的增长情况，有的地区可能因占据先发优势和规模效益而在产业总量有关指标上占有优势，但受制于增长速度低下，后续依然会被后进高增长地区超越，因此也应将人力资源服务业发展速度作为考察产业发展评估的重要方面，并将它看作对一个地区人力资源服务业动态发展水平的最直接说明。发展速度下的三个指标均为增速指标，其中人力资源服务业生产率增速反映了一个地区人力资源服务行业从业者的生产效率变化，是该地区人力资源服务业服务供给速度的一个直接体现，其余两项分别反映了人力资源服务业增加值和人力资源服务业就业人员数量的增长速度。

　　人力资源服务业发展潜力指标主要反映了一个地区人力资源服务业未来可能的发展水平,这部分指标虽然与人力资源服务业本身不直接相关,但却能较好地说明该地区行业未来的发展潜力。人均 GDP 反映了一个地区的整体经济发展水平,相关经济理论指出区域产业结构和经济发展间有较高关联:随着一个地区国民经济的发展,其产业结构也在相应发生变化,从业人员和社会资源会逐步从第一、第二产业向第三产业转移。从当前国情出发,中国整体经济发展水平正从高速增长向中高速增长转变,从注重"增量"到注重"提质"转变,中国应该处于人口和资源大规模向第二产业转移、部分地区向第三产业转移的阶段,人力资源服务业作为第三产业下的分支,当一个地区人均 GDP 水平较高时,预示着其第三产业将会迎来一个较大的发展空间,人力资源服务业也将从中受益;反之,人力资源服务业的发展仍会受到低人口和资源转移的限制。城镇化率是一个反映地区居民结构的指标,城镇化率高说明人口更加集中在少数地区,更加集中的人口会促进包括人力资源服务业在内的现代服务业的发展。此外,城镇化率高意味着更多的农民离开乡村流入城镇,这部分农民流动带来的就业需求会转变成对人力资源服务的需求。第二产业增加值占 GDP 的比重描述了一个地区产业结构的现状,根据产业迭代规律,当一个地区第二产业较为发达时,意味着这个地区会更早地开始产业升级,大量资源和要素将从第二产业流向第三产业,人力资源服务业将从这个过程中受益;反之,则说明该地区产业结构偏落后,服务业快速发展的阶段远未到来。居民人均消费性支出反映了一个地区的消费状况,根据生产—消费关系理论,消费旺盛的地区第三产业往往更为发达,居民的有效消费将会刺激包括人力资源服务业在内的现代服务业的发展。利用外资情况反映了一个地区的对外开放程度,总体来说,人力资源服务业在国内依然属于朝阳产业,但在发达国家属于比较成熟的产业,向发达国家学习管理模式、制度规章等人力资源服务业发展经验可以帮助国内的人力资源服务企业快速成长并提供专业化的服务,引入外资就是一条很重要的学习途径。未全日制就业人口数是指本地区除全日制就业人口外的人口数,其占总人口比例的高低可以反映未来该地区人力资源服务业的潜在服务规模。城镇居民储蓄余额反映了一个地区的投资潜力,任何行业的长期发展都离不开投资的支持,人力资源服务业的发展也会从一个地区巨大的投资潜力中受益。

(二) 数据来源

考虑到数据的时效性和可获得性,本章进行人力资源服务业发展水平评价的数据均为 2024 年的数据,数据来源为国家统计年鉴及有关公报、各地方统计年鉴及有关公报、国家和地方人力资源社会保障部门官网、国家企业信用信息公示系统网站和其他相关网站。[①]

(三) 评价方法

对行业发展状况进行评价的方法较多,比较常见的有综合指数法、聚类分析法、因子分析法等。按照其属性可划分为:定性评价方法、分类评价方法、排序评价方法和操作型评价方法。综合指数评价法是一种指标体系综合评价法[②]。该方法通过选取一定的定性指标以及定量指标,经过无量纲化处理,达到统一量化比较的目的,从而得出具体的综合评价指数。

表 2-3-1 所呈现的指标体系包含了诸多具体的指标,根据每个单项指标对全国各地进行排名都可以得到一个具体的排序,而综合评价需要通盘考虑所有这些指标对各地人力资源服务业发展水平进行评价和排序。本章在进行各地发展水平、发展潜力和竞争力评价时将采取降维的思想把多个指标转换成较少的几个互不相关的综合指标,使得研究更简单易操作。具体来看是在对原始数据进行标准化变换之后,以各指标的因子载荷系数为权重,采用回归法估计因子得分系数矩阵,计算各因子得分;并以旋转后的各因子对应的方差贡献率为权数对各因子值进行加权,计算出全国各省区市人力资源服务业发展水平(发展效益、发展规模、发展速度)、发展潜力和竞争力的指数[③],

---

① 需要说明的是,国家统计局现有的行业分类中是没有人力资源服务业的,人力资源服务业的统计散布于不同行业类别中,例如商业服务业中包含了人力资源服务业的企业管理、咨询与调查及职业中介服务等;教育中包含了人力资源服务业的培训服务等。除少部分省份对于人力资源服务业进行了专项统计外,本书所主要采用的关于人力资源服务业的数据是从相关行业数据中筛选提取出来的,是一种近似的代替。

② 在这里主要采用的综合指数评价法,包括主成分分析法、因子分析法、集对分析法、层次分析法、功效系数法等。

③ 在进行竞争力指数分析过程中,在不改变原指标值分布规律的原则上对于全部数据进行了线性变换,进行统一的标准化处理,以解决不同指标数值无法统一的综合性问题,处理方式如下:$X_i = (x_i - \mu)/\sigma$。其中,X_i 表示处理后的指标值,x_i 表示指标的原值,μ 表示该指标值的期望,σ 表示该指标的标准差。

进而得出各省区市发展效益评价情况排序表(反映该地区本年度现有人力资源服务业发展的质量)、各省区市发展规模评价情况排序表(反映该地区本年度现有人力资源服务业发展的规模)、各省区市发展速度评价情况排序表(反映该地区本年度现有人力资源服务业发展的速度)、各省区市发展水平评价情况排序表(反映该地本年度现有人力资源服务业发展的总体状况)、各省区市发展潜力评价情况排序表(反映该地区人力资源服务业未来可能的发展水平)和各省区市竞争力评价情况排序表(综合行业发展现状与未来成长前景),并以此作为后续分析的依据。

二、各省区市人力资源服务业发展情况评价与排名结果

针对上述指标体系,基于所搜集的 2023—2024 年度数据,对于各省区市的人力资源服务业发展水平(发展效益、发展规模、发展速度)、发展潜力和综合竞争力进行了评判。具体操作过程如上节所述不再赘述,依据得分情况我们进行了排名与分类(在发展水平和发展潜力单独成表的基础上,对发展水平下的三个维度,即发展效益、发展规模、发展速度也进行了单独呈现),具体情况见表 2-3-2、表 2-3-3、表 2-3-4、表 2-3-5、表 2-3-6 和表 2-3-7。

表 2-3-2　各省区市发展效益评价情况及排序

省份	综合得分	2024 年排名
北京	1.498208754	1
上海	0.999222347	2
天津	0.364067359	3
广东	0.302804568	4
浙江	0.251896199	5
江苏	0.148903785	6
山东	0.057391346	7
海南	0.02144294	8
湖北	0.018184867	9
重庆	0.016750196	10

续表

省份	综合得分	2024 年排名
福建	−0.003255711	11
湖南	−0.062155144	12
安徽	−0.071344712	13
吉林	−0.085707997	14
四川	−0.103229876	15
江西	−0.108172144	16
河北	−0.125068222	17
辽宁	−0.146725895	18
陕西	−0.151853493	19
黑龙江	−0.15219639	20
西藏	−0.15914869	21
河南	−0.17179463	22
贵州	−0.208328056	23
青海	−0.218240489	24
新疆	−0.223917852	25
内蒙古	−0.262947493	26
广西	−0.265639903	27
甘肃	−0.278186371	28
云南	−0.281476753	29
山西	−0.297072255	30
宁夏	−0.302410287	31

表 2-3-3　各省区市发展规模评价情况及排序

省份	综合得分	2024 年排名
广东	1.092030749	1
江苏	0.804697897	2
北京	0.671464688	3
山东	0.510132761	4
上海	0.311889756	5
河南	0.282579504	6
湖北	0.280857564	7

省份	综合得分	2024 年排名
浙江	0.277004432	8
四川	0.236995806	9
安徽	0.217976946	10
河北	0.111888194	11
湖南	0.017101247	12
陕西	−0.019853203	13
云南	−0.047106949	14
福建	−0.066070528	15
辽宁	−0.105026912	16
重庆	−0.135289714	17
江西	−0.202538598	18
天津	−0.221250498	19
广西	−0.235181049	20
贵州	−0.245655785	21
海南	−0.262607422	22
山西	−0.267258194	23
黑龙江	−0.271298088	24
吉林	−0.293211548	25
内蒙古	−0.32529662	26
甘肃	−0.332961249	27
新疆	−0.335835401	28
宁夏	−0.47464261	29
青海	−0.481259343	30
西藏	−0.492275831	31

表 2-3-4　各省区市发展速度评价情况及排序

省份	综合得分	2024 年排名
西藏	1.034936202	1
辽宁	0.891921797	2
重庆	0.573897789	3
吉林	0.511296153	4

续表

省份	综合得分	2024 年排名
湖北	0.414686365	5
河北	0.381062413	6
湖南	0.290783725	7
云南	0.285471614	8
浙江	0.15942661	9
贵州	0.151701528	10
福建	0.074086877	11
海南	0.045834789	12
甘肃	0.031846727	13
山东	0.02949188	14
江苏	0.014513526	15
天津	0.008409852	16
江西	−0.052957406	17
新疆	−0.069599996	18
安徽	−0.107398141	19
四川	−0.136637102	20
广东	−0.137849844	21
广西	−0.159074707	22
内蒙古	−0.198548179	23
上海	−0.199945181	24
陕西	−0.26073123	25
北京	−0.288819102	26
宁夏	−0.306079326	27
河南	−0.439174958	28
山西	−0.804091817	29
青海	−0.857650409	30
黑龙江	−0.880810451	31

表 2-3-5 各省区市发展水平评价情况及排序

省份	综合得分	2024 年排名
北京	1.677774975	1
上海	0.984553851	2

续表

省份	综合得分	2024 年排名
广东	0.955202701	3
江苏	0.511698732	4
浙江	0.480451111	5
山东	0.393599268	6
湖北	0.270346016	7
天津	0.260146915	8
重庆	0.116818817	9
四川	0.067044883	10
福建	0.041817275	11
安徽	0.026937701	12
湖南	0.021678583	13
河北	0.01376412	14
江西	−0.023936544	15
海南	−0.025135779	16
陕西	−0.039154093	17
河南	−0.125346702	18
吉林	−0.125817053	19
辽宁	−0.152851028	20
贵州	−0.16547169	21
云南	−0.230988774	22
西藏	−0.260875492	23
广西	−0.424947653	24
新疆	−0.452381261	25
甘肃	−0.46577594	26
内蒙古	−0.528168272	27
黑龙江	−0.62941357	28
宁夏	−0.707660533	29
山西	−0.727170933	30
青海	−0.736739633	31

表 2-3-6　各省区市发展潜力评价情况及排序

省份	综合得分	2024 年排名
上海	1.260812356	1
北京	1.170677981	2
江苏	0.76827148	3
广东	0.746650724	4
浙江	0.710509339	5
天津	0.347025702	6
山东	0.203615573	7
福建	0.179777771	8
湖北	−0.003110082	9
重庆	−0.031695931	10
辽宁	−0.038917031	11
内蒙古	−0.083971163	12
海南	−0.130566573	13
四川	−0.152799092	14
湖南	−0.156575602	15
安徽	−0.169402399	16
河北	−0.172598716	17
陕西	−0.193128183	18
吉林	−0.201446101	19
黑龙江	−0.220416219	20
江西	−0.223174062	21
河南	−0.255306084	22
宁夏	−0.286157844	23
山西	−0.287483592	24
新疆	−0.319717289	25
广西	−0.347618763	26
云南	−0.353983605	27
青海	−0.358090437	28
贵州	−0.379303821	29
甘肃	−0.428976341	30
西藏	−0.592901999	31

表 2-3-7　各省区市竞争力评价情况及排序

省份	综合得分	2024 年排名	分类
北京	1.390305124	1	A
上海	1.122535021	2	A
广东	1.023307158	3	A
江苏	0.743740391	4	A
浙江	0.633149323	5	A
山东	0.392171383	6	B
福建	0.200891533	7	B
天津	0.169846831	8	B
湖北	0.142246086	9	B
四川	0.054433585	10	B
安徽	0.032681274	11	B
湖南	-0.05614889	12	C
重庆	-0.070625945	13	C
河南	-0.106878914	14	C
河北	-0.111367244	15	C
辽宁	-0.111731498	16	C
陕西	-0.155166212	17	C
内蒙古	-0.221345335	18	C
海南	-0.226868396	19	C
江西	-0.290752736	20	C
贵州	-0.336965215	21	C
山西	-0.353872789	22	C
吉林	-0.358312126	23	C
新疆	-0.370058544	24	C
广西	-0.376339101	25	C
云南	-0.383457167	26	C
西藏	-0.401967038	27	C
甘肃	-0.411615044	28	C
宁夏	-0.42517296	29	C
黑龙江	-0.575776419	30	D
青海	-0.586656417	31	D

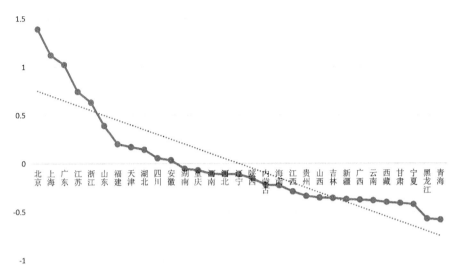

图 2-3-1　各省区市综合评价结果分布曲线图

　　表 2-3-7 显示了各省区市竞争力综合评价结果具体值,图 2-3-1 直观地显示了各省区市竞争力综合评价结果情况。整体来看,各省区市发展水平、发展潜力和竞争力综合评价的结果基本保持一致,显示出评价指标有良好的内在一致性。同时,也可以看到,各省区市发展水平评价结果相对于发展潜力评价结果更接近于最终的竞争力综合评价结果,这也反映了代表发展现状的发展水平维度在地区人力资源服务业综合竞争力评价中的基础性作用,发展潜力的兑现可能性要立足于发展水平去评判。

　　从表 2-3-7 和图 2-3-1 来看,北京、上海、广东、江苏、浙江 5 个省市的评价均在 0.5 分以上,有 20 个省区市在 0 分以下,分布呈现出了明显的层次性差异。0 分以下说明其发展水平低于全国平均水平,并不说明其没有发展。从全国看仍然呈现出东高西低的特点,尤其是甘肃、青海、宁夏等地的得分依然落后于其他省区市,位于末端,可以看出这些地区的人力资源服务业发展水平虽有进步,但仍落后于全国其他地区。

　　本书依据评价得分阈值宽度把地区分为四类,其中得分 0.5 分及以上的为 A 类,0—0.5 分为 B 类,-0.5—0 分为 C 类,-0.5 分及以下为 D 类,表 2-3-7 第四列显示了这一分类的结果。

　　北京、上海、广东、江苏、浙江等 5 个省市属于 A 类地区;山东、福建、天津、湖北、四川、安徽等6个省市属于B类地区;湖南、重庆、河南、河北、辽宁、陕西、内蒙古、海南、江西、贵州、山西、吉林、新疆、广西、云南、西藏、甘肃、宁夏等18个省区市属于C类地区;黑龙江、青海2个省属于D类地区。

为便于进一步分析,本书按国家地区划分标准分别统计了不同区位的省区市分类情况①,得到表2-3-8。

表 2-3-8　不同地区省区市类别情况统计表

地区	A	B	C	D
东部	5	3	3	0
中部	0	2	5	1
西部	0	1	10	1

表2-3-8所显示的分布情况可以更为直观地展示排序结果,东部地区的大部分省市都属于A、B两类,中部地区的省份基本集中于B、C类,西部地区的绝大部分省区市都属于C两类。该表说明我国各地区的人力资源服务业发展水平依然呈现出明显的东、中、西部水平差异。东部地区省份的人力资源服务业发展水平明显优于其他地区,这种水平优势不仅体现在人力资源服务业发展的现状上,而且体现在人力资源服务业发展的潜力上。相较之下,中部地区的省份大多处于中等的水平,而西部省区市的人力资源服务业发展水平就比较落后了,这种东中西部地区的人力资源服务业强弱格局与各地区在中国经济发展中的现实状况是相契合的。

三、各省区市人力资源服务业发展
情况排名变化与原因分析

前面评价结果表明,同上一年的分类结果相比,从划档角度看:A类地

---

① 依据《中国卫生健康统计年鉴》东、中、西部地区的划分:东部地区包括北京、天津、河北、辽宁、上海、江苏、浙江、福建、山东、广东、海南11个省、直辖市;中部地区包括山西、吉林、黑龙江、安徽、江西、河南、湖北、湖南8个省;西部地区包括内蒙古、重庆、广西、四川、贵州、云南、西藏、陕西、甘肃、青海、宁夏、新疆12个省、自治区、直辖市。

区作为第一梯队其数量和结构均保持了高度稳定;B 类地区数量有所下降的同时内部结构亦有微调(主要是从 B 类下滑至 C 类);C 类地区数量有较大上升(有 B 类下滑至 C 类,如湖南;也有 D 类上升至 C 类,如西藏),这也显示了在一定程度上我国人力资源服务业正在朝一个更具均衡性的方向上发展;而 D 类地区在数量明显减少的同时显现出了其内部结构的某些固化(D 类的两个地区均为上年排名后四位的地区)。从区域角度看:三大经济板块行业发展状态较去年总体保持稳定。东部地区整体保持高度稳定,尤其是依然包揽了作为第一梯队的 A 类地区,显示了其在人力资源服务业中稳健的引领导向作用;中部地区无论在数量还是结构上均保持了相对稳定,但发展后劲略显不足;西部地区依然处于相对落后的位置,但各地区间的发展差异有所减少,发展势头较去年相比有不小的提升。

表 2-3-9 显示了 2023—2024 年各省区市人力资源服务业发展水平排名的变化情况。

表 2-3-9 2023—2024 年各省区市人力资源服务业发展水平排名变化

省份	综合得分	2023—2024 年度排名	分类	2022—2023 年度排名	两个年度的 排名变化①
北京	1.390305124	1	A	1	0
上海	1.122535021	2	A	2	0
广东	1.023307158	3	A	3	0
江苏	0.743740391	4	A	4	0
浙江	0.633149323	5	A	5	0
山东	0.392171383	6	B	6	0
福建	0.200891533	7	B	7	0
天津	0.169846831	8	B	8	0
湖北	0.142246086	9	B	10	1
四川	0.054433585	10	B	13	3
安徽	0.032681274	11	B	9	−2

① 此处的排名变化,是排序运算而非代数运算,意义上是 2024 年相对于 2023 年的排名变化(上升+,下降-),但在计算上则体现为"2023 年排名"-"2024 年排名"。如湖北省 2024 年排名为 9,2023 年排名为 10,则 2024 年与 2023 年排名变化为 10-9=1,即上升 1 名。以此类推。

省份	综合得分	2023—2024 年度排名	分类	2022—2023 年度排名	两个年度的 排名变化①
湖南	-0.05614889	12	B	12	0
重庆	-0.070625945	13	B	11	-2
河南	-0.106878914	14	C	14	0
河北	-0.111367244	15	C	17	2
辽宁	-0.111731498	16	C	18	2
陕西	-0.155166212	17	C	16	-1
内蒙古	-0.221345335	18	C	19	1
海南	-0.226868396	19	C	20	1
江西	-0.290752736	20	C	15	-5
贵州	-0.336965215	21	C	21	0
山西	-0.353872789	22	C	23	1
吉林	-0.358312126	23	C	27	4
新疆	-0.370058544	24	C	26	2
广西	-0.376339101	25	C	24	-1
云南	-0.383457167	26	C	22	-4
西藏	-0.401967038	27	C	31	4
甘肃	-0.411615044	28	D	28	0
宁夏	-0.42517296	29	D	25	-4
黑龙江	-0.575776419	30	D	29	-1
青海	-0.586656417	31	D	30	-1

一般情况下，由于受到数据统计口径等因素的影响，2个位次以内的变化我们都可以将之视作是正常的排名波动，因此根据表2-3-9的结果，2023—2024年，西藏、吉林、四川、江西、云南、宁夏均有较大的排名波动，而其余省区市的排名大都保持相对稳定，波动地区数量较上年保持稳定。与2023年相比，人力资源服务业"第一集团"的数量和结构均非常稳定，北京、上海、广东、江苏、浙江的相对位次不变，稳居人力资源服务业发展水平的"第一梯队"，从侧面反映出评价指标的科学性和合理性，也在一定程度上凸显了人力资源服务业是依托于经济发展水平和市场发展环境的新兴产业，在某种程度上具有相对稳定性，短期内难以实现跨越式发展；但在短期

区域内部的经济社会形势也能在一定程度上影响行业发展。

　　在排名上升的省份之中,吉林省的进步幅度显著,这可能与吉林近年来良好的产业发展形势和省政府对于吉林人力资源服务业发展的政策支持力度日趋加大密切相关。在2023—2024年度,吉林省强化了行业发展的制度供给,将人力资源服务业列入省政府高质量发展指标和省政府服务业22项重大工程,相继出台了《吉林省人力资源市场条例》《吉林省人社领域助力民营经济发展壮大若干举措》等一系列政策法规,累计投入资金近4000万元扶持行业发展,举办30多期企业人力资源高管和从业人员培训班,培训人员2000多人次,为人力资源市场的管理、运营及人力资源的流动、配置等提供了强有力的制度保障。注重行业领军企业的培育,深化"放管服"改革,重点培育一批有核心产品、成长性好、具有全国竞争力的综合性人力资源服务企业。加快发展有市场、有特色、有潜力的专业化人力资源服务骨干企业,引导人力资源服务企业细化专业分工,提供高端人才寻访、甄选推荐、引进培训等定制化服务,向价值链高端延伸。延边小棉袄、吉林外服、通化新网等一批本土人力资源服务领军企业迅速崛起,服务能力、服务半径、服务水平和经济贡献率稳步提升。在打造平台载体方面,支持人力资源服务产业园建设,鼓励和支持有条件的县级以上人民政府建设符合市场需求、功能完善、特色鲜明的人力资源服务产业园,并通过多种方式对入驻产业园的人力资源服务机构予以扶持。现已建成国家人力资源服务产业园1家,省级人力资源服务产业园4家,市州级人力资源服务产业园2家,形成了较为完整的人力资源服务产业集群。从行业发展规模看,据吉林省人社局相关负责人介绍,2022年底,全省共有人力资源服务机构1940家,从业人员达14206人。2023年全省经营性人力资源服务机构达到2500家,同比增长22.4%;从业人员总数超过1.8万人,同比增长22%。从行业发展营收看,2022年全年营业收入214.96亿元。2023年行业营收达到235亿元,同比增长9.32%;规上人力资源服务业企业由2022年的142户增长到175户,营收同比增长23.24%。从行业发展效益看,为统筹发挥公共和经营性人力资源服务机构作用,全省人社系统围绕"想就业找人社、缺人才找人社"创新提升工程,帮助企业解决用工缺口,帮扶重点群体实现就业,供需匹配效率大幅提升。例如,2023年帮助1028户重点企业解决用工缺口,帮扶

21.42万名难以就业的重点群体实现就业。仅在吉林市,2023年人力资源服务业企业营收10.26亿元,比2022年同期(8.71亿元)增长1.55亿元,增速17.79%;截至2023年底,全市人力资源服务企业超300家,营业收入突破35亿元,从业人员2300余人,帮助带动就业4.3万人。从行业发展评价看,在第二届全国人力资源服务业发展大会上,吉林省代表团取得了量多、质优、突破三个特点的成绩。参会机构数量多,共23家省内规上人力资源服务机构参会;组织了多个重点产业的企业参加;推荐的润寓智慧服务平台项目荣获创新创业大赛二等奖,参会企业发布多个就业岗位并收到一定数量的简历,还有企业现场成功签约。针对人力资源服务业,吉林省将进一步推动创新发展,大力提升人力资源服务水平;进一步推动协同发展,不断强化人力资源支撑经济高质量发展作用;进一步推动集聚发展,健全完善高水平人力资源服务产业园体系;进一步推动开放发展,着力促进人力资源服务助力共建"东北亚丝绸之路经济带";进一步推动规范发展,抓紧建设高标准人力资源市场体系。

在2024年的评价结果之中,西藏自治区排名显著提升,表现亮眼。本书以为,西藏排名向上攀升得益于新兴动能加快成长,近年来固定资产投资持续走高、经济结构持续优化,过去一年经济运行总体平稳,发展态势持续向好,地区生产总值稳步提高,历史性地突破2000亿元大关。具体来看,2023年西藏第三产业(服务业)增加值同比增长9.9%,对经济增长贡献率达到57.6%,拉动GDP增长5.46个百分点,已经成为支撑全区经济持续较快增长的"主动力",表明其产业结构调整、经济转型升级的速度加快。据了解,西藏人力资源服务业近年来取得了长足发展,在促进就业、优化人力资源配置以及服务区域发展战略中发挥了积极作用。截至2024年7月,全区人力资源服务机构超过120家,其中年营业收入达5亿元的1家,全区人力资源服务业年营业总收入突破30亿元。与此同时,西藏人力资源服务业近年来在政策支持、行业活动参与、数字化转型、企业成长等方面均有所发展。全国范围内人力资源服务业的快速增长和多元化发展也为西藏提供了借鉴和合作机会。2024年5月30日,西藏自治区政府制定颁布《西藏自治区人力资源市场条例》,并于8月1日起正式施行。该《条例》的实施标志着西藏自治区人力资源市场正式步入法治化轨道,其对市场培育、市场主体、市场活动、市场服务、市场监管等方面作了具体规定，强化了政府服务职能，规范了监管方式，为西藏人力资源市场发展提供了有力的法治保障。在行业活动和合作方面：一是积极参与全国性大会，如在 2023 年 11 月举行的第二届全国人力资源服务业发展大会上，西藏人社部门和部分企业代表共计 75 人参加。西藏的一些企业作为线下参展机构代表团参展，并达成了相关签约合作；数字化人力资源市场平台、西藏自治区"三支一扶"信息管理系统也进行了路演。二是加强区域交流合作，如 2024 年 8 月，四川省人社厅相关人员赴西藏自治区人社厅对接交流川藏人力资源合作，实地调研走访了拉萨市零工市场、自治区人才广场等点位，双方围绕人力资源合作、人社业务举行座谈，探讨加强后续川藏人力资源协作等相关事宜。此外，2023 年，西藏在切实推动理念更新与行业机构发展方面亦做了开创性工作，博士服务团成员等推动内地先进就业理念在西藏落地，提议培育高原专业人力资源服务公司，建立人才资源数据库，推动实现企业用人需求与中高层次人才求职双向匹配。在其推动下，西藏批准成立了多家民营人力资源服务机构，促进西藏人力资源服务业从粗放式迈向高质量发展。由此可见，过去一年西藏自治区多措并举大力推进区域人才队伍和人力资源服务建设，这一系列努力有利于培育市场主体、推进业态创新、加快开放合作，进一步改善了人力资源服务业的发展环境。除政府大力支持外，西藏人力资源服务业发展效益指标和发展速度指标也整体增长迅速，如人力资源服务业行业集中度、区域就业情况、人力资源服务业生产率增速等指标均已达到或超过全国中游水准，市场环境日趋优化，产业基础逐渐完善。但不能否认，当前西藏人力资源服务业发展水平与"第一梯队"和"第二梯队"仍有不小差距，现有发展水平与跨越式发展目标仍不协调，发展的质量相对有限，发展的持续性有待观察，这不仅与西藏本地经济发展的客观实际有关，还受制于行业从业人员的素质偏低和高层次人才吃紧等因素。

此外，四川的显著提升让人眼前一亮，这是其整体经济实力稳步提升带来的厚积薄发。过去一年，四川深入贯彻新发展理念，经济高质量发展取得新成就。地区生产总值由 56479.8 亿元提高到 60132.9 亿元以上，突破六万亿元大关，较上年增长 6%。人均地区生产总值由 67777 元增加到 71835 元，突破 7 万元大关，较上年增长 6%。横向对比，地区生产总值和人均地区生产总值增速均位列全国前五。其中第二产业增加值 21306.7 亿元,增长 5.0%;第三产业增加值 32769.5 亿元,增长 7.1%,在当前整体经济形势下实属不易。具体来看,四川省人力资源服务业实现了连续两年的较快增长:截至 2023 年底,四川省人力资源服务市场主体近 1.6 万户,年服务用人单位 265 万家次,促进就业流动 2000 万人次、猎聘引才超 10 万人次,全省技能人才和高技能人才总量分别达到 1098.03 万人和 238.54 万人。尤其在成都,已建成 1 家国家级、1 家省级、3 家市级人力资源服务产业园,集聚人力资源服务企业 260 余家,2023 年为超 7 万家(次)企业落地发展提供了招聘猎头、培训测评、人力资源管理咨询、人力资源服务外包等全链条服务。这背后是四川以促进市场化社会化就业和人才顺畅有序流动为主线,聚焦重点产业发展,打造人才优质服务平台,加快推动人力资源服务产业园建设,使得人力资源服务业高质量发展呈现良好态势。首先是政策支持产业发展:四川省发布了《关于全面推进人力资源服务与全省重点特色产业深度对接协同的通知》以及《关于实施四川省人力资源服务赋能产业专项行动的通知》等,旨在推动人力资源服务与重点特色产业的深度对接与协同发展,包括建立跨部门工作协作机制、优化供给体系、加强平台支撑、突出供需适配、深化信息赋能、强化活动配合等方面,力争在"十四五"期间建立富有四川特色和一定全国影响力的人力资源协同发展产业体系。其次是主体培育和产业集聚:深入实施名优企业招引、龙头企业培育、"专精特新"遴选、中小微企业提质、公共服务提升五项大行动,力争到 2025 年重点培育形成 2—3 户全国性、20 户左右四川省龙头企业和 5 户左右全国性、30 户左右四川省"专精特新"企业。同时加快构建国、省、市、县四级产业集聚支撑体系,高标准规划创建(绵阳)科技城、川南人力资源服务产业园,全力创建德阳装备制造、乐山文化旅游和四川高新技术经济人才市场。再次是服务重点群体,细分赛道促进就业:各市场主体在促进农民工、大学生、残疾人等不同群体就业的细分赛道上加速快跑。例如,鱼泡科技研发的鱼泡网 APP 是专业服务农民工就业的平台,目前已吸引 8300 多万个注册用户,其中活跃的川籍农民工超过 500 万人;成都萌想科技有限责任公司所属的实习僧平台拥有 33 万家企业雇主和 2400 余万名大学生注册用户,业务覆盖大学生从学业至就业的全周期。最后是推动人力资源服务出口:2023 年 8 月 22

日，"人力资源服务出口贸易对接会暨2023年国际劳务合作交流洽谈会"在中国成都人力资源服务产业园举行，活动发布了相关政策和服务清单，推出线上贸易协同平台，举行国家特色服务出口基地共建产业生态圈启动仪式，并开展主题演讲和圆桌会议等，推动了全省人力资源服务业的国际化发展。

在排名下跌的省份之中，江西下滑较大。江西省下跌的原因较为明晰，即在产业结构调整、人才政策及其政策执行、营商环境改善、科技创新能力提升方面缺乏后劲，对本省的国民经济造成了较大影响。2023年江西GDP增速为4.1%，在31个省区市中位列28位，使得其在一系列行业发展评价重点指标上的表现大幅下滑。具体表现在江西人力资源服务业从业人员数量增量为负，即出现了明显的负增长（全国第五）。从业人员数的较多流出造成了全省人力资源服务业产值、人力资源服务业增加值增速等指标在全国范围内排名的相对下滑。作为人力资源服务业发展水平评价指标体系中发展规模和发展速度的三个重要指标值，这直接反映出一个地区人力资源服务业的发展和增长状态，在这些关键指标上的疲软表现，说明2023年江西人力资源服务业的总体发展活力、速度的确受到了客观经济社会形势的较大影响。相应地，江西人力资源服务业对GDP和服务业的贡献率也伴随着出现相对下滑，已滑落至31个省区市下游位置。这些反映人力资源服务业发展现状的核心指标出现相对下滑，势必会影响江西的排位。加之江西位于中国的中部，虽然处于"长珠闽"经济圈的辐射范围内，但这一地理位置也带来了交通瓶颈。江西的交通网络相对不够发达，特别是铁路和航空运输方面，这在一定程度上影响了江西与外界的经济交流和合作，区域协同发展效果尚不明显。同时，江西对外开放水平不高，外资、外贸规模较小，难以融入全球经济，也让其失去了部分的产业发展机会。基于上述数据与分析可以看到，人力资源服务业的良性发展并不完全依靠人力资源服务业本身，其需要与产业发展基础、经济发展环境、市场成熟条件、社会人口结构等因素综合作用、协调互动。想要保持一个人力资源服务业的良性健康发展，应注重人力资源服务业发展的健康性、长期性和持续性等影响因素的建设、培育与累积，并且保持和推动多方联动。

云南省的排名下跌了4位。云南省排名下跌主要有以下两方面原因：

一是2023年的整体经济运行情况不理想。西南各省中,云南省2023年的GDP增速较四川、重庆、贵州三省市差距明显,更远低于全国平均增速,在全国范围内排名25。这背后反映的是区域产业转型升级滞后,增长乏力,使得诸如人力资源服务业相关的重要指标如地区生产总值、第三产业增加值等增速放缓,而且在全国的排名相对落后。二是具体反映人力资源服务业发展水平和发展潜力的部分指标排名已相对落后,如反映发展规模的人力资源服务业增加值比重、反映发展效益的人均人力资源服务业增加值,以及反映发展潜力的第二产业增加值比重、利用外资情况、城镇居民储蓄余额等指标均处于全国中等或中等偏后的水平,发展后劲有所不足。加之云南的现代服务业发展起步较晚,本区本行业相关常驻国企央企较少,发展引领效果不明显,私营企业相对东部地区活力不足效率低下,商业发展效益不高,法治环境、营商环境和管理方式亟待进步,也让云南很难出现行业的领军企业。此外,云南的相对下滑也与近年来其他地区行业的强势崛起有关,特别是在长三角一体化、粤港澳大湾区、成渝城市群、中部崛起等区域集聚效应的影响下,全国各地的人才要素也在加速汇集上述地区,且成渝双城经济圈战略尚未面向西南腹地的云南显示出应有的辐射效力,云南的区域协同发展效果尚不明显,致使其人才流出状况较为严重。

位于西北地区的宁夏跌幅也较大。一方面是在经过前些年的稳步发展后,人力资源服务业发展速度指标增长趋于放缓。具体来看,宁夏上年人力资源服务业增加值增速为2%,虽然在整体经济形势下行的背景下尚可接受,但在全国范围内已从2023年的全国第21位下跌到了2024年的全国第27位;上年人力资源服务业从业人数增速为-1.8%,也在全国中下游水平。另一方面,宁夏的教育、医疗、文化等基础公共事业相对薄弱,导致人才流失问题比较严重。大量优秀人才离开宁夏,去到其他城市或发达地区寻求更好的发展机会,一定程度上限制了其人力资源服务业的产业发展步伐。在这里我们看到,一个产业的发展不能只关注发展的速度,产业发展的基础以及未来发展的潜力等均是产业水平的重要组成部分,短期内发展速度指标的快速提升确实能带来短期排名的上升(如宁夏前两年的强劲表现),但若想真正取得长期的进步甚至跻身于全国前列,还应注重产业发展的健康性、长期性和持续性积累。

四、评价结果总结与政策建议

人力资源服务业作为为劳动者就业和职业发展、为用人单位管理和开发人力资源提供相关服务的专门行业,有着巨大发展潜力,在中国属于朝阳产业,现代知识经济对人才的重视使得这一产业在国民经济中的地位迅速提升,并引起人们的广泛关注和重视。党的二十大报告明确提出人才是第一资源,系统部署了"深入实施人才强国战略"的目标任务,在中国式现代化的宏大视野中赋予"人才"新的时代内涵。国家、政府和社会都希望人力资源服务业能健康、快速发展,为整个国民经济的持续健康发展作出应有的贡献。因此,了解人力资源服务业在不同地区的发展水平就成为实现这一期许的前提。中国幅员辽阔,南北差异巨大,这种差异既包括了社会文化的差异,也包含了内在经济发展水平的不一致,大部分产业在中国的地域差异是巨大的,人力资源服务业也不例外。了解这种地域差异是了解这个行业整体发展状况的重要组成部分,它对政府制定统筹发展的经济产业政策以及私人部门的投资决策有着巨大参考价值。

(一) 评价结果总结

本章通过设计人力资源服务业发展水平评价指标体系,在搜集 2024 年全国 31 个省区市的相关数据基础上,依托这一指标体系对各地区人力资源服务业发展水平进行了排序、分类,并对相关的数据结果进行了阐释与说明。通过这一研究过程,并综合对比前些年的排名结果,我们可以总结出以下认识。

1. 我国人力资源服务业整体发展环境持续优化,发展状态稳中向好

2023 年是中国全面贯彻党的二十大精神的开局之年,经济和社会发展在克服新冠疫情带来的挑战后,实现了全面恢复和高质量发展。各行业有效应对内外部挑战,国民经济顶住下行压力持续发展,国内各地区整体经济发展环境持续优化,各地区人力资源服务业运转也逐步走上正轨。根据人力资源和社会保障部《2023 年度人力资源和社会保障事业发展统计公报》数据显示,2023 年末,人力资源服务机构 6.99 万家,人力资源服务业从业

人员 105.84 万人。全年为 3.31 亿人次劳动者提供就业、择业和流动服务，同比增长 5.6%；服务用人单位 5599 万家次，同比增长 6.3%。就整年看，机构数量进一步增长、行业规模进一步扩大、高端业态快速发展、人力资源服务业产业园区持续铺开、人力资源市场配置能力进一步提高，人力资源服务业总体发展水平稳中有进，发展环境不断改善，日益成为现代服务业和生产性服务业的重要组成部分，成为实施创新驱动发展战略、就业优先战略和人才强国战略的关键举措，构建人力资源协同发展产业体系的重要力量，经济社会长效健康发展的有力推手。

2. 我国人力资源服务业区域发展水平仍存在显著差异

根据 2024 年人力资源服务业区域发展水平评价结果来看，我国人力资源服务业区域发展水平仍存在显著差异，且相对差距趋于稳定，中西部地区行业发展空间依然广阔。与我国经济发展水平的区域性差异类似，我国东部、中部和西部地区的人力资源服务业发展水平差距仍然明显。这种差异在相当一段时期内依旧会存在，但会随着不断发展而逐渐缩小。通过对比 2024 年和 2023 年我国各地区人力资源服务业发展水平的排名便可以发现，2024 年在 A 类省份数量保持稳定的前提下，C 类省份的总数有了大幅增加，而 B、D 类省份的总数有了明显减少，在一定程度上呈现出聚敛趋势，这也可以从一定程度上看出西部省区市人力资源服务业的发展水平在整体上有了提升。未来我们一方面不能忽视中西部省区市在行业发展中作出的努力，采取多方措施为人力资源服务业发展创造更好的环境与空间，不断提升其发展速度，发挥中西部行业后发优势；另一方面也要总结东部省市在人力资源服务业发展中的经验教训，注重行业的可持续性发展与长期积累，追求行业发展数量与质量的统一。

3. 应正确理解地区人力资源服务业发展与经济发展间的相互协同关系，重视两者间的良性互动

经济发展主要体现为经济水平和产业基础。经济水平是人力资源服务业发展的基础，而成熟的产业基础则是人力资源服务业发展的前置条件。具体来看，经济水平为人力资源服务业的发展提供了诸如资源、市场、基建等基础性条件，而产业基础则为人力资源服务业的发展提供了平台和依托。即人力资源服务业的发展并不是孤立的，一个地区的经济发

展水平可以反衬出产业发展的未来潜力,反映在本书中就是指标体系中人力资源服务业发展现状和人力资源服务业发展潜力两部分指标相辅相成,缺一不可。因此,人力资源服务业的发展在空间上并不是孤立的,需要地区整体经济建设和产业发展的支撑;在时间上并不是能够短期速成的,需要长期性的经验积累和要素沉淀。反过来讲,人力资源服务业的不断发展也会促进地区产业结构的优化调整,繁荣地区的就业,提升企业运行效益,促进地区整体经济发展。这启示地方政府要兼顾人力资源服务业发展的速度和效益,打好产业发展的基础,注重产业发展的长期性、健康性和持续性积累。

4. 政府及时积极的政策扶持与宏观调控对人力资源服务业的发展至关重要

政府政策扶持与宏观调控对人力资源服务业发展的重要性不容忽视。通常来讲,地方政府能在产业政策、优化环境、增强监管、提升服务等方面对该地人力资源服务业的发展施加影响。就具体措施而言,地方政府如能明确产业发展目标、推出具体扶持政策和监管措施、推动人才队伍建设和地方标准化的实施、搭建供需平台引进人才、保障劳动者权益,那么对于一个地区人力资源服务业的发展(尤其是发展速度指标)能起到极大的促进作用。2024年西藏自治区排名的迅速提升和甘肃省排名的小幅下滑,可以从很大程度上证明这一点。

5. 人力资源服务业数字化转型加速推进

通过观察分析本年度各省区市在发展人力资源服务业过程中的系列举措,可以发现中国人力资源服务业的数字化转型取得了显著进展,为行业带来了诸多机遇和改变。其中,东部沿海地区在人力资源服务行业数字化和智能化方面走在前列,多地人社部门通过数据驱动决策促进灵活用工,加速行业标准化建设,推动人力资源服务业的新商业模式出现。越来越多的企业开始利用大数据、人工智能等技术来优化招聘、培训和绩效管理等流程,提高人力资源管理的效率和效果。当然,人力资源服务业的数字化转型在不同地区的发展程度存在差异,一线城市和经济发达地区的人力资源服务企业相对较早实现数字化,而一些中小城市和农村地区可能面临技术和人才短缺的挑战。

6. 人力资源服务业将成为区域经济增长的新引擎

根据《中国统计年鉴》的数据显示,我国适龄劳动力人口占总人口比重逐年下降,已从 2013 年的 73.9% 跌落至 2023 年的 61.3%,与此同时,人口抚养比也从 2013 年的 35.3% 上升到 2022 年的 46.6%。在这一人口结构性变化大背景下,企业的人力成本势必不断增加,倒逼人力资源需求从数量向质量转变,招聘、培训等人力资源环节应发挥更大的人才人力合理配置作用,对人力资源服务业的需求也会更加旺盛。因此,人力资源服务业的发展对地区产业结构的优化与调整意义重大,对于增加地区人口的就业数量、提升企业运行效率具有更积极的影响。特别是在当前我国多个区域经济一体化进程如火如荼的情况下,人力资源服务业将成为加强区域智慧联结、促进区域经济发展的新推手。

(二)政策建议

基于本章所构建的人力资源服务业发展水平评价指标体系以及以此为依托而计算出的近些年各地区人力资源服务业发展水平排名结果,吸取排名靠前地区人力资源服务业发展的先进经验与做法,在综合考虑产业发展与区域发展相结合的背景下,本章提出以下政策建议。

1. 依据经济发展状况确立本地人力资源服务业的发展目标

各省区市人力资源服务业的发展目标应依据其经济发展状况而定,产业发展的相关政策也应与当地整体的社会经济发展政策相吻合,不能脱离现实而盲目追求产业发展的高速度。自 2014 年《关于加快发展人力资源服务业的意见》首次从国家层面对发展人力资源服务业作出全面部署以来,各省也相继出台了关于加快人力资源服务业发展的实施意见,支持人力资源服务业的发展。从近两年各地区人力资源服务业发展水平的实际排名结果来看,一些省区市在科学的发展目标和政策支撑下产业发展取得了长足进步。总结其经验,重要的一点在于地方政府在发展人力资源服务业时,不能孤立地只从产业出发制定发展目标与发展政策,还应综合考虑地方的经济社会发展水平以及相关的发展政策,不能单单追求产业发展的高速度。我们也基于实证研究发现,各地区人力资源服务业发展水平与其经济社会发展水平密切相关。人力资源服务业作为现代服务业的组成部分,其主要意义就是服务于经济社会的发展，尤其是在当代中国，人力资源服务业作为新兴产业还不能起到显著的引领经济社会发展的作用，这就更应将其发展融于经济社会发展的大环境中，避免跨越式的产业推进带来的低效与资源浪费。这启示各地区在发展的过程中，应因地制宜地制定人力资源服务业发展规划，各地政府应通过系统调研，厘清人力资源服务业的现状，摸清机构、从业人员、服务内容等基本情况，全面了解经济社会发展对人力资源服务业的需求状况以及业务完成情况，拟定不同阶段的发展规划，确定整个区域的人力资源服务业的战略目标。

2. 加大各级政府政策扶持力度，助力行业发展

各省区市政府应在政策层面大力扶持人力资源服务业的发展，不断实现政策的完善化、精准化，保持政策的延续性和平稳性，因地制宜地保证政策实施落地，避免各省间政策条文的相互模仿。第一，政府应积极转变职能，积极做好本地区人力资源服务业引导者与推进者的角色工作。充分发挥市场的主体作用，改善人力资源服务业发展的市场环境，鼓励和引导各类人力资源服务机构参与市场中的有序竞争，不断提升人力资源服务机构的竞争力以及相关从业者的素质水平。第二，重视顶层设计，要构建和完善支持人力资源服务业发展的政策体系，在因地制宜的基础上明确人力资源服务业的发展目标、具体的扶持政策以及配套的监管措施。第三，根据"放管服"改革要求，提升和创新监管服务能力，如进一步深化行政审批改革、推进诚信体系建设、推进行业标准化实施、加强行业队伍建设等，不断提升公共服务的供给能力和供给效率。第四，实施重点引进计划，对新引进的知名人力资源服务企业总部或符合特定条件的企业，给予一次性奖励。比如，宜宾市对新引进的世界500强中的人力资源服务企业总部、中国服务业500强企业总部等，分别给予300万元、100万元的一次性奖励。第五，重视人才的作用，以政策优惠为吸引，依托各类人力资源服务机构搭建供需平台开展各类招才引智活动。

3. 增强各省区市人力资源服务业发展中的联系与互动，在更高层面上实现产业区域发展的总体布局

尽管本章以省为单位对各地区人力资源服务业发展水平进行了排名，但是这并不意味着各地区人力资源服务业的发展是相互割裂的，反而彼此

间存在着很强的联动性。本章研究的意义之一在于可以让各地区直观了解目前人力资源服务业的发展状况,摆正位置,更好地树立学习标杆、向行业发展较好的地区借鉴与学习,实现各地区人力资源服务业在发展中的优势互补,同时人力资源服务业发展水平较高地区应发挥好辐射带动作用,这样才能实现人力资源服务业的有效整合,实现行业的发展壮大。我国东部地区目前仍保有经济、科技、人才等多重优势,作为我国现代人力资源服务业的发源地,扮演着产业领头羊的角色。中西部地区虽然目前发展水平处于弱势,但具有较大发展空间和后发优势。未来要持续调动东部地区对中西部地区产业发展的带动拉动作用,形成对中西部地区产业拉动和资源输入的影响效应,通过政策优惠等方式进一步推动其开拓中西部市场,以产业发展的先进经验带动中西部地区的产业结构转型升级。与此同时,中西部地区尚处于跨越发展阶段,在多数领域并不具备领跑能力,应采取跟跑策略。但跟跑并不是保守的,因为它要求始终贴近行业前沿、快速跟进创新业态,通过模仿创新、再创新和集成创新等手段,形成自己的成长模式和竞争优势,充分把握自身"后发优势",积极主动地学习东部地区先进经验,尽可能规避东部地区在产业发展中的弯路岔路,降低发展成本。如 2024 年排名显著上升的四川省在制定《关于实施四川省人力资源服务业创新发展行动计划(2023—2025 年)的通知》等政策文件时,便深度借鉴了上海自贸区、广东自贸区等的人才政策设计方案,在人力资源服务机构对外合作等方面优化了相关条例,取得了明显成效。

然而从全国范围看,各地区人力资源服务业在发展中的联动效应尚未凸显,人力资源服务业发展水平较高地区的辐射带动作用尚未充分发挥。若想实现这种联动和辐射效应,应从以下三个方面着手。第一,以产业集聚为基础,在更高层面上实现产业区域发展的总体布局。目前来看,各省均在积极推进人力资源服务产业园的建设,试图依托已形成的产业发展优势,发挥产业集聚效应。然而依托人力资源服务产业园而形成的产业集聚目前看仍仅局限在某一个城市或者区,尚未在某个区域范围内以点带面形成合力,这就需要未来在更高层面上实现产业区域发展的总体布局,这里的区域选择可以是京津冀、长三角、珠三角、成渝经济圈、中部六省经济圈等。围绕某个区域,合理规划布局,形成集聚优势,提升溢出效应,可成为产业未来发展的重要路径选择。第二,完善各地区间人力资源服务业沟通与协调机制,加强相互间的资源要素共享,发挥行业协会在地区间合作交流中的作用。第三,为各地区间人力资源服务业发展的联系与互动配套以相应的制度保障。

4. 建立人力资源服务业创新发展的复合型人才培养机制

人力资源日益成为经济社会发展的第一资源,任何行业的发展都离不开专业人才,人力资源服务业的发展也不例外。基于人力资源服务业高技术含量、高人力资本、高成长性和辐射带动作用强等特点,其在识人、选人、用人、育人、留人、送人等各环节都有其特定的专业要求,因而人力资源服务业的繁荣更需要创新发展的复合型人才。同时,人力资源服务业志在促成百业兴旺,其服务对象具有跨行业的特点,要为各行各业的管理者提供岗位配备、人才激励等各种形式的人才管理服务。因而,人力资源服务业人才不仅要拥有人力资源管理专业的理论知识,还要掌握所服务行业机构的用人标准和模式,唯其如此才能提供有的放矢的高品质服务。此外从企业成长角度看,小型人力资源服务业机构往往从事低层次的人才服务,中型人力资源服务业机构的主营业务往往依托于特定的某类行业,大型综合实力强的人力资源服务业机构才能提供更广、更深、更多层次的业务服务,因而创新发展的复合型人才也是人力资源服务业机构实现跨越成长的必要条件。

培养创新发展的复合型人力资源服务人才需要建立理论与实践相结合的培训机制。首先以培养人力资源服务人才为主的人力资源管理学科要做到理论素养和实践技能深度融合,如构建人力资源管理专业专家学者参与实务的机制。离开现场谈管理知识是空中楼阁,必须加强行业理论派的实践意识和技能。在此基础上构建产学研三合一教学模式,增设实务类课程,培养学生的实践技能,推进构建创新发展的复合型人才培养机制。其次,重视终身学习与继续教育,鼓励在职人员参与继续教育和专业培训,不断更新知识和技能。同时提供灵活的学习方式,如在线课程、短期培训、研讨会等,以适应在职人员的学习需求。最后,加强行业培训。行业培训不仅要充分对接国家和各地人社部门,做好行业服务标准的学习和解读工作,还要充分发挥行业协会在行业代表、行业自律、行业协调等方面的功能,以学术论坛、技能大赛等形式促行业技术经验的交流。总之,要夯实人力资源服务业发展的基石,培养更多创新发展的复合型人才,从而促进各地人力资源服务业的发展。

5. 利用大数据和"互联网+"技术,加强行业数据库建设

利用大数据和"互联网+"技术发展人力资源服务业是落实国家"数字中国"发展战略的要求。发展人力资源服务业要推动人力资源服务和互联网的深度融合,积极运用大数据、云计算、移动互联网、人工智能等新技术,促进人力资源服务业创新发展、融合发展。加强人力资源服务信息化建设,构建人力资源信息库,实现数据互联互通,信息共享,是促进人力资源优化配置的基础,是未来人力资源服务业发展的基石。智能化人力资源服务正在兴起,一些互联网背景的人力资源服务公司,依托人才大数据库,可以做到智能化人岗匹配。然而,谙熟大数据和"互联网+"技术的现代人力资源服务业机构并不多。大部分企业还停留在传统的人工技术操作层面。因此,加强 IT 精英加盟人力资源服务行业是突破行业发展瓶颈的有效途径。

此外,大数据和人工智能也有助于解决我国人力资源服务业行业数据库统计不完善的问题。目前人力资源服务业相关实证研究中所面临的最大困难在于统计数据严重不足,仅有的一些统计数据还存在着各省间统计口径差异的问题。制定人力资源服务业发展政策应基于对行业发展状况的精准认识和把握,而目前人力资源服务业相关统计数据的缺乏使得决策者在制定相关政策时更多地依赖自己的主观经验和主观判断,这种对于行业发展认识的模糊性直接降低了决策的科学性和准确性。因此,未来将人力资源服务业作为一个独立的行业门类纳入国民经济统计的范畴,定期公布相关统计数据就显得尤为重要。这一方面有利于相关研究者在深入处理相关数据信息的基础上构建更为科学合理的行业发展水平/竞争力评价体系和机制,深入了解行业发展状况;另一方面可以为人力资源服务机构制定自身的发展规划、人力资源服务业主管部门制定和优化政策提供依据。

6. 大力推进产业园区建设,扶持新机构可持续发展

国家要继续大力推进人力资源服务产业园建设。一个产业园区能搭建起一个行业集聚发展的实体平台,它有利于加快市场主体的培育,促使新机构的产生,促进行业规范有序发展,激发人力资源服务业市场有序竞争,从而激发服务创新、完善服务链条,提升服务能力和水平。国家现有 26 个国家级人力资源服务产业园,涉及 22 个省市,广东、浙江、上海和山东人力资

源服务业发展一直名列前茅，与四地人力资源服务产业园区建设密不可分。上海拥有全国第一家国家级人力资源服务产业园，广东拥有广州、深圳两个国家级人力资源服务产业园，浙江也拥有杭州、宁波两个国家级人力资源服务产业园，而山东更是拥有烟台、济南和青岛3个国家级人力资源服务产业园，这在全国都是独一无二的。四地产业园区的发展为其他各行业的发展提供了强有力的人才支撑，落实满足了经济社会发展产生的人力资源服务需求，促使当地人力资源服务业成为现代服务业发展的增长点。

要根据各地人力资源服务业发展水平，建立国家级、省级、县域级的产业园区，以适应当地经济社会发展对人才需求的需求，因地制宜地扶持人力资源服务业的发展。例如2023年吉林省政府新批复将长春新区人力资源服务产业园和通化市人力资源服务产业园列为省级人力资源服务产业园，足以证明这两个地区的产业园区对吉林省人力资源服务业起到的极大促进作用。

促生品牌人力资源服务机构发展，扶持新机构可持续发展。人力资源服务业作为新兴产业，其机构实体层次多样，不乏实力雄厚、成立较早的机构，还有一些中小型新机构，这些新机构是人力资源服务业的有机组成部分，其可持续发展值得关注。据国家企业信用信息公示系统和企查查网站查询，我国以"人力资源"冠名并在2023年后注册的企业有40648家，其中在业/存续企业有38516家，有2132家企业存在吊销、迁出、停业等经营异常情况，占总注册企业的5.25%，这表明新建机构在人力资源服务业存活很不容易。尽管中小型人力资源服务业运营成本低，但如果没有固定的客户源和稳定的效益收入，维持运营也很艰难，因而国家有必要加大中小人力资源服务业机构扶持力度，以满足各类企业对人力资源服务的不同层次需求。

机构的发展人才是关键。人力资源服务业更应践行人才是第一社会资源的理念，做好全国人力资源服务行业人才的配置，鼓励东部发达地区的人力资源服务业机构主体开拓中部、西部市场，打破专业人才流动的壁垒，促使东部人力资源服务业精英到中西部人力资源服务业市场创业，发掘促生中西部人力资源服务业市场潜力；结合西部开发战略，弥补发展的不均衡，才能促进全国人力资源服务业实现快速普惠发展。

　　2024年,党的二十届三中全会报告再次强调要完善实施区域协调发展战略机制,以此促进区域协调发展,增强区域间发展的平衡性和协调性。中国是发展中大国,各个区域具有各自比较优势,发展呈现差异性是必然的,但区域差距不能过大,应打破区域分割、各自为政的状况,按照优势互补、互利共赢的原则,加强区域合作,不断缩小区域差距。人力资源服务业作为一种服务人力资源与人才的创新创业以及促进人力资源协同发展的产业,对增加地区人口的就业数量、优化与调整地区产业结构有显著的推动作用,凸显了其在实现区域协调发展目标中的战略性意义。

　　本章对中国各省区市人力资源服务业发展情况的评价及政策建议,有利于更加直观地把握人力资源服务业发展的阶段性特征和区域性差异。一方面,可以为未来国家实现更高视角和层次的产业布局和规划打下基础,在制定产业政策时能够更加注重统筹发展,提升政策制定的针对性和有效性;另一方面亦可以为各地区未来进一步展开行业监管、制定行业规范提供借鉴与参考,基于自身情况制定出更为合理的发展目标与产业政策,进而推动整个产业的均衡协调发展,为实现我国区域协调发展和现代化的目标助力。

第四章　人力资源服务行业十大事件

【内容提要】

《中国人力资源服务业蓝皮书2024》记载的大事件，较好地覆盖了人力资源服务业发展的各个维度，与2023年蓝皮书相比，本章既有延续，又有创新。"延续"体现在评选方法、流程、标准、述评框架上；"创新"体现在事件及其述评内容上。

其中政策类3件，学术类2件，行业类3件，会议类2件。按照排名先后分别是：第一，《中国人力资源服务业蓝皮书2023》；第二，《人力资源蓝皮书：中国人力资源发展报告(2023)》；第三，《人力资源社会保障部等七部门关于实施高技能领军人才培育计划的通知》；第四，《人力资源社会保障部办公厅　公安部办公厅　市场监管总局办公厅发布关于加强职业技能评价规范管理工作的通知》；第五，第二届"一带一路"国际技能大赛在重庆举办；第六，第二届全国人力资源服务业发展大会在深圳举办；第七，《人力资源管理专业人员职称评价办法(试行)》；第八，人社部部署开展2024年全国公共就业服务专项活动；第九，第二届全国技能大赛在天津举办；第十，中国人力资源服务业发展战略高端论坛暨研究成果发布会在天津举办。

Chapter 4　Top Ten Events of Human Resource Service Industry

【Abstract】

The top events in the *Blue Paper for Human Resource Service Industry in China 2024* have covered almost all the aspects of the development of China's Human Resource Service Industry in 2024. Compared to the 2023 Blue Paper, this chapter is both successive and innovative. The successive side is reflected in the appraisal method, procedure, criteria, framework of review and comment, while the innovative side is reflected in the ten events which are all new and the content of review are brand new correspondingly.

Among the top ten events, there are 3 policy events, 2 academic events, 3 industry events and 2 conference events. The ranking is as the following: 1. *Blue Paper for Human Resource Service Industry in China 2023*; 2. *Annual Report on the Development of China's Human Resources* (2023) ; 3. *Notice of the Implementation of the Highly Skilled Leader Manpower Cultivation Plan*; 4. *Notice on the Implementation of Training Plan for High-skill Leading Talents*; 5. The second "Belt and Road" Interpersonal Leadership Competition was held in Chongqing; 6. The second Conference on the Development of Human Resource Services was held in Shenzhen; 7. *Methods for Evaluation of Professional Titles of Human Resource Management Personnel*; 8. Special Activities for Public Employment Service in 2024 was held; 9. The second Skills Contest was held in Tianjin; 10. 2024 High-level Forum on Human Resource Service Industry and Release Conference of Research Achievements was held in Tianjin.

2023 年 7 月至 2024 年 7 月,我国人力资源服务业持续健康发展,在经济社会发展大局中发挥了积极作用,加快进入高质量发展阶段。本章延续以往蓝皮书相关章节,继续记载中国人力资源服务业的发展经历,旨在让公众深入了解 2023—2024 年这一段时间内,中国人力资源服务业在政策、学术、行业和会议这四个方面所取得的突破性进展。

本章首先介绍大事件评选的指导思想、评选目的与意义、评选的原则与标准以及评选的流程,然后对评选出来的十大事件分别进行述评。

一、行业大事件评选概述

2023 年 7 月至 2024 年 7 月期间,中国人力资源服务行业坚持数字赋能与创新驱动相结合,持续创新发展,进一步激发了市场活力和发展新动能,促进了劳动力、人才顺畅有序流动,为推进中国式现代化提供了有力支撑。

为了圈点中国人力资源服务业在这一年度所取得的突破性进展,进一步厘清并记录中国人力资源服务业的发展历程,我们对发生在 2023 年 7 月至 2024 年 7 月、与人力资源服务业相关的事件进行了搜集和征集。为了保持本书的延续性,事件的筛选基本延续了往年《人力资源服务业蓝皮书》十大事件评选的指导思想、选拔的目的和意义、评选原则与标准,同时结合时代要求和阶段性特征,在指导思想、评选方式等方面进行了一定的开拓和创新。此次评选继续采用网络问卷评选的方式,将搜集、征集进而筛选出的大事件制作成问卷,发给全国及地方的各专业机构、协会、学会,同时采用网络、电话、面对面等方式邀请行业专家及从业人员进行评选,最后由专家委员会进行增补、研究评定,进而最终确定了本年度人力资源服务业十大事件。

（一）指导思想

以习近平新时代中国特色社会主义思想为指导,深入贯彻党的二十大精神、党的二十届三中全会精神以及习近平总书记在二十届中央财经委员会第一次会议上的重要讲话精神,明确人力资源服务业在建设现代化产业体系、推动人口高质量发展中的定位,立足新发展阶段,贯彻新发展理念,服务构建新发展格局,围绕实施就业优先战略、人才强国战略、乡村振兴战略,以促进就业为根本,进一步提高人力资源服务水平;以提高人力资源要素配置效率为导向,推动行业向专业化和价值链高端延伸;以培育壮大人力资源服务力量为抓手,进一步形成发展新动能;以建设高标准人力资源市场体系为目标,打造多层次、多元化的人力资源市场格局。加快构建中国特色的人力资源服务产业体系,为提高我国经济综合竞争力、持续改善民生、促进高质量发展提供有力支撑。

（二）评选目的与意义

人力资源是推动经济社会发展的第一资源,人力资源服务业是生产性服务业和现代服务业的重要组成部分,对推动经济发展、促进就业创业和优化人才配置具有重要作用。近年来,我国的人力资源服务业快速发展,新模式、新业态不断涌现,服务产品日益丰富,服务能力进一步提升。"十一五"以来,党和国家高度重视人力资源特别是人力资源服务业。党的十九大明确提出,要加快建设人力资源协同发展的产业体系,在人力资本服务等领域培育新增长点、形成新动能。《国家中长期人才发展规划纲要》《关于加快发展服务业的若干意见》《人力资源和社会保障事业发展"十四五"规划纲要》《人力资源服务业发展行动计划》等文件对发展人力资源服务业提出了明确要求,要大力发展人力资源服务业,坚持"市场主导,政府推动""融合创新,集聚发展""促进交流,开放合作"的基本原则,深入实施人力资源服务业高质量发展行动,加快建设统一规范、竞争有序的人力资源市场,推动人力资源服务创新发展。

经过多年的努力,我国的人力资源服务业发展取得了长足的进步。2024 年 6 月,人力资源和社会保障部发布了《2023 年度人力资源和社会保障事业发展统计公报》,从公报数据来看,全行业共有人力资源服务机构 6.99 万家,从业人员 105.84 万人。全年为 3.31 亿人次劳动者提供就业、择业和流动服务,同比增长 5.6%;服务用人单位 5599 万家次,同比增长 6.3%,人力资源服务业表现出较好发展韧性和活力,保持了稳健增长,为经济社会发展提供了有力的人力资源支撑。

《中国人力资源服务业蓝皮书 2024》编委会延续传统,组织开展了 2023—2024 年促进人力资源服务业发展的十大事件评选活动(以下简称"十大事件"),重点描述和刻画中国人力资源服务业在过去一年的快速发展,以期让更多的人了解和认识中国人力资源服务业的发展动态,进一步提高全社会对人力资源服务业的关注,从而为我国人力资源服务业未来的高速发展打造良好的内外部环境。

(三) 评选原则与标准

本次评选活动遵循"严格筛选、科学公正、公平合理、公开透明"的原则,在编委会和相关顾问的指导下进行,整个评选活动严格按照预定的流程进行规范操作。此次大事件的评选标准如下:

1. 先进性,反映出行业发展的新趋势,能带动全行业朝向世界先进水

平发展;

2. 开拓性,在行业发展历程中具有里程碑式的意义;

3. 推动性,对行业的未来发展与变革起到了推动作用;

4. 典型性,与行业发展直接、高度相关,在行业发展中发挥了表率作用;

5. 影响性,具有广泛的社会影响力以及积极的社会反响。

(四) 事件收集

蓝皮书编委会通过学术搜索、新闻检索、政府网站、行业网站、期刊、报纸等多个渠道对人力资源服务业的相关事件进行了广泛的、粗放的、持续的搜集与整理,然后按照前述原则与标准对搜集到的所有事件进行初步的筛选;同时邀请了与人力资源服务业直接相关的政府机构、行业协会、企业以及从业人员对行业事件进行推荐与补充,充分听取意见与建议。在此阶段,编委会初步确定了2023年7月至2024年7月的人力资源服务业重大事件共40个,建立起事件库。事件库中的事件分为四类,分别是政策类13件、学术类3件、行业类13件、会议类11件。为了确保最终上榜事件与备选事件比例不低于1∶3,编委会按照先进性、开拓性、推动性、典型性、影响性的标准又对初选事件进行了更加细化、更加深化的排名与筛选,最终筛选出30件事件进入备选事件库,其中政策类10件、学术类3件、行业类10件、会议类7件,按照时间倒序,事件名称及内容详见表2-4-1。

表 2-4-1　备选事件库中的事件及其相关说明

序号	类别	事件名称	事件介绍
1	政策类	2024年6月17日,人力资源社会保障部、国家发展改革委、商务部、教育部、农业农村部、全国总工会、全国妇联发布《关于加强家政服务职业化建设的意见》	适应经济社会发展和居民生活对家政服务需求变化,适时增设新的家政服务职业(工种)。及时制(修)订家政服务相关职业(工种)国家职业标准,对从业人员应具备的知识和技能的综合性水平作出规定。优化家政服务相关职业(工种)职业等级设置

续表

序号	类别	事件名称	事件介绍
2	政策类	2024年5月9日,人力资源社会保障部办公厅、公安部办公厅、市场监管总局办公厅发布《关于加强职业技能评价规范管理工作的通知》	加强职业技能评价规范管理,对于开展职业技能培训、提高劳动者素质、引导激励技能人才成长成才具有重要促进作用。为进一步巩固职业技能培训和评价专项整治工作成果,持续加强职业技能评价监督管理,促进技能人才高质量发展,为经济社会发展提供有力技能人才支撑
3	政策类	2024年4月26日,人力资源社会保障部、财政部、国家税务总局发布《关于延续实施失业保险援企稳岗政策的通知》	延续实施阶段性降费率政策;延续实施失业保险稳岗返还政策;延续实施技能提升补贴政策;全力保障失业人员基本生活;持续优化经办服务;切实防范基金风险;加强组织领导
4	政策类	2024年1月30日,人力资源社会保障部等七部门印发《关于实施高技能领军人才培育计划的通知》	以实施新时代人才强国战略为指导,紧密围绕国家重大战略、重大工程、重大项目、重点产业需求,动员和依托社会各方面力量,在先进制造业、现代服务业等有关行业重点培育领军人才
5	政策类	2024年1月3日,人力资源社会保障部发布《关于进一步规范职业技能培训管理工作的通知》	贯彻落实习近平总书记重要批示精神,巩固职业技能培训和评价专项整治工作成果,进一步规范职业技能培训管理,促进劳动者技能就业
6	政策类	2023年12月26日,人力资源社会保障部发布《关于加强零工市场规范化建设的通知》	零工市场是向灵活就业人员与用工主体提供就业服务的重要载体,对健全就业服务体系、优化人力资源配置、拓宽就业渠道具有重要作用
7	政策类	2023年12月4日,人力资源社会保障部印发《关于进一步健全人力资源社会保障基本公共服务标准体系全面推行标准化的意见》	充分发挥标准化的基础支撑和创新引领作用,通过全面推行标准化不断提升人社管理服务能力水平和人民群众满意度,推进基本公共服务均等化
8	政策类	2023年11月7日,国家标准委、教育部、科技部、人社部、全国工商联联合印发《标准化人才培养专项行动计划(2023—2025年)》	提出创新标准化人才培养机制,完善标准化人才教育训练体系,优化标准化人才发展环境,统筹推进标准科研人才、标准化管理人才、标准应用人才、标准化教育人才、国际标准化人才等各类标准化人才队伍建设,为全面推进中国式现代化提供强有力的标准化人才支撑
9	政策类	2023年9月27日,人力资源社会保障部印发《人力资源管理专业人员职称评价办法(试行)》	首次确立了人力资源管理专业职称评价的基本制度规则,是加强人力资源管理专业人员队伍建设的一项重要举措

续表

序号	类别	事件名称	事件介绍
10	政策类	2023 年 8 月 31 日,人力资源社会保障部颁布新版《国家职业标准编制技术规程》	对健全完善由国家职业标准、行业企业评价规范、专项职业能力考核规范等构成的多层次、相互衔接的职业标准体系,具有十分重要的指导意义
11	学术类	2024 年 4 月,萧鸣政等著的《中国人力资源服务业蓝皮书 2023》由人民出版社出版	该书对 2022 年 8 月 1 日至 2023 年 7 月 31 日这一时间段内中国人力资源服务业的发展现状进行了深入调查、系统梳理,力图更加宏观全面地展现当前中国及主要国家人力资源服务业的发展现状、重点、亮点、问题和最新进展
12	学术类	2023 年 12 月,于兴安、李志更主编的《人力资源蓝皮书:中国人力资源发展报告(2023)》由社会科学文献出版社出版	该书由总报告和六组专题报告组成,梳理总结了 2022 年初至 2023 年上半年我国人力资源事业发展的总体情况,分析了未来一段时间人力资源事业发展面临的主要挑战,提出了促进人力资源事业发展的相关建议
13	学术类	2023 年 9 月,中国劳动和社会保障科学研究院与社会科学文献出版社联合发布《人力资源蓝皮书:中国人力资源服务产业园发展报告(2023)》	该书梳理了 2022 年行业相关重要会议、政策文件、重大活动精神,全面总结了国家级人力资源服务产业园在产业集聚、政策创新、管理服务、信息化建设等方面取得的显著成效
14	行业类	2024 年 6 月 3 日,中智股份基于战略规划调整主动撤回上市申请,聚焦人力资源服务领域	中智股份以人力资源服务为主营业务,在国内市场拥有近 400 个服务网点,服务超过全球 5 万余家企业。2024 年 6 月 3 日,因中智股份及其保荐人主动向交易所提交撤回上市申请,上交所终止其首次公开发行股票并在沪市主板上市的审核
15	行业类	2024 年 6 月 24—26 日,第二届"一带一路"国际技能大赛在重庆举办	本届大赛由人力资源社会保障部、国家发展改革委、国家国际发展合作署和重庆市人民政府共同举办,以"技能合作、共同发展"为主题,秉承"开放、智能、绿色、安全、特色"办赛理念,采取"赛会展演"集成办赛模式,共设数字建造、汽车技术(新能源)、工业机器人系统操作等 18 个赛项
16	行业类	2024 年 5 月 27 日,"国聘行动 2024"就业促进活动暨《职场第一课》在北京中央广播电视总台举行开机仪式	"国聘行动 2024"由中央广播电视总台联合国务院国资委、教育部、人社部、共青团中央、全国妇联、全国工商联共同发起,央视频携手国投人力共同主办。依托总台国际一流的媒体品牌资源和传播优势,大力开拓新渠道,创新运用新科技,打造服务新平台

续表

序号	类别	事件名称	事件介绍
17	行业类	2024 年 5 月 8 日,第二届全国乡村振兴职业技能大赛在贵州省贵阳市开幕	大赛由人力资源社会保障部、农业农村部和贵州省人民政府主办,各省、自治区、直辖市及新疆生产建设兵团共 32 个代表团参赛参展,700 余名选手参加全国决赛。同期还举行乡村振兴技能提升工程经验交流、"技能中国行 2024—走进贵州"技能展示交流等活动
18	行业类	2024 年 5 月 8 日,首届长三角人力资源服务业发展大会在无锡梁溪举行	聚焦新质生产力背景下人力资源行业高质量发展、人力资源数字化转型等内容,探讨长三角人力资源一体化新发展
19	行业类	2024 年 4 月 12 日,京津冀人力资源服务业高质量发展大会在唐山举办	区域协作成员单位将在就业创业服务、人才交流、职业能力建设、劳动者权益保障、创业导师(培训讲师)管理使用等方面,加强融合交流、优势互补,共同为重点群体就业创业打通绿色通道,探索建立高效的人力资源市场信息互通机制,平均每月相互推荐不少于 200 个岗位
20	行业类	2024 年 3 月 20 日,人社部启动"职引未来"——2024 年大中城市联合招聘高校毕业生春季专场活动	组织就业创业指导专家进校园、进企业、进园区,配套开展形式多样的就业创业政策宣传、求职咨询、就业指导等活动,引导毕业生树立积极正确的择业观和就业观。组织毕业生开展实地观摩、职业体验、模拟实训等活动,促进其提高求职能力
21	行业类	2023 年 12 月 25 日,人社部部署开展 2024 年全国公共就业服务专项活动	推进线上线下相结合的就业服务专项活动,进一步打造"10+N"公共就业服务专项活动品牌,为劳动者求职就业和用人单位招聘用工搭建对接平台,促进劳动者就业创业,助力高质量充分就业
22	行业类	2023 年 10 月 18 日,全国劳务协作暨劳务品牌发展大会在宁夏银川举办	大会以"协作促就业 匠心树品牌"为主题,发布脱贫地区特色劳务品牌、劳务品牌形象代言人,展示劳务协作发展之路,举办劳务协作协议(联盟)签约仪式,并邀请专家学者、地方代表围绕"劳务品牌人发展""劳务协作再升级"进行对话访谈
23	行业类	2023 年 9 月 16—19 日,第二届全国技能大赛在天津举办	中共中央政治局常委、国务院总理李强对做好技能人才工作作出重要批示。大赛以"技能成才、技能报国"为主题,设 109 个竞赛项目,36 个代表团、4000 余名选手参赛

续表

序号	类别	事件名称	事件介绍
24	会议类	2024 年 5 月 25 日，2024中国人力资源服务业发展战略高端论坛暨研究成果发布会在天津举办	从新质生产力蓬勃发展的时代要求出发，阐述了人力资源及人力资源服务业于社会稳定、经济转型、新发展格局构建的重要意义，并系统介绍了《中国人力资源服务业蓝皮书 2023》中的战略评价指标体系与创新特色，重点对中国各省区市人力资源服务业发展环境评价排行榜、各省区市人力资源服务业综合发展效能评价排行榜与发展潜力评价排行榜成果进行介绍
25	会议类	2024 年 5 月 17—19 日，第四届粤港澳大湾区人才战略与创新发展论坛在广州举办	围绕"新质生产力与人才战略、人才高地建设与高质量发展、人才评价创新与发展、教育科技人才协同发展"四个主题分别从管理学、经济学、行政学、经济学、心理学等多学科领域，发挥港澳台不同方面的优势为人才高地建设与高质量发展献计献策。论坛现场出席人数超过 500 人，线上超过 50 万人次；规格层次高，重磅嘉宾云集
26	会议类	2024 年 3 月 20 日，国际人力资源科技大会 2023 颁奖典礼暨 2024 开年盛会在上海举行	通过汇聚全球人力资源行业的前沿技术、先进理念、管理经验、创新模式、资深实践家与企业管理者，围绕人力资源前瞻性话题，以深度思维探讨人力资源技术和管理的未来发展方向和趋势
27	会议类	2024 年 1 月 22—23 日，全国人力资源社会保障工作会议在北京召开	会议以习近平新时代中国特色社会主义思想为指导，全面贯彻落实党的二十大精神，落实中央经济工作会议部署，总结工作，分析形势，研究安排今年重点任务。会议强调，要紧密团结在以习近平同志为核心的党中央周围，坚定信心、担当作为，昂扬向上、开拓奋进，努力完成今年各项目标任务，以人力资源社会保障事业高质量发展的实际成效，为推进中国式现代化作出新的更大贡献
28	会议类	2023 年 12 月 3—4 日，第九届人力资源服务业创新大会在苏州举办	围绕"中国人力资源服务业下半场"这一主题，共同探讨在数字化和智能化时代，中国人力资源服务业如何提升服务质量和效率

续表

序号	类别	事件名称	事件介绍
29	会议类	2023年11月22—23日，第二届全国人力资源服务业发展大会在深圳举办	由人力资源社会保障部、广东省人民政府主办，人力资源社会保障部人力资源流动管理司、广东省人力资源和社会保障厅、深圳市人民政府承办的第二届全国人力资源服务业发展大会在广东省深圳市举办。以"激发人力资源动能　汇聚强国建设力量"为主题，进行人力资源服务业高质量发展研讨、人力资源服务供需洽谈对接和展示、人力资源服务创新创业大赛和粤港澳大湾区人力资源服务技能大赛、粤港澳大湾区青年人才招聘等专项活动
30	会议类	2023年11月3—4日，首届中国—东盟人力资源合作与开发论坛暨中国—东盟人力资源服务博览会在广西南宁国际会展中心举行	搭建了以人力资源合作开发服务国家战略的新平台，探讨了人力资源领域理论研究前沿动态，展示了人力资源合作开发最新实践成果，达成了中国—东盟人力资源服务系列合作成果，深化了中国—东盟青年创新创业"产学研"融合

（五）评选方式与程序

在事件收集、筛选的基础之上，本年度大事件的评选继续采用线上线下结合的方式。经过评选和研究评定两个阶段，最终选出了2024年度中国人力资源服务业十大事件。

评选阶段的主要任务是通过线上线下投票的形式，对30个大事件进行进一步的筛选。编委会依据第一阶段的结果在问卷星上制作了问卷，在相关协会、企业的网站以及北京大学人力资源开发与管理研究中心网站发布。此外，还通过微信公众号、专业微信群向参与事件推荐的专家及相关单位进行了广泛而又集中的投放，包括各省区市人力资源和社会保障厅（局）相关部门、中国对外服务协会、上海对外服务协会、各地人力资源服务行业协会以及中国人力资源研究会测评专业委员会等。网络投票开始于2024年8月1日，该通道保持持续开放，问卷的最后一项邀请参与投票的人员补充他们认为重要的事件进入备选事件库，旨在防止出现遗漏重大事件的情况。在此阶段，我们还通过电话的方式与行业的一流专家学者进行了一对一的沟通，请他们继续补充、推荐事件。通过回收和统计，对30个大事件按照得票率高低进行排序,最终结果如表 2-4-2 所示。

表 2-4-2 30 个候选事件得票比例汇总表

排序	事件名称	总得票率
1	2024 年 4 月,萧鸣政等著的《中国人力资源服务业蓝皮书 2023》由人民出版社出版	91%
2	2023 年 12 月,于兴安、李志更主编的《人力资源蓝皮书:中国人力资源发展报告(2023)》由社会科学文献出版社出版	83%
3	2024 年 1 月 30 日,人力资源社会保障部等七部门印发《关于实施高技能领军人才培育计划的通知》	80%
4	2024 年 5 月 9 日,人力资源社会保障部办公厅、公安部办公厅、市场监管总局办公厅发布《关于加强职业技能评价规范管理工作的通知》	77%
5	2024 年 6 月 24—26 日,第二届"一带一路"国际技能大赛在重庆举办	73%
6	2023 年 11 月 22—23 日,第二届全国人力资源服务业发展大会在深圳举办	62%
7	2023 年 9 月 27 日,人力资源社会保障部印发《人力资源管理专业人员职称评价办法(试行)》	57%
8	2023 年 12 月 25 日,人社部部署开展 2024 年全国公共就业服务专项活动	56%
9	2023 年 9 月 16—19 日,第二届全国技能大赛在天津举办	50%
10	2024 年 5 月 25 日,2024 中国人力资源服务业发展战略高端论坛暨研究成果发布会在天津举办	48%
11	2023 年 12 月 4 日,人力资源社会保障部印发《关于进一步健全人力资源社会保障基本公共服务标准体系全面推行标准化的意见》	40%
12	2023 年 11 月 7 日,国家标准委、教育部、科技部、人社部、全国工商联联合印发《标准化人才培养专项行动计划(2023—2025 年)》	38%
13	2023 年 9 月,中国劳动和社会保障科学研究院与社会科学文献出版社联合发布《人力资源蓝皮书:中国人力资源服务产业园发展报告(2023)》	37%
14	2024 年 5 月 17—19 日,第四届粤港澳大湾区人才战略与创新发展论坛在广州举办	36%
15	2024 年 4 月 26 日,人力资源社会保障部、财政部、国家税务总局发布《关于延续实施失业保险援企稳岗政策的通知》	35%
16	2024 年 1 月 3 日,人力资源社会保障部发布《关于进一步规范职业技能培训管理工作的通知》	34%

排序	事件名称	总得票率
17	2023 年 8 月 31 日,人力资源社会保障部颁布新版《国家职业标准编制技术规程》	33%
18	2024 年 1 月 22—23 日,全国人力资源社会保障工作会议在北京召开	33%
19	2024 年 6 月 17 日,人力资源社会保障部、国家发展改革委、商务部、教育部、农业农村部、全国总工会、全国妇联发布《关于加强家政服务职业化建设的意见》	32%
20	2023 年 12 月 3—4 日,第九届人力资源服务业创新大会在苏州举办	30%
21	2023 年 12 月 26 日,人力资源社会保障部发布《关于加强零工市场规范化建设的通知》	29%
22	2024 年 5 月 8 日,第二届全国乡村振兴职业技能大赛在贵州省贵阳市开幕	28%
23	2024 年 4 月 12 日,京津冀人力资源服务业高质量发展大会在唐山举办	25%
24	2024 年 5 月 8 日,首届长三角人力资源服务业发展大会在无锡梁溪举行	24%
25	2024 年 3 月 20 日,人社部启动"职引未来"——2024 年大中城市联合招聘高校毕业生春季专场活动	24%
26	2023 年 11 月 3—4 日,首届中国—东盟人力资源合作与开发论坛暨中国—东盟人力资源服务博览会在广西南宁国际会展中心举行	23%
27	2024 年 5 月 27 日,"国聘行动 2024"就业促进活动暨《职场第一课》在北京中央广播电视总台举行开机仪式	20%
28	2024 年 3 月 20 日,国际人力资源科技大会 2023 颁奖典礼暨 2024 开年盛会在上海举行	20%
29	2024 年 6 月 3 日,中智股份基于战略规划调整主动撤回上市申请,聚焦人力资源服务领域	19%
30	2023 年 10 月 18 日,全国劳务协作暨劳务品牌发展大会在宁夏银川举办	18%

　　研究评定阶段的主要目标是对评选阶段的结果进行研究评定,在尊重公开投票结果的基础上,结合人力资源服务业领域资深专家的意见与建议,最终推选出 3 件政策类、2 件学术类、3 件行业类、2 件会议类事件,作为 2023—2024 年度中国人力资源服务业十大事件。表 2-4-3 总结归纳了十大事件名称、入选理由以及影响力指数。

表 2-4-3   2023—2024 年度中国人力资源服务业十大事件

事件类型	事件名称	入选理由	影响力指数
政策类	2023 年 9 月 27 日,人力资源社会保障部印发《人力资源管理专业人员职称评价办法(试行)》	首次确立了人力资源管理专业职称评价的基本制度规则,是加强人力资源管理专业人员队伍建设的一项重要举措	★★★★★
	2024 年 1 月 30 日,人力资源社会保障部等七部门印发《关于实施高技能领军人才培育计划的通知》	以实施新时代人才强国战略为指导,紧密围绕国家重大战略、重大工程、重大项目、重点产业需求,在先进制造业、现代服务业等有关行业重点培育领军人才	★★★★★
	2024 年 5 月 9 日,人力资源社会保障部办公厅、公安部办公厅、市场监管总局办公厅发布《关于加强职业技能评价规范管理工作的通知》	加强职业技能评价规范管理,对于开展职业技能培训、提高劳动者素质、引导激励技能人才成长成才具有重要促进作用	★★★★★
学术类	2023 年 12 月,于兴安、李志更主编的《人力资源蓝皮书:中国人力资源发展报告(2023)》由社会科学文献出版社出版	该书梳理总结了 2022 年初至 2023 年上半年我国人力资源事业发展的总体情况,分析了未来一段时间人力资源事业发展面临的主要挑战,提出了促进人力资源事业发展的相关建议	★★★★★
	2024 年 4 月,萧鸣政等著的《中国人力资源服务业蓝皮书 2023》由人民出版社出版	该书全面展现了 2022 年 8 月 1 日至 2023 年 7 月 31 日这一时间段内中国人力资源服务业的发展现状、重点、亮点、问题和最新进展	★★★★★
行业类	2023 年 9 月 16—19 日,第二届全国技能大赛在天津举办	大赛以“技能成才、技能报国”为主题,设 109 个竞赛项目,36 个代表团、4000 余名选手参赛	★★★★★
	2023 年 12 月 25 日,人社部部署开展 2024 年全国公共就业服务专项活动	推进线上线下相结合的就业服务专项活动,进一步打造“10+N”公共就业服务专项活动品牌,为劳动者求职就业和用人单位招聘用工搭建对接平台	★★★★★
	2024 年 6 月 24—26 日,第二届“一带一路”国际技能大赛在重庆举办	本届大赛由人力资源社会保障部、国家发展改革委、国家国际发展合作署和重庆市人民政府共同举办,以“技能合作、共同发展”为主题,共设数字建造、汽车技术(新能源)、工业机器人系统操作等 18 个赛项	★★★★★

续表

事件类型	事件名称	入选理由	影响力指数
会议类	2023 年 11 月 22—23 日,第二届全国人力资源服务业发展大会在深圳举办	以"激发人力资源动能　汇聚强国建设力量"为主题,进行人力资源服务业高质量发展研讨、人力资源服务供需洽谈对接和展示、人力资源服务创新创业大赛和粤港澳大湾区人力资源服务技能大赛、粤港澳大湾区青年人才招聘等专项活动	★★★★★
	2024 年 5 月 25 日,2024 中国人力资源服务业发展战略高端论坛暨研究成果发布会在天津举办	系统介绍了《中国人力资源服务业蓝皮书 2023》中的战略评价指标体系与创新特色,发布中国各省区市人力资源服务业发展环境评价排行榜、各省区市人力资源服务业综合发展效能评价排行榜与发展潜力评价排行榜等	★★★★★

二、十大事件述评

为了贯彻大事件评选过程中秉持的先进性、开拓性、推动性、典型性、影响性这五大标准,编委会以这五个标准为框架对十大事件分别进行述评,每个类别下以事件发生的时间先后为序。

(一) 政策类事件

1. 2023 年 9 月 27 日,人力资源社会保障部印发《人力资源管理专业人员职称评价办法(试行)》

事件提要:

2023 年 9 月 27 日,人力资源社会保障部印发《人力资源管理专业人员职称评价办法(试行)》(以下简称《办法》)。首次确立了人力资源管理专业职称评价的基本制度规则,是深入贯彻党的二十大精神、深化职称制度改革、加强人力资源管理专业人员队伍建设的一项重要举措。

《办法》共包括 7 章 24 条,围绕人力资源管理专业人员职称体系、评价标准和评价机制等关键环节,作出一系列政策安排。

第一章"总则"。明确了《办法》制定的目的、依据、适用范围、主管机构。

第二章"职称体系"。人力资源管理专业人员职称属于经济职称系列，设初级、中级、高级。初级职称设助理级，高级职称分设副高级和正高级。人力资源管理专业人员各层级职称与事业单位专业技术岗位等级相对应。

第三章"评价标准"。坚持把品德放在评价首位，重点考察人力资源管理专业人员的政治立场、职业道德、职业操守和履行社会责任情况，弘扬爱国奉献、创新协作、诚实守信的职业精神。根据人力资源管理与服务岗位类型特点，科学合理设置职称评价标准，破除唯学历、唯资历、唯论文、唯奖项等倾向。

第四章"评价机制"。人力资源管理专业人员初、中级职称实行以考代评方式，副高级职称采取考试与评审相结合方式，正高级职称一般采取评审方式。进一步畅通评价渠道，促进人力资源管理专业人员职称评价和使用相结合，加强聘后管理和继续教育。

第五章"评审委员会建设"。发挥用人主体在职称评审中的主导作用，逐步将人力资源管理专业高级职称评审权下放到符合条件的有关单位。同时，规定了对不同单位主体申请高评委审核备案的管理权限，明确了高级职称评审委员会的组成和评审专家条件，并对进一步优化评审服务工作提出了具体要求。

第六章"监督管理"。人力资源社会保障行政部门和有关行业主管部门加强对人力资源管理专业人员职称评价工作的监督检查。对考试机构安全风险管控不力的，要严肃追责。建立人力资源管理专业人员职称评审诚信档案制度。对参评人员通过弄虚作假、暗箱操作、以权谋私等违纪违规行为取得的职称，予以撤销，记入诚信档案，纳入全国信用信息共享平台。

第七章"附则"。明确了《办法》实施时间以及《人力资源管理专业人员职称评价基本标准》等内容。

事件述评：

从先进性来看，《办法》首次确立了人力资源管理专业职称评价的基本制度规则，是贯彻党的二十大精神，落实党中央、国务院关于深化职称制度改革决策部署，加强人力资源管理专业人员队伍建设的一项重要举措。《办法》明确对企业、社会组织、个体经济组织等用人单位中从事人力资源管理工作的人员,事业单位中从事人力资源管理服务的专业技术岗位人员,经营性人力资源服务机构从业人员,公共人力资源服务机构工作人员开展职称评价工作。旨在加强人力资源管理专业人员职称评价工作,高质量推进人力资源管理专业人员队伍建设,更好服务人才强国战略、创新驱动发展战略、就业优先战略和乡村振兴战略。

从开拓性来看,《办法》作为首个人力资源管理专业人员职称评价的基本制度规则,首次对人力资源管理专业人员职称的评价方法作出了明确规定,为开展人力资源管理专业人员职称评价工作提供了全面的依据和准则。《办法》明确了人力资源管理专业人员职称体系,分级设置人力资源管理专业人员职称。从政治立场、职业道德、职业操守和履行社会责任等方面,健全了人力资源管理专业人员职称评价标准,完善了人力资源管理专业人员职称评价机制。人力资源管理专业人员初、中级职称实行以考代评方式,进一步畅通评价渠道,促进人力资源管理专业人员职称评价和使用相结合,加强聘后管理和继续教育。加强了人力资源管理专业人员职称评审委员会建设。发挥用人主体在职称评审中的主导作用,明确了高级职称评审委员会的组成和评审专家条件,并对进一步优化评审服务工作提出了具体要求。强化了对人力资源管理专业人员职称评审的监督管理,切实维护职称评价的严肃性、规范性。

从推动性来看,《办法》首次明确了人力资源管理专业人员的范围,提出了涵盖各类型、各职称层级的通用性基本要求。同时,在高级和正高级职称评审方面,列出6种情形的优先条款,适应不同群体能力素质要求,进一步完善了人力资源管理专业人员职称评价标准。《办法》建立了职称评审向优秀人才、基层一线倾斜机制,对作出重大贡献的人力资源管理专业人员,可采取"一事一议""一人一策"的方式直接评审高级职称;对引进的海外高层次人才和急需紧缺人才,并辟职称评审绿色通道;对长期在艰苦边远地区等基层一线工作的人力资源管理专业人员,适当放宽学历条件,淡化或不作论文要求,重点评价其实际工作能力、业绩和贡献,进一步强化了人力资源管理专业人员职称评价引导作用。《办法》进一步打通相关专业,允许获得上述专业中级职称的人员,可申评高级人力资源管理专业职称,进一步贯通了人力资源管理与相关专业职称评价。

从典型性来看，《办法》作为首个人力资源管理专业职称评价的基本制度规则，一方面支持符合条件的人力资源服务机构、国家级人力资源服务产业园组建高评委，充分调动市场主体开展职称评价的积极性；另一方面提出了符合人力资源服务业特点和实际的评价标准，构建了适应高标准人力资源市场体系要求的能力素质模型，将有效提高全社会人力资源服务水平和供给能力，进一步推动人力资源管理专业人才队伍职业化、专业化建设，提高全社会人力资源开发利用水平和劳动参与率，为中国式现代化建设提供高质量人力资源支撑。

从影响性来看，人力资源社会保障部深入调研论证，广泛听取各方面意见建议，研究起草了《办法》并正式印发。在搜索引擎以"人力资源管理专业人员职称评价办法（试行）"为关键词进行搜索，获得约900000条结果。《办法》出台以后，中国网、人民网、光明网等主流媒体均对此进行了报道，人社部专业技术人员管理司、人力资源流动管理司有关负责人就《办法》相关问题回答了记者提问。

2. 2024年1月30日，《人力资源社会保障部等七部门关于实施高技能领军人才培育计划的通知》

事件提要：

2024年1月30日，人力资源社会保障部等七部门印发《关于实施高技能领军人才培育计划的通知》（以下简称《高技能领军人才培育计划的通知》）。《高技能领军人才培育计划的通知》共包括四个方面内容。

（1）指导思想。以习近平新时代中国特色社会主义思想为指导，深入贯彻党的二十大精神，坚持党对高技能人才队伍建设的全面领导，培养一批爱党报国、敬业奉献、素质优良、技艺精湛的高技能领军人才（以下简称"领军人才"），支持他们不断成长、发挥作用，为全面建设社会主义现代化国家、推动高质量发展提供高技能人才有力支撑。

（2）目标任务。一是明确界定领军人才范围。领军人才指政治立场坚定、践行工匠精神、解决生产难题、推动创新创造、培养青年人才的骨干中坚技能人才，包括获得全国劳动模范、中华技能大奖、全国技术能手、全国五一劳动奖章等荣誉，或享受省级以上政府特殊津贴、获得省级以上表彰奖励，或各省（自治区、直辖市）政府认定的"高精尖缺"高技能人才。二是明确工作目标。以实施新时代人才强国战略为指导,紧密围绕国家重大战略、重大工程、重大项目、重点产业需求,动员和依托社会各方面力量,在先进制造业、现代服务业等有关行业重点培育领军人才。力争用3年左右时间,全国新培育领军人才1.5万人次以上,带动新增高技能人才500万人次左右。健全培养、使用、评价、激励联动推进机制,加快培养高质量发展所需的技术技能型、复合技能型、知识技能型和数字技能型领军人才,全方位用好领军人才,发挥领军人才引领示范作用,带动高技能人才整体发展。

(3)重点任务。一是制定专项培养计划。结合经济社会转型、科技创新发展和产业结构变革趋势,制定地方性、行业性领军人才专项培养计划。二是加大培养培育力度。强化企业主体责任,依托企业培训中心、职业学校(含技工学校,下同)、高技能人才培训基地等平台,通过企业岗位培训、校企联合培养、关键岗位实践、重点项目参与等方式,培养适应产业发展和国家战略需要的领军人才。三是畅通晋升成长通道。支持企业健全"新八级工"技能岗位等级设置。对技能岗位等级设置完整的职业(工种),企业可直接认定技师、高级技师、特级技师和首席技师。四是提高待遇水平。引导企业建立健全基于岗位价值、能力素质和业绩贡献的技能人才薪酬分配制度,实现多劳者多得、技高者多得。五是完善稳才留才机制。鼓励企业创新、完善相关制度,吸引稳定领军人才。六是支持发挥作用。创造条件为领军人才参与重点项目和重大工程、领衔一线生产难题攻关、总结推广绝招绝技等提供帮助。保护领军人才知识产权和技术创新成果转化权益。七是加强领军人才平台建设。优先支持参与国家重大战略、重大工程、重大项目、重点产业的领军人才领衔创建技能大师工作室、劳模和工匠人才创新工作室,聚焦先进制造业、战略性新兴产业、数字技能等领域开展技术革新、技能攻关和人才培养工作,符合条件的按规定给予经费支持。八是选拔表彰优秀领军人才。组织开展各类职业技能竞赛和岗位练兵活动,对涌现出的优秀选手,按规定授予相关荣誉、落实职业技能等级晋升政策,纳入培育重点对象范围。

(4)工作要求。一是加强组织领导。重点建立人力资源社会保障部门统筹、有关部门各司其职、行业企业积极参与的领军人才培育工作机制。二是做好保障服务。加强技能人才服务窗口、技能大师之家等建设,做好领军人才支持服务工作。三是营造良好氛围。充分发挥舆论正面引导作用，多渠道多方式宣传技能人才工作重大政策、重要活动、创新经验和工作成效，进一步营造尊重劳动、尊重知识、尊重人才、尊重创造的良好氛围，激励广大劳动者特别是青年人走技能成才、技能报国之路。突出示范引领、典型带动，深入挖掘领军人才工作事迹、成长经历，讲好技能故事，打造技能明星，大力弘扬劳模精神、劳动精神、工匠精神。

事件述评：

从先进性来看，《高技能领军人才培育计划的通知》突出了对领军人才培养的重视，具有较强的前瞻性、科学性和可操作性。《高技能领军人才培育计划的通知》以实施新时代人才强国战略为指导，紧密围绕国家重大战略、重大工程、重大项目、重点产业需求，动员和依托社会各方面力量，在先进制造业、现代服务业等有关行业重点培育领军人才。旨在培养一批爱党报国、敬业奉献、素质优良、技艺精湛的高技能领军人才，支持他们不断成长、发挥作用，为全面建设社会主义现代化国家、推动高质量发展提供高技能人才有力支撑。

从开拓性来看，《高技能领军人才培育计划的通知》明确了领军人才的认定范围，并从加强对领军人才供给需求预测、加快培养领军人才、支持企业对领军人才提高待遇水平、支持领军人才发挥作用、加强领军人才平台建设、选拔表彰优秀领军人才等方面提出了具体支持举措。《高技能领军人才培育计划的通知》突出了企业在高技能领军人才培养当中的主体作用，要求通过企业岗位培训、校企联合培养、关键岗位实践、重点项目参与等方式，培养适应产业发展和国家战略需要的领军人才。健全培养、使用、评价、激励联动推进机制，加快培养高质量发展所需的技术技能型、复合技能型、知识技能型和数字技能型领军人才，全方位用好领军人才，发挥领军人才引领示范作用，带动高技能人才整体发展。

从推动性来看，《高技能领军人才培育计划的通知》坚持以习近平新时代中国特色社会主义思想为指导，深入贯彻党的二十大精神，坚持党对高技能人才队伍建设的全面领导，明确提出力争用 3 年左右时间，全国新培育领军人才 1.5 万人次以上，带动新增高技能人才 500 万人次左右。既注重解决长期性趋势性问题，又聚焦短期目标，为各级人力资源社会保障部门做好高技能人才队伍建设工作提供了行动指南。

从典型性来看,高技能领军人才是国家战略人才的重要组成部分,是发展新质生产力、建设现代化产业体系的重要人力资源。《高技能领军人才培育计划的通知》为2024—2026年三年间人力资源服务业培养高技能领军人才指明了方向,勾画了蓝图,明确了目标和路径,有助于调动人力资源服务行业各种积极因素,为经济高质量发展提供强有力的人力资源支撑,对于加快建设现代化产业体系、增强国家核心竞争力具有重要意义。

从影响性来看,《高技能领军人才培育计划的通知》是深入贯彻党的二十大精神,落实党中央、国务院关于加强新时代高技能人才队伍建设决策部署的重要举措,是各级人力资源社会保障部门做好高技能人才队伍建设工作的行动指南。《高技能领军人才培育计划的通知》的出台和实施引起了行业的积极反响。在搜索引擎上以"人力资源社会保障部等七部门关于实施高技能领军人才培育计划的通知"为关键词进行搜索,获得约809000条结果,央视网、新华网等新闻媒体对此事件进行了报道。此外,《高技能领军人才培育计划的通知》发布以后,各省区市也都依据《高技能领军人才培育计划的通知》因地制宜,积极贯彻落实,制定了各自的高技能领军人才培育计划,从而进一步促进各地区对于高技能领军人才的培育发展。

3. 2024年5月9日,《人力资源社会保障部办公厅、公安部办公厅、市场监管总局办公厅关于加强职业技能评价规范管理工作的通知》

事件提要:

2024年5月9日,人力资源社会保障部办公厅、公安部办公厅、市场监管总局办公厅发布《关于加强职业技能评价规范管理工作的通知》(以下简称《加强职业技能评价规范管理工作的通知》)。指导各地进一步巩固职业技能培训和评价专项整治工作成果,持续加强职业技能评价监督管理,促进技能人才高质量发展,为经济社会发展提供有力技能人才支撑。

《加强职业技能评价规范管理工作的通知》共有五个方面的内容。一是严格规范多元评价。职业技能评价主要通过职业资格评价、职业技能等级认定和专项职业能力考核进行。职业资格评价由相关部门(单位)依据国家职业标准和有关规定实施。职业技能等级认定由经人力资源社会保障部门遴选公布的用人单位和社会培训评价组织实施。专项职业能力考核要依据专项职业能力考核规范组织开展。二是加强评价质量管理。职业资格评价和职业技能等级认定可通过考核评价或工作业绩评审认定等方式进行。应当制定考务管理、质量管理、证书管理和收费标准等管理办法，并向社会公开。三是加大监管查处力度。按照"谁备案谁监管"的原则，现行《国家职业资格目录》内的职业资格实施部门（单位）会同人力资源社会保障部门对职业资格评价实施监管。按照"谁遴选谁监管"的原则，人力资源社会保障部门会同有关部门对职业技能等级认定实施监管。四是强化信息平台建设。加强机构管理、考务管理、评价监管等信息化建设，加强与有关部门信息互联互通，逐步实现信息共享比对、远程监控、违纪违规行为预警等功能，提高监管服务效率和水平。五是建立长效工作机制。各地人力资源社会保障部门要加强和有关行业主管部门沟通协调，通过质量督导、现场督查、同行监督、社会监督，采取"双随机、一公开"和"互联网+监管"等方式，将职业技能评价纳入有效监管。

事件述评：

从先进性来看，党的十八大以来，以习近平同志为核心的党中央高度重视技能人才队伍建设，越来越多的劳动者走上技能成才、技能报国之路。2022年，中办、国办印发的《关于加强新时代高技能人才队伍建设的意见》强调加大高技能人才培养力度，并提出到"十四五"时期末，技能人才占就业人员的比例达到30%以上，高技能人才占技能人才的比例达到1/3，为新时代加强高技能人才队伍建设指明了方向。《加强职业技能评价规范管理工作的通知》顺应党中央关于技能人才队伍建设的工作要求，提出从严格规范多元评价、加强评价质量管理、加大监管查处力度等方面，持续加强职业技能评价监督管理，促进技能人才高质量发展。

从开拓性来看，《加强职业技能评价规范管理工作的通知》明确指出职业资格评价须依据《国家职业资格目录》由相关部门依据国家职业标准和有关规定实施。职业技能等级认定由经人社部门遴选公布的用人单位和社会培训评价组织实施，其中用人单位对本单位职工（含劳务派遣等人员）依据国家职业标准和评价规范自主进行职业技能等级认定，社会培训评价组织面向社会开展认定。专项职业能力考核要结合新兴产业发展、地方特色产业需要和就业创业需求，选择市场需求大、可就业创业的最小技能单元

（模块），并依据专项职业能力考核规范组织开展。《加强职业技能评价规范管理工作的通知》对职业资格评价、职业技能等级认定、专项职业能力考核等方面作出了详细规定，有利于规范科学开展职业技能评价工作，促进技能人才为推动高质量发展、实施制造强国战略、全面建设社会主义现代化国家贡献智慧和力量。

从推动性来看，《加强职业技能评价规范管理工作的通知》指出职业技能评价主要通过职业资格评价、职业技能等级认定和专项职业能力考核进行。职业资格评价和职业技能等级认定可通过考核评价或工作业绩评审认定等方式进行。职业资格实施部门和职业技能等级认定用人单位、社会培训评价组织组织考核评价，应当制定考务管理、证书管理和收费标准等管理办法，并向社会公开。《加强职业技能评价规范管理工作的通知》有利于加强职业技能评价规范管理，对于开展职业技能培训、提高劳动者素质、引导激励技能人才成长成才具有促进作用。

从典型性来看，《加强职业技能评价规范管理工作的通知》主要涵盖五方面内容：一是严格规范多元评价；二是加强评价质量管理；三是加大监管查处力度；四是强化信息平台建设；五是建立长效工作机制。技能人才是支撑中国制造、中国创造的重要力量，高技能人才是技能人才队伍的核心骨干，对于提高核心竞争力、增强国家科技创新能力具有重要意义。《加强职业技能评价规范管理工作的通知》对于促进技能人才培养、使用、评价、激励制度不断健全，促进技能人才队伍建设进入"快车道"具有重要意义。

从影响性来看，《加强职业技能评价规范管理工作的通知》的发文主体为人力资源社会保障部办公厅、公安部办公厅、市场监管总局办公厅，通知的出台具有广泛的社会影响力，引起了社会和行业的广泛关注。在搜索引擎上以"人力资源社会保障部办公厅　公安部办公厅　市场监管总局办公厅关于加强职业技能评价规范管理工作的通知"为关键词进行搜索，获得约325000条结果。《加强职业技能评价规范管理工作的通知》发布以后，各省区市都结合部门和本地实际制定了相应的政策性文件，并制定具体实施办法以贯彻落实。

（二）学术类事件

1.2023 年 12 月，于兴安、李志更主编的《人力资源蓝皮书：中国人力资源发展报告（2023）》由社会科学文献出版社出版

事件提要：

2023 年 12 月，于兴安、李志更主编的《人力资源蓝皮书：中国人力资源发展报告（2023）》（以下简称《发展报告 2023》）由社会科学文献出版社出版。

《发展报告 2023》由中国人事科学研究院组织编写，聚集我国人力资源发展重点领域，关注 2022 年初至 2023 年上半年我国人力资源发展的总体状况，分析未来走势。全书由总报告和六组专题报告组成。

第一部分总报告。介绍了 2022—2023 年中国人力资源状况及事业发展，全面系统地呈现了我国人力资源的总体情况和最新进展，分析了未来我国人力资源发展的主要任务。

第二部分人力资源状况篇。介绍了我国人力资源基本状况、应对人口老龄化的老年专业服务人才需求、我国城镇劳动者科学素质与技能状况、我国教育人才发展状况、我国科技工作者队伍发展状况、我国卫生健康人才队伍建设现状与展望、我国数字技能人才发展状况以及支撑实现"双碳"目标的人力资源开发现状与发展，并提出了相应的改进措施。

第三部分人才工作篇。追踪了近期我国地方人才工作的主要发展态势，介绍了人才评价制度改革的典型实践与发展趋势，以及职业资格制度改革工作进展与发展态势。

第四部分公共部门人事管理篇。介绍了公务员管理工作的新进展新成效、高质量发展引领下的事业单位人事制度改革举措与走向，以及回顾国企人事制度改革。

第五部分就业创业与劳动关系篇。系统梳理了 2022—2023 年我国就业的总体发展情况、零工经济高质量充分就业情况以及我国劳动关系治理的新发展。

第六部分社会保险篇。介绍了我国 2022—2023 年间社会保险、养老保险制度改革的发展状况与趋势分析，新业态发展背景下工伤保险制度优化完善的主要走向以及我国基本医疗保险制度实施情况及改革趋势。

第七部分人力资源服务业篇。对 2022—2023 年我国人力资源服务市场发展状况进行了深入的剖析,对人力资源培训服务的发展现状进行了总结并对趋势进行了分析,对我国人力资源服务外包发展的现状进行了调查分析,并提出对策建议。

事件述评:

从先进性来看,《发展报告 2023》以 2022 年初至 2023 年上半年我国人力资源发展的总体情况为分析和研究对象,聚集了行业内数十位专家学者的研究成果,全面系统地呈现了我国人力资源发展的总体情况和最新进展。总报告系统呈现了我国人力资源总量与质量、人才工作、公共部门人事制度改革、就业创业、收入分配、社会保险、劳动关系、人力资源服务业发展的总体情况和最新进展,基于我国经济社会发展面临的复杂形势,着眼实现高质量发展的现实需要,聚焦人力资源事业发展存在的主要问题,分析提出了当前和今后一段时间推动我国人力资源事业发展的主要任务:系统施策,推动教育、科技、人才"三位一体"发展;靶向发力,以高质量充分就业助力中国式现代化;固本强基,进一步强化社会保险保障能力;精准补短,稳步推进新时代和谐劳动关系建设;守正创新,推动人力资源服务业高质量发展。

从开拓性来看,《发展报告 2023》专篇分析了人力资源服务业的状况,从基本情况、面临的问题与挑战、未来展望三个维度,总结分析人力资源服务业的发展基础、发展沿革、发展形势、发展态势、未来趋势,并对人力资源服务机构经营状况进行了调查分析。此外,人力资源状况篇、人才工作篇、就业创业与劳动关系篇等部分的内容也从国民经济和社会发展的角度、从人力资源和社会保障事业的角度对人力资源服务业的一些重要内容进行了阐释,能够为人力资源服务机构和从业人员提供参考和借鉴,有助于他们从更加宏观的角度来思考人力资源服务业发展的现状、探索人力资源服务业的未来,从国家经济社会发展、人力资源和社会保障事业发展的高度找准行业的重点和痛点,寻找行业发展的新机遇。

从推动性来看,《发展报告 2023》具有一定的宏观指导性和权威性,以近年来相关统计数据为依据,总结了我国人力资源发展状况,分析了城镇劳动者科学素质与技能提升的基本情况与发展态势,呈现了教育人才、科技人才、卫生健康人才队伍建设的主要实践与成效,分析了今后一段时间加强队伍建设面临的主要问题及其应对之策,梳理了我国应对人口老龄化的专业服务人才建设、数字技能人才队伍建设和实现"双碳"目标的人力资源开发的基本状况,总结了各地人才工作的主要进展和创新实践、人才评价机制和职业资格制度改革的总体情况与基本走势,以及公务员管理、事业单位人事制度改革、国有企业人事制度改革、就业的总体形势、零工经济高质量充分就业、劳动关系治理、社会保险发展的最新进展。关注当前我国人力资源服务市场发展、人力资源培训服务创新、人力资源服务外包发展现状与对策、主要成效与特点、主要问题与对策选择。《发展报告2023》对推动新时代人力资源服务业高质量发展具有重要的指导与参考意义,为人力资源服务机构与从业人员了解我国人力资源和人力资源服务业的发展现状提供了较为科学、专业、权威的信息,有助于他们根据相关信息推断产业发展趋势、作出科学的战略决策,找准市场空间,打造核心业务产品,全面提升核心竞争力,实现行业的高质量发展。

从典型性来看,自2012年正式发布中国首部人力资源蓝皮书《中国人力资源发展报告(2011~2012)》开始,中国人事科学研究院已连续十二年发布我国人力资源发展报告,聚焦中国人力资源发展重点领域,关注中国人力资源发展全貌和未来走势。《发展报告2023》回应时代发展需求,强化对新形势、新问题、新挑战的关注,通过翔实数据、扎实调研、理性分析,从人力资源、人才工作、公共部门人事管理、就业创业、收入分配、劳动关系、社会保险、人力资源服务业等方面总结了过去一年中国人力资源发展的基本状况和特点,梳理了当前人力资源发展面临的主要问题与挑战,分析了今后一段时间人力资源发展的总体态势和走向。《发展报告2023》总体框架已经比较成熟,具体报告及其内容立足人力资源事业发展的基本内涵和一般逻辑,着眼党中央决策部署、国家发展战略,关注并回应事业发展和读者需求,客观呈现人力资源事业发展的总体状况,紧密跟踪人力资源事业发展的前沿动态,努力把握人力资源事业发展的基本走势。

从影响性来看,《发展报告2023》由中国人事科学研究院组织编写,人事科学研究院是人力资源和社会保障部直属事业单位和国家级专业研究机构,主要承担人事制度改革、人才资源开发、人力资源管理和公共管理理论、制度、政策及应用研究。《发展报告2023》的出版具有较为广泛的影响力,引起了较为广泛的关注,在搜索引擎上以"人力资源蓝皮书:中国人力资源发展报告(2023)"为关键词进行搜索,获得约2910000条结果。

2.2024年4月,萧鸣政等著的《中国人力资源服务业蓝皮书2023》由人民出版社出版

事件提要:

2024年4月,萧鸣政等著的《中国人力资源服务业蓝皮书2023》(以下简称《蓝皮书2023》)由人民出版社出版。该书编写指导单位为人力资源和社会保障部人力资源流动管理司,编写组织单位为北京大学人力资源开发与管理研究中心。这是自2007年以来北京大学人力资源开发与管理研究中心出版的第17本蓝(白)皮书。《蓝皮书2023》继续秉承推动人力资源服务业更好更快发展的宗旨,对2022年8月1日至2023年7月31日年度中国人力资源服务业的发展状况进行了深入调查、系统梳理。

《蓝皮书2023》共分为三个部分。

第一部分为年度报告篇,共分为三章。第一章主要展示和分析了2022年8月至2023年7月对中国人力资源服务业有重大影响的法律法规政策及其新变化。亮点在于对政策背景的阐释及对政策的解读,使读者能够深刻理解并及时把握人力资源服务业发展变化的新趋势和新动向。第二章人力资源服务业发展与创新,以发展年度热点、技术亮点和基本趋势三个维度为考察视角,分析了2022—2023年度全国人力资源服务行业整体发展与创新态势。第三章人力资源服务业的先进经验与案例,从国内挑选了本年度贡献比较突出、经验先进的人力资源服务业机构与案例。

第二部分为专题报告篇,包括五章。第一章是人力资源服务业各省区市重视度与关注度分析,按照政府、各地企业与社会组织、公众与媒体的逻辑顺序进行结构分析。第二章是人力资源服务业发展环境指数与各省区市水平排名,通过横向分析与纵向分析,允分揭示全国31个省区市人力资源服务业发展环境的现状及变化趋势。第三章是各省区市人力资源服务业发展竞争力评价与排名,积极对接当前国家战略和相关政策。第四章是人力资源服务行业十大事件评选,较好地覆盖了人力资源服务业发展的各个维度。第五章是国外人力资源服务业的发展与趋势,对国际人力资源服务业进行了全面系统的回顾与梳理,并针对中国人力资源服务业的发展提出了

建议。

第三部分为 2022 年 8 月至 2023 年 7 月中国大陆出版发表的有关中国人力资源服务业方面的研究成果名录，其中还专门收集了有关人力资源服务业研究方面的博士、硕士论文。

事件述评：

从先进性来看，《蓝皮书 2023》持续关注并解读、分析了中国人力资源服务业整体变化的特点与发展趋势。包括 17 年来对中国人力资源服务业有重大影响的法律法规政策及其新变化，人力资源服务业机构、业态与人员的变化趋势与特点，中国各地人力资源服务业发展水平的变化趋势与特点，中国人力资源服务业十大事件的变化趋势与特点，中国人力资源服务业研究成果的变化趋势与特点等。《蓝皮书 2023》持续关注我国人力资源服务业业态发展面临的新形势、新挑战、新亮点、新机遇，关注各地人力资源服务业发展环境与发展水平，关注人力资源服务业的先进经验与典型案例，构建人才高地评价体系并对其进行了打分和排名，基于结果进行分析且提出有针对性的建议，还通过对比中国与美国、日本、英国人力资源服务业发展现状，提出了面向国际的发展建议。《蓝皮书 2023》充分深入地反映出我国人力资源服务业的发展全貌和发展路径，有助于带动行业向世界先进水平发展。

从开拓性来看，《蓝皮书 2023》收集了 2022 年 8 月至 2023 年 7 月我国人力资源服务业相关重要法律法规政策，对政策背景及政策内容进行了阐释，对重要政策对人力资源服务业的影响进行了解读，使读者能够深刻理解并及时把握人力资源服务业发展变化的新趋势和新动向；挑选并介绍了本年度贡献比较突出、经验先进的人力资源服务机构与案例；通过大数据方法和文本分析方法对主流社交媒介、纸质媒介、网站、各省政府工作报告以及相关政策法规、规划文件进行数量统计和内容分析，揭示我国各省区市对人力资源服务业重视程度及发展情况；基于科学性与系统性、客观性与引领性、全面性与简约性等原则，对我国各地人力资源服务业发展环境、发展水平的量化评价指标体系进行了创新修订，新增或更新了 7 个指标，并且依据相关数据进行了评价，通过横向分析与纵向分析，充分揭示了全国 31 个省区市人力资源服务业发展环境的现状及变化趋势；优化人力资源服务业发展水平评价指标体系内部结构,从更多维度解读评价结果。以上内容有助于人力资源服务机构、从业人员从整体上把握人力资源服务业的发展脉络,找寻人力资源服务业的发展规律并探寻未来发展方向。

从推动性来看,《蓝皮书2023》完整呈现2022—2023年度人力资源服务业发展的特点与亮点,指出2022—2023年度人力资源服务业主要创新之处在于高质量发展任务、就业优先战略、数字人社建设、人才高地建设,发展亮点在于人力资源服务业数字化发展、智能化发展以及跨界融合发展。选取了2023年湖北省人力资源服务业创新创业大赛特等奖获奖企业——湖北省兴鸿翔人力资源开发有限公司作为典型案例,对其发展与理念、主要业务板块与特色、相关经验与启示进行了分析。通过对各省区市人力资源服务业发展环境水平进行指数分析、横向对比、纵向对比,发现各省区市人力资源服务业发展环境存在一定的差异性,其中广东、北京、江苏、上海、浙江等处于领先水平,山东、湖北、天津等发展态势较好,福建、重庆、安徽等待进一步改善,海南、青海、西藏等劲头不足,需要警惕人才流失、竞争力减弱等问题的出现,并提出了相应的改进建议。《蓝皮书2023》对中国人力资源服务业的系统、全面、深度的研究有利于深入了解行业发展现状、探究发展瓶颈、探索未来趋势,有助于在人力资源服务领域培育新增长点、形成新动能,从战略上推动人力资源服务业的快速发展、变革与创新,为国民经济持续健康发展作出应有的贡献。

从典型性来看,《蓝皮书2023》以习近平新时代中国特色社会主义思想为指导,深入贯彻党的二十大精神,以人力资源服务业为核心和关键词,围绕人力资源服务业的发展现状、热点、重点、亮点、问题和最新进展,采用了对比分析、大数据分析、案例呈现、指标体系等科学方法宏观、科学、全面地展现了人力资源服务业的发展态势,并根据研究结果提出了相应的对策与建议,兼具科学性、权威性与操作性,代表了当前我国人力资源服务业研究的最新进展,能够为人力资源服务业走中国式现代化的发展道路提供精准有效的智力支持,既有助于相关机构与从业人员从宏观上把握我国人力资源服务业的发展现状、特点与趋势,了解其与经济社会发展对行业要求的水平以及世界先进水平之间的差距,也有助于相关机构与从业人员了解人力资源服务业面临的机遇与挑战,并根据对策建议采取相应的有效措施,从而进一步推动人力资源服务业的高质量发展，更好发挥人力资源服务业对实施人才强国战略、建设世界重要人才中心和创新高地的助推作用。

从影响性来看，《蓝皮书2023》的编写指导单位为人力资源和社会保障部人力资源流动管理司，编写组织单位为北京大学人力资源开发与管理研究中心，中心主任萧鸣政教授是我国人力资源领域的知名学者。自2006年开始，萧鸣政教授带领北京大学人力资源开发与管理研究中心研究团队与上海市对外服务有限公司合作，共同进行中国人力资源服务业发展问题研究，自2007年11月发布我国第一部《中国人力资源服务业白皮书》至今，已连续17年出版《中国人力资源服务业白（蓝）皮书》。《蓝皮书2023》的出版与发布具有广泛的社会影响力，引起了积极的社会反响。在搜索引擎上以"中国人力资源服务业蓝皮书2023"为关键词进行搜索，获得约725000条结果；人民网、新京报等媒体对《蓝皮书2023》的出版进行了专题报道；《蓝皮书2023》编写过程中吸收了来自人力资源和社会保障部人力资源流动管理司张文森司长等领导提出的一系列指导性意见。此外，蓝皮书的顾问委员会、专家委员会汇聚了我国人力资源服务业的顶级专家、学者，能够充分发挥智力密集优势，把握时代发展脉搏，凝聚学界理念共识，进一步引领我国各地政府与社会努力改善人力资源服务业发展环境，加大对于人力资源服务业的关注、支持与发展，加快实现人力资源服务业高质量发展。

（三）行业类事件

1. 2023年9月16—19日，第二届全国技能大赛在天津举办

事件提要：

由人社部主办，天津市政府承办的中华人民共和国第二届职业技能大赛（以下简称"大赛"）于2023年9月16日至19日举行。

大赛主题为"技能成才、技能报国"，主要设置了"会""展""赛""聘"四个板块。大赛共设置109个竞赛项目，4000余名选手参赛。这是新中国成立以来，规格最高、项目最多、规模最大、水平最高、影响最广的综合性国家职业技能赛事。大赛采取"赛展演会"集成举办模式，同期举办技能展示交流、绝技展演、技能强国论坛、媒体见面会等活动。其中，技能展示交流在现

场分设国家成果展,各省(区、市)及新疆生产建设兵团、参赛行业部门成果展,天津市产业人才联盟技能建设展,企业设备与技术展,技能大集等多个展区,并进行"最受欢迎的十大绝技"展演与评选。"技能强国"论坛采用"1+3"模式举办,1个主论坛和大国工匠、技工教育、终身职业技能培训3个平行论坛。

事件述评:

从先进性来看,党的二十大报告提出要深入实施人才强国战略,《人力资源社会保障部等七部门关于实施高技能领军人才培育计划的通知》指出要培养一批爱党报国、敬业奉献、素质优良、技艺精湛的高技能领军人才,支持他们不断成长、发挥作用,为全面建设社会主义现代化国家、推动高质量发展提供高技能人才有力支撑。技能人才是支撑中国制造、中国创造的重要力量,高技能人才是技能人才队伍的核心骨干,对于提高核心竞争力、增强国家科技创新能力具有重要意义。大赛展示了技能人才队伍建设成效,交流推广了技能人才培育经验做法,推动各地、各行业健全职业技能竞赛体系,实现以赛促学、以赛促训、以赛促评、以赛促建,回应了国家战略需求与政策导向,推动新职业人才加速涌现,推动技术技能融合发展,树立现代产业人才培养风向标。

从开拓性来看,大赛共设109个比赛项目,4000多名选手参赛,其中,从项目构成看,规模扩容增量,紧贴发展形势,符合技术技能融合发展的趋势;从项目参赛率看,参赛积极性高,热点赛项数量攀升;从项目类别看,紧贴生产生活实际,涵盖范围广,涉及制造业、信息技术、交通运输、建筑业、服务业、采矿业等15个国民经济行业门类,覆盖国民经济行业门类的75%。所有比赛项目均服务于实体经济,有超过七成的项目属于生产性和生活性服务项目,近四成的项目属于先进制造业项目,近三成的项目属于战略新兴产业项目,有助于增强新职业从业人员的社会认同感,对促进就业创业具有重要意义。

从推动性来看,目前,我国技能人才总量已超2亿人,占就业人员总量26%以上,高技能人才超过6000万人。各类技能人才活跃在生产一线和创新前沿,已经成为推动高质量发展的重要力量。大赛以习近平新时代中国特色社会主义思想为指导,深入学习贯彻党的二十大精神,全面落实习近平总书记对技能人才工作重要指示精神和致首届全国职业技能大赛贺信精神，聚焦高质量充分就业、服务经济社会发展和实现劳动者全面发展，坚持智慧集约、公平公正、绿色安全、开放共享理念，引领带动广大劳动者技能水平提升，培养更多大国工匠、高技能人才，为全面建设社会主义现代化国家提供坚强有力的技能人才保障。

从典型性来看，大赛是目前我国规格最高、项目最多、规模最大、水平最高的综合性国家职业技能赛事。大赛大力弘扬劳模精神、劳动精神、工匠精神，营造尊重劳动、尊重知识、尊重人才、尊重创造的良好社会氛围，进一步激励广大劳动者特别是青年一代崇尚技能、学习技能、投身技能、提升技能，走技能成才、技能报国之路。大赛以职业技能竞赛为引领，健全终身职业技能培训制度，推动技工教育特色发展，打造一支爱岗敬业、规模宏大、结构合理、素质优良的技能劳动者大军，促进高质量充分就业。

从影响性来看，大赛具有广泛的社会影响力。在搜索引擎上以"第二届全国技能大赛"为关键词进行搜索，获得约4250000条结果；新华网、央视网等对本次大赛设置了系列专题报道。大赛共有来自全国36个代表团的4045名选手以及3270名裁判人员参赛。36个代表团分别来自各省（区、市）和新疆生产建设兵团，以及交通运输、住房城乡建设、机械行业、轻工行业4个行业部门代表团。自大赛筹办以来，天津市委、市政府高度重视，把大赛作为引领技能人才成长的大事，列为市委重点工作、纳入政府工作报告。大赛通过发挥引领作用、壮大技能人才队伍、扩大平台优势、营造技能成才良好氛围、进一步完善中国特色职业技能竞赛体系，构建新时代职业技能竞赛新格局，吸引更多劳动者特别是青年走技能就业、技能成才、技能报国之路。

2. 2023年12月25日，人社部部署开展2024年全国公共就业服务专项活动

事件提要：

2023年12月25日，人力资源社会保障部发布通知，部署开展2024年全国公共就业服务专项活动（以下简称"就业服务专项活动"），为劳动者求职就业和用人单位招聘用工搭建对接平台，促进劳动者就业创业。

通知要求，2024年1月，组织开展就业援助月，在元旦后春节前集中为

就业困难人员提供就近就业创业、兜底安置等就业帮扶;1—3月,组织春风行动,重点面向辖区内农村劳动力和用工企业,兼顾高校毕业生等群体;3—5月和9—11月,分春秋两季,重点面向应届高校毕业生、离校未就业高校毕业生,组织开展职引未来——大中城市联合招聘高校毕业生专场活动;4月,组织开展民营企业服务月,支持高校毕业生、农民工、退役军人等重点群体到民营企业就业;5—8月,组织开展百日千万招聘专项行动,服务高校毕业生、农民工、登记失业人员、脱贫劳动力以及有招聘用工需求的各类用人单位;7—12月,组织开展高校毕业生等青年就业服务攻坚行动,以2024届离校未就业高校毕业生、往届未就业高校毕业生、失业青年为重点对象,促进高校毕业生等青年就业创业;10月,组织开展金秋招聘月,重点服务民营企业、中小企业等用人单位;11月下旬至12月上旬,组织开展职引未来——全国人力资源市场高校毕业生就业服务周,重点服务2025届高校毕业生、往届有就业意愿的离校未就业高校毕业生、"三支一扶"计划等基层服务项目期满未就业人员;2024年9月至2025年6月,面向西藏、青海、新疆和四川、云南、甘肃涉藏州县等地未就业高校毕业生、2025届高校毕业生,组织开展职引未来——中央企业面向西藏青海新疆高校毕业生专场招聘活动。

事件述评:

从先进性来看,开展就业服务专项活动是全面贯彻落实党的二十大精神和党中央、国务院关于稳就业工作决策部署的重要举措,有助于推进实施就业优先战略,进一步加强人力资源合理配置和劳动力市场供需对接,推动实现高质量充分就业。开展就业服务专项活动有助于促进劳动者和用人单位适应人力资源市场不断发生的新变化,开拓新思路、探索新模式、运用新技术,进一步使公共就业提质升级,促进公共就业服务均等化、便捷化、多元化、精准化。推动形成服务主体多元化、服务方式多样化的基层就业服务供给,满足日益多元化的服务需求。

从开拓性来看,就业服务专项活动有助于健全就业公共服务体系、提升就业服务效能。各项活动线上在中国公共招聘网、中国国家人才网、就业在线和各地公共招聘网络平台开设活动专区,设立岗位信息发布、特色专场招聘、直播带岗、职业指导云课堂等专栏。线下,聚焦产业发展前沿领域,开展数字经济、绿色经济、银发经济等行业性专场招聘活动；聚焦国家区域发展战略，在高校毕业生较集中的地区，开展区域性专场招聘活动；聚焦高校毕业生等青年，兼顾其他各类群体求职需求，开展群体性专场招聘活动，推动人力资源服务业以促进就业为根本，进一步挖掘和发挥人力资源服务行业促就业的重要作用。

从推动性来看，就业服务专项活动让就业有门路，求职有信息，促进就业形势稳定。"春风行动"为农民工提供就业机会、保障农民工的合法权益以及整顿劳动力中介机构等，共发布岗位4300多万个。"职引未来　筑梦青春"百日千万招聘专项行动开展以来，各地人社部门广泛收集重点企业、政府投资项目、产业园区等招聘岗位信息，掌握本地基层服务项目、基层管理和社会服务等岗位空缺情况，集中发布。全国民营企业服务月活动深入民营企业，实施沉浸式走访调研，开展针对性政策宣讲，组织定制式招聘活动，促进点对点用工对接，提供精准化职业指导，加强全方位权益保障，助力民营企业高质量发展和劳动者高质量就业。高校毕业生等青年就业服务攻坚行动聚焦未就业高校毕业生和失业青年的求职关切，以实名登记台账为支撑，集中提供政策落实、招聘对接、困难帮扶、能力提升、权益维护等不断线就业服务。

从典型性来看，就业服务专项活动以习近平新时代中国特色社会主义思想为指导，深入贯彻党的二十大精神，践行以人民为中心的发展思想，实施就业优先战略，强化就业优先政策，扎实做好促就业稳就业各项工作，推进线上线下相结合，进一步打造"10+N"公共就业服务专项活动品牌，为劳动者求职就业和用人单位招聘用工搭建对接平台，促进劳动者就业创业，助力高质量充分就业。

从影响性来看，就业服务专项活动引起了非常积极的社会反响。在搜索引擎上以"2024年全国公共就业服务专项活动"为关键词进行搜索，获得约797000条结果；新闻联播、人民网、新华网、中国就业网等均对此进行了报道。自2009年起，人力资源社会保障部每年持续开展系列公共就业服务专项活动，为劳动者求职就业和用人单位招聘用工搭建了对接平台，为高校毕业生、城镇就业人员和农民工等群体提供及时有效的就业服务，促进劳动者就业创业。

　　3.2024 年 6 月 24—26 日,第二届"一带一路"国际技能大赛在重庆举办

　　事件提要:

　　由人力资源社会保障部、国家发展改革委、国家国际发展合作署、重庆市人民政府共同主办的第二届"一带一路"国际技能大赛(以下简称"大赛")于 6 月 24—26 日在重庆举办。

　　大赛以"技能合作·共同发展"为主题,秉承"开放、智能、绿色、安全、特色"办赛理念,让技能牵手的合作更加广泛和紧密,让技术进步的交流更加开放和包容。大赛参照世界技能大赛项目,结合数字、绿色、生活等新职业,共设置 18 个比赛项目。本次大赛以"赛会展演"为特色,通过集中开放、多元融合的办赛方式,将竞赛、会议、展览和表演融为一体,为参与者提供了一个互学互鉴的广阔舞台。大赛同期举办了包括"一带一路"技能筑梦行动启动仪式、高技能领军人才强企对话、数字技能国际交流研讨在内的多项交流活动,近 2000 名专家学者、领军人才齐聚山城参加研讨,共签署了 30 余份合作协议,推出了多项职业标准和培训教材资源,为相关国家和地区的职业技能发展提供了有力支持。

　　事件述评:

　　从先进性来看,作为我国面向共建"一带一路"国家举办的国际性职业技能赛事,来自 61 个国家和地区的 190 名技能精英参加比赛,开展互学互鉴。该项赛事旨在促进国际技能标准开发,推动职业技能领域国际交流合作,培养更多高素质技能人才。职业技能竞赛为广大技能人才提供了展示精湛技能、相互切磋技艺的平台,对壮大技术工人队伍、推动经济社会发展具有积极作用。

　　从开拓性来看,赛场内,来自不同国家和地区的 190 名参赛选手以赛会友、互鉴交流、共同提高,向世界展现着劳动之美、创造之美;赛场外,技能展演、技艺体验等系列活动以赛为媒,促进交流、加强合作,推动共建"一带一路"持续走深走实。大赛期间,同步举办"一带一路"技能筑梦行动启动仪式、高技能领军人才强企对话、数字技能国际交流研讨、国际竞赛新项目技术标准研讨、"渝悦康养"发展研讨、数字经济和技能领域南南合作研讨等活动,进一步拓宽人才培养合作渠道,推动"一带一路"共建国家共用职业

标准、共享培训模式、共育培训师资、互认等级证书、共建合作品牌，不断提升国际技能合作水平。

从推动性来看，大赛广泛邀请 178 个"一带一路"共建国家和部分世界技能组织有关成员国家（地区）参赛，近百个国家和地区报名，其中"一带一路"共建国家 50 个、世界技能组织成员国家（地区）36 个，参赛国家覆盖五大洲，报名覆盖全部 18 个项目。其间签署 30 余份合作协议，促成合作项目59 个。推出焊工等 12 个中国国家职业标准，园林绿化工等 15 个中国国家基本职业培训包，先进制造、现代服务、康养照护等领域 85 种职业培训教材资源。近 2000 名专家学者、领军人才齐聚重庆参加多场交流研讨活动，促进共建"一带一路"国际技能标准开发，推动技能合作、共同发展，培养更多高素质技能人才。

从典型性来看，经过多年来的实践和探索，共建"一带一路"全面实现了从理念到行动、从愿景到现实的转化，成为深受欢迎的国际公共产品和国际合作平台。举办"一带一路"国际技能大赛，既能为优秀青年技能人才搭建沟通交流的广阔平台，又能为他们提供切磋技艺的实战擂台、实现梦想的魅力舞台。大赛促进了共建"一带一路"国家在人力资源开发和职业技能培训领域的合作交流，推动了职业技能发展和职业技能竞赛水平不断提升。

从影响性来看，大赛引起了广泛的社会关注。在搜索引擎上以"第二届'一带一路'国际技能大赛"为关键词进行搜索，获得约 2590000 条结果。央视网搭建大赛专题页面，新华社客户端、环球网、中国网等媒体对大赛进行了报道。大赛吸引了超过 8 万人次的现场观摩，全球 60 余家媒体的 500 余名记者进行了报道，相关报道和话题讨论的阅读量累计达到了约 13.42 亿人次，实现了"重庆一地举办、辐射中华大地、影响全球"的效果。

（四）会议类事件

1. 2023 年 11 月 22—23 日，第二届全国人力资源服务业发展大会在深圳举办

事件提要：

2023 年 11 月 22—23 日，第二届全国人力资源服务业发展大会（以下简称"大会"）在深圳举办。大会由人力资源和社会保障部、广东省人民政

府共同主办,以"激发人力资源动能,汇聚强国建设力量"为主题,设置"会""展""赛""聘"四个板块,会期2天,包括开、闭幕活动及人力资源服务业高质量发展研讨、人力资源服务供需洽谈对接和展示、人力资源服务创新创业大赛和粤港澳大湾区人力资源服务技能大赛、粤港澳大湾区青年人才招聘等专项活动。旨在推动人力资源服务业高质量发展,为促进高质量充分就业、强化现代化建设人才支撑发挥更大作用。

事件述评:

从先进性来看,大会作为人力资源服务业的顶级盛会,囊括了当前人力资源服务领域大型综合活动的主要类型,无论是活动内容还是层次层级,均代表了全国最高水平。政府部门、专家学者、行业代表等围绕数字经济背景下如何进行人力资源服务业供给侧结构性改革、如何借助数字技术力量推动人力资源服务业高质量发展等话题建言献策。大会以会聚智,邀请顶级专家探讨人力资源服务业高质量发展之路;以展兴业,搭建人力资源服务业展示交流对接合作平台;以赛育企,进行全国人力资源服务创新创业项目现场比拼;以聘引才,促成近1400家用人单位提供5万优质岗位。大会多维度多路径激发人力资源动能,促进人力资源服务业的高质量发展。

从开拓性来看,大会期间,通过视频连线、主题演讲、圆桌对话等多种形式,深入探讨人力资源服务业高质量发展之路,凝聚起"湾"象更新的澎湃动能。在人力资源服务业高质量发展论坛、粤港澳大湾区人力资源服务业高质量发展论坛以及助推重点产业跃升发展论坛上,专家学者以及中国国际技术智力合作集团、国投人力资源服务有限公司、上海外服(集团)有限公司等领军或创新企业代表进行深入交流。大会为社会各界了解行业动态、把握行业政策、促进行业合作提供了重要载体和有力平台,能够积极推动引领人力资源服务业实现高质量发展。

从推动性来看,闭幕活动中,大会宣布人力资源服务创新创业大赛决赛获奖项目和粤港澳大湾区技能大赛获奖选手名单,人力资源服务创新创业大赛决赛获奖项目代表路演展示,12个人力资源服务供需项目现场签约。第二届全国人力资源服务业发展大会取得丰硕成果,144家人力资源服务领军企业和粤港澳大湾区重点用人单位参展,294个人力资源服务合作项目在大会期间洽谈对接、意向金额207亿元,粤港澳大湾区青年人才招聘活动线上线下提供 5 万多个优质就业岗位。人力资源服务业直接服务亿万劳动者和广大用人单位，是实现高质量充分就业的重要基础，是加强人力资源开发利用的重要载体，是构建现代化产业体系的重要力量。大会打造高水平展示交流、供需对接的平台，有利于优化人力资源流动配置，更好推动高质量充分就业。

从典型性来看，大会的主题是"激发人力资源动能，汇聚强国建设力量"，大会包括四项重点活动：一是人力资源服务业高质量发展研讨活动。交流新发展格局下行业发展的机遇和挑战，展望未来趋势，开展深入研讨。二是人力资源服务供需洽谈对接和展示活动。在大会的人力资源服务供需洽谈对接和展示活动中，144 家人力资源服务领军企业和粤港澳重点用人单位参展交流，一大批优质项目洽谈签约，一系列创新技术和产品集中路演，搭建起人力资源服务业展示交流、对接合作的平台。三是人力资源服务创新创业和技能大赛。大会期间，人力资源服务创新创业大赛和粤港澳大湾区人力资源服务技能大赛同步上演。创新创业大赛分初创和成长两个组别，全国共有 1022 个项目报名参加。各地通过初赛选拔出 145 个项目，在大会期间进行决赛。参赛项目涵盖促进高校毕业生等重点群体就业、服务实体经济用工、劳动者权益保护等各个方面，为促进重点群体就业、提高匹配效率、加强人力资源开发、规范灵活用工等提供创新解决方案。四是粤港澳大湾区青年人才招聘活动。大会共组织了 1395 家湾区重点用人单位、人力资源服务龙头企业，面向国内高校毕业生及海外留学生举办专场招聘。设置链主企业、湾区城市企业、高新技术企业、国有企业、上市企业、专精特新企业、硕博人才等专区，线上线下共提供优质岗位 5 万多个。大会为全国各地人才和人力资源服务机构搭建国家级的交流合作和对接平台，进一步激发市场活力，打通政府、市场与人才的"最后一公里"。

从影响性来看，大会由人力资源和社会保障部、广东省人民政府共同主办，是一场规格高、范围广、影响大的行业盛会，全国 31 个省、自治区、直辖市以及新疆生产建设兵团均组织机构和人员参加第二届全国人力资源服务业发展大会。在搜索引擎上以"第二届全国人力资源服务业发展大会"为关键词进行搜索，约获得 1930000 条结果。人民网、新华网、中国网等媒体均对此进行了报道。

2. 2024 年 5 月 25 日,2024 中国人力资源服务业发展战略高端论坛暨研究成果发布会在天津举办

事件提要:

2024 年 5 月 25 日,"2024 中国人力资源服务业发展战略高端论坛暨研究成果发布会"(以下简称"高端论坛")在天津举行。高端论坛由北京大学人力资源开发与管理研究中心、中共天津市西青区委员会、天津市西青区人民政府共同主办,由天津市西青区人力资源和社会保障局、中共天津市西青区中北镇委员会、天津市西青区中北镇人民政府承办。高端论坛内容丰富,形式多样,包括领导致辞、评价结果与榜单发布、专家主题发言、先进机构证书颁发、先进代表经验交流发言与入选《蓝皮书 2023》先进机构赠书等环节。

北京大学人力资源开发与研究中心创始主任、广东财经大学人力资源学院院长萧鸣政教授系统回顾了北京大学人力资源开发与管理研究中心自 2007 年以来对于中国人力资源服务业教学与研究所做的工作与努力。17 年来,该中心一直秉承推动人力资源服务业更好更快发展的宗旨,组织专家与相关研究人员致力于研究人力资源服务业评价与战略发展项目研究的相关情况。

萧鸣政教授作题为《以战略性评价研究促进中国人力资源服务业高质量发展》的研究报告,系统介绍了《中国人力资源服务业蓝皮书 2023》的研究成果与创新特色。在报告中,萧鸣政教授重点对中国各省区市人力资源服务业重视度与关注度、各省区市人力资源服务业发展环境评价排行榜、各省区市人力资源服务业综合竞争力水平评价排行榜与发展潜力评价排行榜成果进行了介绍,用翔实的数据和图表为大家呈现了 2023 年度我国人力资源服务业的发展环境、规模、速度与潜力。

高端论坛线上线下同步举行,涵盖开幕式、评价结果与榜单发布、专家主题发言、先进机构证书颁发、先进代表经验交流发言、代表提问互动与论坛总结闭幕等环节,持续两个半小时,线上收看人数超 50 万人。

事件述评:

从先进性来看,党的二十大和习近平总书记在二十届中央财经委员会第一次会议上的讲话为人力资源服务业的发展指明了方向,提供了根本遵

循,明确人力资源服务业在建设现代化产业体系、推动人口高质量发展中的定位,要求行业要立足新发展阶段,贯彻新发展理念,服务构建新发展格局,围绕实施就业优先战略、人才强国战略、乡村振兴战略,以促进就业为根本,进一步提高人力资源服务水平。在深入贯彻落实党的二十大精神,积极发展高端服务业、走高质量发展道路的背景下,高端论坛回应新发展格局下人力资源服务业高质量发展的要求,针对人力资源服务业发展所面临的新形势、新任务、新机遇、新挑战,汇聚政府、企业、高校、行业协会、媒体的专家和代表,搭建行业的思维碰撞、沟通交流平台,为促进人力资源服务业朝向世界先进水平实现高质量发展提供智库支持。

从开拓性来看,高端论坛贯彻落实党的二十大精神,从中国式现代化的要求出发,着重关注未来中国人力资源服务业高质量发展与中国式现代化的关系,关注全国及各省、各区域人力资源服务业的发展状况,思考中国人力资源服务业发展战略,在人力资源服务业的发展历程中具有重大意义。与会专家深入探讨了新发展格局下人力资源服务业高质量发展的路径与方法,北京大学社会科学部副书记李净从新质生产力蓬勃发展的时代要求出发,阐述了人力资源及人力资源服务业于社会稳定、经济转型、新发展格局构建的重要意义;中国人事科学研究院余兴安院长认为,新质生产力是第四次工业革命以来的智能化背景下实现技术、工具、配置、产品、结构、管理的新质态,从而引发生产力、生产关系、社会结构的重大变革。高端论坛采用理论指导实践的路径,既引领了人力资源服务业的理论研究前沿,又总结和启发了行业实践,对行业发展和理论研究极具承上启下、承前启后的启发与指导意义。

从推动性来看,高端论坛汇聚了政府、企业、行业、学界的嘉宾,从多元角度展开思考与阐述。政府代表对人力资源服务业高质量发展作出了回顾和总结,对新形势下人力资源服务业发展面临的形势任务与挑战进行了分析,对未来的高质量发展进行了展望;行业和学界代表从人力资源服务业新质生产力蓬勃发展的时代要求出发,阐述了人力资源及人力资源服务业于社会稳定、经济转型、新发展格局构建的重要意义;企业代表结合自身实际系统回顾了相关的发展历程和成绩、经验。高端论坛有助于进一步加强交流合作、提升服务水平、发挥行业作用,为人力资源服务业高质量发展注入强劲动力。

从典型性来看，高端论坛以人力资源服务业为主题，聚焦中国式现代化，与会嘉宾来自与人力资源服务业密切相关的政府机构、企业界、行业协会和学界。在开幕式环节，人社部人力资源流动管理司有关同志为论坛致辞，从服务能力不断提升、法规制度更加健全、规范管理逐步增强、行业作用有效发挥等四个方面回顾了我国人力资源服务业取得的长足发展；在成果与蓝皮书发布环节，萧鸣政教授代表北京大学人力资源开发与管理研究中心、《中国人力资源服务业蓝皮书》项目组作专题报告；在专家主题发言环节，中国人事科学研究院院长余兴安以《新质生产力与人力资源服务业的新发展》为题作主旨发言。论坛交流汇聚学者研究、协会研究、政府理论研究、企业实践研究的真知灼见，反映出政府、高校、行业、企业等多个主体对人力资源服务业的重视程度，有利于提升相关研究水平，赋能人力资源创新发展，进一步推动我国人力资源服务业高质量发展。

从影响性来看，高端论坛体现出北京大学人力资源开发与管理研究中心、行业发展协会、行业领军企业加大对人力资源服务行业发展、新业态融合、市场需求开发等领域的研究力度，是北京大学人力资源开发与管理研究中心2007年以来持续17年关注人力资源服务业、坚持对人力资源服务业进行高质量研究的成果展示。高端论坛引起了人力资源服务业行业内外广泛的关注，在搜索引擎上以"2024中国人力资源服务业发展战略高端论坛暨研究成果发布会"为关键词，获得约25100条结果。高端论坛搭建了人力资源服务业的高端研究、交流平台，来自政、学、研、企的领导、学者近百位嘉宾线上线下出席论坛。线上收看人数超50万人，人民网、中国网等权威媒体均对高端论坛进行了翔实报道。

第三部分
成果篇

人力资源服务业研究年度
相关学术成果统计

本篇收集的学术研究成果,主要为 2023 年 8 月 1 日至 2024 年 7 月 31 日期间所发表的学术著作、学术论文与学位论文。其中学术著作 5 部,期刊学术论文 48 篇,学位论文(硕士博士)12 篇。

一、出版著作

[1]萧鸣政等著:《中国人力资源服务业发展研究报告 2023》,人民出版社 2024 年 3 月版。

[2]莫荣主编:《中国人力资源服务产业发展报告 2024》,社会科学文献出版社 2024 年 7 月版。

[3]莫荣主编:《中国人力资源服务产业园发展报告 2023》,社会科学文献出版社 2023 年 9 月版。

[4]杨伟国、宋洪峰、李欣主编:《人力资源服务业概论》,中国人民大学出版社 2023 年 11 月版。

[5]高霞、孙兆刚、陈冠君、李城伟编著:《人力资源服务管理》,清华大学出版社 2023 年 9 月版。

二、学术期刊论文

[1]余兴安、李琪:《我国人力资源服务业的现状与未来发展》,《中国人事科学》2024 年第 7 期。

[2]李飞、方建光:《人力资源服务业高质量发展对策研究——以宁波

为例》，《宁波经济（三江论坛）》2024 年第 7 期。

　　［3］应验、杨浩东：《人力资源服务产业园与地区高质量发展：基于 2003 年至 2020 年地级市的面板数据》，《中国人力资源开发》2024 年第 7 期。

　　［4］余忠彪：《民办高校人力资源管理专业人才培养研究》，《合作经济与科技》2024 年第 18 期。

　　［5］王亚飞、石铭：《人力资源服务业与"人才链、创新链、产业链"耦合协调的空间格局与驱动因素》，《中国人事科学》2024 年第 6 期。

　　［6］张树范、李杨、孙立军：《沂水县人力资源服务业产业园的发展与探索》，《山东人力资源和社会保障》2024 年第 6 期。

　　［7］孙万清、周菁、姚亚锋等：《我国人力资源服务业高质量发展评价指标体系构建》，《中国人事科学》2024 年第 5 期。

　　［8］贾玉亮：《登高望远拓新路　奋力争先开新局　加快构建现代化人社服务新格局》，《山东人力资源和社会保障》2024 年第 5 期。

　　［9］杨立峰、赵衍、罗如意：《新质生产力驱动人力资源服务业发展路径研究》，《企业科技与发展》2024 年第 5 期。

　　［10］括羽：《以人力资源服务业高质量发展　为中国式现代化添薪蓄力》，《中国人力资源社会保障》2024 年第 5 期。

　　［11］刘永魁：《系统推动人力资源服务业与高质量充分就业协同发展》，《中国人力资源社会保障》2024 年第 5 期。

　　［12］汪怿：《人力资源服务赋能高质量发展：新定位、新要求》，《中国人力资源社会保障》2024 年第 5 期。

　　［13］张鹏：《人力资源服务业从业人员培养探析》，《四川劳动保障》2024 年第 4 期。

　　［14］田永坡、蔡梦莹：《人力资源服务业统计的国际比较：基于国民经济行业分类的视角》，《中国人事科学》2024 年第 4 期。

　　［15］田永坡、李琪、朱丹雨：《人力资源服务业统计发展现状及完善对策研究》，《中国社会科学院大学学报》2024 年第 4 期。

　　［16］曹鹏、周作昂、王俊等：《景气向上——2022 年四川省人力资源服务业监测报告》，《四川省情》2024 年第 4 期。

　　［17］西安市人社局：《陕西西安：打造丝绸之路经济带　人力资源服务

业发展新高地》,《中国人力资源社会保障》2024年第4期。

　　[18]苏州市人社局:《江苏苏州:高标准建设国家级园区　推动人力资源服务业高质量发展》,《中国人力资源社会保障》2024年第4期。

　　[19]深圳市人社局:《广东深圳:聚焦五个视野　构建高水平人力资源服务配置枢纽》,《中国人力资源社会保障》2024年第4期。

　　[20]战梦霞、高雨菲:《人力资源服务业高质量发展与新质生产力培育——逻辑机理、实施路径和关键举措》,《中国劳动》2024年第1期。

　　[21]李紫锐、鲜佳宜、胡晨旭等:《烟台人力资源服务业数智化转型实践》,《中国外资》2024年第2期。

　　[22]张嘉宁:《推动经济发展与人才流动的重要力量——记第二届全国人力资源服务业发展大会》,《国际人才交流》2024年第1期。

　　[23]张满、萧鸣政:《推动人力资源服务业发展战略转型　支撑高质量发展》,《国际人才交流》2024年第1期。

　　[24]田永坡:《人力资源服务业的数字化转型之路》,《中国人力资源社会保障》2024年第1期。

　　[25]王永:《激发动能　汇聚力量——第二届全国人力资源服务业发展大会综述》,《中国人力资源社会保障》2024年第1期。

　　[26]人社部人力资源流动管理司:《加快推动人力资源服务业高质量发展》,《中国人力资源社会保障》2024年第1期。

　　[27]上海市人社局:《上海:锚定四个方向　持续推动人力资源服务业创新发展》,《中国人力资源社会保障》2024年第1期。

　　[28]张学清、鲍来华:《湖北:推动人力资源服务业驶上发展快车道》,《中国人力资源社会保障》2024年第1期。

　　[29]广东省人社厅:《广东:做强人力资源服务业　建设粤港澳大湾区高水平人才高地》,《中国人力资源社会保障》2024年第1期。

　　[30]王金川、张树范、庞京奇:《打造人力资源服务业高质量发展的"新平台"——临沂市沂水人力资源服务产业园建设纪实》,《中国就业》2024年第1期。

　　[31]赵丹丹、史娜:《数字视角下人力资源服务业发展的表征、症结及对策》,《商场现代化》2024年第1期。

[32]金仁暄:《成都市金牛区:亮相全国人力资源服务业发展大会》,《四川劳动保障》2023年第12期。

[33]杨晓冬:《我国人力资源服务业发展趋势与挑战》,《中国人才》2023年第12期。

[34]明亮:《促进人力资源服务业蹄疾步稳行致远》,《中国人力资源社会保障》2023年第12期。

[35]《第二届全国人力资源服务业发展大会召开　河南省人力资源服务业发展成果在大会展示》,《人才资源开发》2023年第23期。

[36]陈伟赞、黄楚芳:《人力资源服务业走在前列,激活广东高质量发展引擎》,《中国报道》2023年第12期。

[37]金杰:《推动人力资源服务业转型发展》,《新湘评论》2023年第20期。

[38]马双、汪怿:《人力资源服务业集聚的空间结构、就业影响及溢出效应——以长三角地区为例》,《上海经济》2023年第5期。

[39]徐颢:《从创新案例看人力资源服务业数字化转型》,《中国社会保障》2023年第9期。

[40]泰安市人力资源和社会保障局:《"四个聚焦"精准服务企业发展》,《山东人力资源和社会保障》2023年第8期。

[41]赵根良、刘学玲:《人力资源服务业助力乡村人才振兴的逻辑、困境和路径》,《中小企业管理与科技》2023年第12期。

[42]欧阳元:《基于价值共创人力资源服务业数字化转型动因与策略研究》,《辽宁科技学院学报》2023年第3期。

[43]李佳欣:《立法保障人力资源市场高质量发展——〈吉林省人力资源市场条例〉亮点扫描》,《吉林人大》2023年第6期。

[44]翟晨羽、王全纲、贺晓东等:《数字经济人力资源服务产业园建设路径研究——以江苏省常州市为例》,《商展经济》2023年第10期。

[45]黄海珍:《人力资源管理岗位"知识—能力—素质"需求研究——基于招聘广告的分析》,《广东职业技术教育与研究》2023年第5期。

[46]肖增杰、刘艾迎、王莳若等:《平台经济下人力资源服务标准化建设路径探究》,《中国标准化》2023年第10期。

［47］杨剑、洪曼莉、李诗薇等:《东莞市人力资源服务业发展现状及对策分析——基于波特钻石模型》,《现代商业》2023 年第 8 期。

三、学位论文

［1］刘世杰:《HF 公司人力资源服务产品营销策略优化研究》,硕士学位论文,吉林大学,2024 年。

［2］刘伟:《SZ 人力资源产业园数字化转型策略研究》,硕士学位论文,河北地质大学,2024 年。

［3］何文文:《A 人力资源服务公司福保部人员绩效考核优化研究》,硕士学位论文,云南财经大学,2023 年。

［4］刁蕊:《上海外服借壳上市绩效研究》,硕士学位论文,云南师范大学,2023 年。

［5］宋妍:《芜湖市 W 区人力资源公共服务问题及对策研究》,硕士学位论文,安徽工程大学,2023 年。

［6］曾啸海:《A 人力资源服务企业数字化转型策略研究》,硕士学位论文,北京交通大学,2023 年。

［7］王梁子豪:《基于 AMO 理论的 BM 人力资源服务公司高绩效工作系统构建研究》,硕士学位论文,山东师范大学,2023 年。

［8］杨佳丽:《WF 人力资源公司发展战略研究》,硕士学位论文,华北水利水电大学,2023 年。

［9］陈颖怡:《W 人力资源服务型企业员工绩效考核方案优化研究》,硕士学位论文,华东交通大学,2023 年。

［10］杨彩霞:《XY 人力资源服务有限公司劳务派遣员工激励机制研究》,硕士学位论文,太原理工大学,2023 年。

［11］王超:《QD 人力资源服务产业园运营公司服务功能提升方案研究》,硕士学位论文,哈尔滨工程大学,2023 年。

［12］于贺:《R 人力资源服务公司销售业务内部控制研究》,硕士学位论文,东北财经大学,2023 年。

主要参考文献

1. 广东省人社厅:《广东:做强人力资源服务业　建设粤港澳大湾区高水平人才高地》,《中国人力资源社会保障》2024 年第 1 期。

2. 湖北省人力资源社会保障厅:《多措并举　统筹推进推动湖北人力资源服务业高质量发展》,《人力资源服务》2023 年第 11 期。

3. 上海市人社局:《上海:锚定四个方向　持续推动人力资源服务业创新发展》,《中国人力资源社会保障》2024 年第 1 期。

4. 浙江省人力资源社会保障厅:《浙江省人力资源服务业发展报告》,《人力资源服务》2024 年第 1 期。

5. 萧鸣政等:《中国人力资源服务业蓝皮书 2020》,人民出版社 2021 年版。

6. 萧鸣政等:《中国人力资源服务业蓝皮书 2021》,人民出版社 2022 年版。

7. 萧鸣政等:《中国人力资源服务业蓝皮书 2022》,人民出版社 2023 年版。

8. 萧鸣政等:《中国人力资源服务业蓝皮书:中国人力资源服务业发展研究报告(2023)》,人民出版社 2024 年版。

9. 莫荣、陈玉萍:《国外人力资源服务业的发展》,《第一资源》2013 年第 4 期。

10. 董小华:《人力资源服务业发展问题初探》,《中国人力资源开发》2013 年第 5 期。

11. 孙建立:《人力资源服务业高质量发展:成效、问题与对策》,《中国劳动》2019 年第 3 期。

12. 萧鸣政:《中国人力资源服务业及其新时代价值与发展》,《企业经济》2020 年第 7 期。

13. 王书柏:《后疫情时代我国人力资源服务业发展趋势研究》,《内蒙古社会科学》2021 年第 2 期。

14.《2023 年度人力资源和社会保障事业发展统计公报》,2024 年 6 月 17 日,中华人民共和国人力资源和社会保障部官网,https://www.mohrss.gov.cn/SYrlzyhshbzb/zwgk/szrs/tjgb/202406/t20240617_520366.html。

责任编辑：李媛媛
封面设计：姚　菲

图书在版编目（CIP）数据

中国人力资源服务业发展研究报告. 2024 / 萧鸣政 等著. -- 北京 ：人民出版社，2025. 4. --（中国人力资源服务业蓝皮书）. -- ISBN 978 - 7 - 01 - 027089 - 0

Ⅰ. F249. 23

中国国家版本馆 CIP 数据核字第 2025BH8295 号

中国人力资源服务业蓝皮书：中国人力资源服务业发展研究报告（2024）
ZHONGGUO RENLI ZIYUAN FUWUYE LANPISHU：
ZHONGGUO RENLI ZIYUAN FUWUYE FAZHAN YANJIU BAOGAO(2024)

萧鸣政 等 著

人民出版社 出版发行
（100706　北京市东城区隆福寺街 99 号）

北京九州迅驰传媒文化有限公司印刷　新华书店经销

2025 年 4 月第 1 版　2025 年 4 月北京第 1 次印刷
开本：710 毫米×1000 毫米 1/16　印张：15. 5
字数：226 千字

ISBN 978 - 7 - 01 - 027089 - 0　定价：78. 00 元

邮购地址 100706　北京市东城区隆福寺街 99 号
人民东方图书销售中心　电话（010）65250042　65289539